家长可以不焦虑

陈忞　著

湖南师范大学出版社

·长沙·

图书在版编目（CIP）数据

家长可以不焦虑 / 陈忞著. -- 长沙 ：湖南师范大学出版社，
2024. 8. -- ISBN 978-7-5648-5226-9

Ⅰ. G78

中国国家版本馆CIP数据核字第20249W1X71号

Jiazhang Keyi Bu Jiaolü

家长可以不焦虑

陈 忞 著

出 版 人｜吴真文
责任编辑｜彭 慧
责任校对｜张 鑫

出版发行｜湖南师范大学出版社
　　　　地址：长沙市岳麓区麓山南路36号 邮编：410081
　　　　电话：0731-88853867 88872751
　　　　传真：0731-88872636
　　　　网址：https://press.hunnu.edu.cn/
经 　 销｜湖南省新华书店
印 　 刷｜湖南美如画彩色印刷有限公司

开 　 本｜710 mm×1000 mm 1/16
印 　 张｜16. 25
字 　 数｜270千字
版 　 次｜2024年8月第1版
印 　 次｜2024年8月第1次印刷
书 　 号｜ISBN 978-7-5648-5226-9

定 　 价｜60. 00元

目 录
C O N T E N T S

引 言

　　2009 年 9 月 10 日中共中央组织部和教育部联合签发了组通字〔2009〕47 号文件《关于印发首批全国干部教育培训高校基地名单的通知》，确定北京大学、清华大学、中国人民大学、北京师范大学、复旦大学、西安交通大学、哈尔滨工业大学、浙江大学、南京大学、四川大学、南开大学、武汉大学、中山大学等 13 所高校为首批全国干部教育培训高校基地。笔者真得感谢这些全国著名高校给予自己展示平台。

　　笔者 1994 年 7 月在湖南医科大学（湖南医科大学、长沙铁道学院与中南工业大学于 2000 年 4 月合并组建成中南大学）任教，然后先后在湖南大学（2014 年 4 月 20 日起）、浙江大学（2014 年 8 月 9 日起）、清华大学（2014 年 10 月 11 日起）、北京大学（2014 年 12 月 11 日起）、西安交通大学（2015 年 5 月 23 日起）、上海交通大学（2015 年 10 月 18 日起）、复旦大学（2016 年 8 月 15 日起）、南开大学（2017 年 4 月 16 日起）、中山大学（2019 年 12 月 10 日起）、华东师范大学（2021 年 12 月 10 日起）、武汉大学（2022 年 10 月 28 日起）等 985 高校（其中有 8 所是首批全国干部教育培训高校基地）和湖南师范大学（2014 年 4 月 22 日起）、中国政法大学（2020 年 11 月 3 日起）等 211 高校任教（还有长沙理工大学等其他非 211 高校）。

笔者受邀主讲"现代战争与国家安全""我国周边安全环境与国际关系新变化""读史明智 坚定信仰""阳光心态与心理调适""教育新理念和新方法""参政议政由来·实务·体会""国学智慧与领导素养""创新思维与现代管理""危机公关、媒体应对及舆情管理""公文写作规范"等课程，其中很多课程是临时"救火"被安排的，有的是学员不满意原来的老师要求换老师，有的是实在找不到合适的老师，有的是原来任课老师临时有事情，让笔者来充当代课老师。能够在中国顶级学府立足，主讲100多个不同内容专题，笔者对自己的要求是极其苛刻的：一是检验主讲水平高低的唯一标准就是现场学员有没有玩手机的；二是不做宣讲，不讲学员知道的，只讲独到的观点，多谈独到的思考。

看到这些不同专业的课程名称，很多人可能会说，样样行等于样样都不行。笔者也赞同这样的说法。大多数情况下是这么一回事，特殊的情况才是"行的人样样行，不行的人样样不行"。《易传·系辞上》指出："引而伸之，触类而长之，天下之能事毕矣。"意思是说，将某件事情或者某种思想，不断地延伸扩展，就能推衍到其他事情上或者其他思想上，举一反三。当掌握了一件事情或者一类知识的规律后，就可以由此推断出同类事情的规律，这能够将天下所有同类的事情或者所有同类的事物规律联系在一起。如果能够从中掌握不同种类事物的不同规律，再加上足够的辨析能力，那么天下所有的事情或者所有的事物，就都将掌握在其中了。这就是成语"触类旁通"的由来。触类旁通是一种方法，也是人的一种悟性，它能够使问题的处理化繁为简、事半功倍。通过分析、归纳、总结，从一个个具体的案例与事件中得到一套普遍适用的方法，然后去处理接下来的问题。笔者经常说：请不要用你的业余爱好，去挑战别人的专业水准。只有努力把自己变专业，才是正道。要挑战别人的专业能力，只有比别人付出更多的辛劳，天才在于勤奋，知识在于积累。不要总觉得自己很厉害，闻道有先后，术业有专攻，学业有专长。人皆可以为师矣。人外有人，天外有天。笔者认为，**学者应该宁静淡泊，严谨治学，恪守良知，坚守底线**。《荀子·修身》说："是是非非谓之知，非是是非谓之愚。"意思是说，能够肯定正确的、否定错误的才是智慧的表现。把错的认为是对的、把对的认为是错的，那就是愚昧的表现。现实生活中，不少"砖家"，好像什么都懂，什么都可以评论，甚至做客媒体，颠倒黑白，见风使舵，口若悬河，一派胡言。既无良知，亦无底线。

课后和茶余饭后，学员跟笔者交流的更多的是家庭教育。笔者是中国心理学会资深会员（1989 年）、中国心理卫生协会会员、湖南省心理咨询师协会成立发起人、副理事长。虽然笔者已经出版 35 部书，更多的是文史、文化类的书，但是最有影响的是，教育科学出版社和国际文化出版公司 2002 年 7 月联合出版的《学生心理健康与社会适应》，该书荣获社会科学优秀成果二等奖。多次重印后，教育科学出版社于 2015 年 10 月出版了《学生心理健康与社会适应（第 2 版）》，迄今为止，已经第 17 次印刷。既有通俗理论，更有具体实践，深受读者喜欢。

书中旗帜鲜明地反对把孩子送进补习班，强调孩子大学期间最该一门心思读书，幼儿园最该无忧无虑地玩，告诫把孩子培养成为"普通健康人"。这些观点在当下，是更有现实意义的。

笔者业余免费从事心理咨询工作 20 多年，被问及最多的就是家庭教育。近年来经常到边远农村送课、支教，做志愿者，主要也是告诉老师和家长，需要什么样的教育理念和方法。近 10 年来，每年做 10～20 场义工报告。2020 年 11 月 17 日，笔者在陕西省榆林市榆林大剧院，免费给榆林近 1 000 名家长讲授 3 小时 30 分钟的"家庭教育新理念和新方法"；2022 年 2 月 26 日，在江西省南昌市第十九中学高中部，免费给近 800 名老师和家长授课 4 小时 17 分钟的"'双减'政策下家庭教育理念和方法的转变"；6 月 21 日，在湖南省长沙市贺龙体育场笔者的"家长可以不焦虑"免费报告讲了 5 小时；2024 年 4 月 27 晚，在重庆市九龙坡区九龙会堂，笔者又给 500 名家长作了 3 小时的"家长可以不焦虑"免费报告。每次报告的时间都是被学员要求延长、再延长，场面很是火爆，掌声不断，引发共鸣。这一次次引发笔者写本给老师和家长看的书的想法，想惠及更多的人。如果说，畅销书《学生心理健康与社会适应（第 2 版）》影响了千千万万读者，是部总论的话，那么今天这本书就是专论，相信也一定会更受读者欢迎。

家庭是人生的第一所学校，家长是孩子的第一任老师。**在这个任何职业都需要考证或者培训的年代，只有家长这一"职位"可以直接"无证上岗"。**家庭教育的品质高低，很大程度上取决于家长的胜任力。家长并不是一个职业，却又普遍被认为是"世界上最伟大的职业"之一。家长看似谁都能当，但是要当好却不容易。

无证上岗的家长是需要学习的。

一、法律要求

《中华人民共和国家庭教育促进法》（以下简称《家庭教育促进法》）自2022年1月1日起施行。法律明确，未成年人的父母或者其他监护人负责实施家庭教育。国家和社会为家庭教育提供指导、支持和服务，并将每年5月15日国际家庭日所在周设为全国家庭教育宣传周。为呼应减轻义务教育阶段学生作业负担和校外培训负担的"双减"要求，法律规定，县级以上地方人民政府应当加强监督管理，减轻义务教育阶段学生作业负担和校外培训负担，畅通学校家庭沟通渠道，推进学校教育和家庭教育相互配合。未成年人的父母或者其他监护人应当合理安排未成年人学习、休息、娱乐和体育锻炼的时间，避免加重未成年人学习负担，预防未成年人沉迷网络。

《家庭教育促进法》不仅明确，父母或者其他监护人应当树立家庭是第一个课堂、家长是第一任老师的责任意识，承担对未成年人实施家庭教育的主体责任，用正确思想、方法和行为教育未成年人养成良好思想、品行和习惯。要自觉学习家庭教育知识，积极参加社区、中小学校等提供的家庭教育指导和实践活动，掌握科学的家庭教育方法，提高家庭教育的能力。同时，还规定了家庭教育的内容。比如，要求家长培养未成年人树立维护国家统一的观念，铸牢中华民族共同体意识，培养家国情怀；培养未成年人良好社会公德、家庭美德、个人品德意识和法治意识；关注未成年人心理健康，教导其珍爱生命等。

《家庭教育促进法》的施行，让家庭教育得到社会重视，也提供了很多家庭教育的新方法和思路。《家庭教育促进法》明确了家长在这些方面的责任，值得家长研究学习。中国父母觉醒的时代来临了！

对于家庭，最应该受到教育的人群是谁？最应该受到教育的课程是啥？

父母绝对是一种职业，需要训练才能上岗，需要训练才会卓越。

【镜头1】一对父子对话情景，儿子拿着只得了50分的数学试卷对着父亲。

儿子：爸，我尽力了！

父亲：你这只笨鸟。

儿子：爸，这世上笨鸟有三种。一是先飞的，二是嫌累不飞的。

父亲：那第三种呢？

儿子：这种最讨厌！自己飞不起来，就在窝里下个蛋，让下一代使劲飞。

华大集团首席执行官、执行董事、华大基因副董事长尹烨说："教育不可能只是学校的事情，更不是补习班的事情，父母在这个过程中也在修炼，他们开始学着怎么去当第一代成功的教育型父母。所以很多家长问我，我看见孩子就想抽他，不辅导作业母慈子孝，一辅导作业鸡飞狗跳。这个地球上只有不合格的父母，孩子是从父母所印随和印迹过来的。大家特别喜欢生一个蛋，说我这辈子做母鸡我算了，你要努力变凤凰，它忘了首先自己要先变成凤凰。"

家长要自觉学习家庭教育知识，积极参加社会、中小学校等提供的家庭教育指导和实践活动。本书就是要普及科学的家庭教育方法，进而提高家长的教育能力。

二、减负使然

中小学生学业减负，一直是社会关注的焦点问题，也是基础教育改革和发展面临的重大问题。据统计，自 1985 年以来，中央政府层面下达的"减负令"累计 49 次，但是目前"小学生背书包，初中生拉书包，高中生扛书包"的现象仍然比较普遍，学生学业负担重、心理问题多、身体素质差、近视率高等一系列问题仍没有得到很好解决。2018 年 12 月，教育部等 9 部委联合印发了史上最严"减负 30 条"；2020 年"两会"期间，108 名全国政协委员联名提交了中小学"减负"提案，"减负"问题再次成为社会热议的焦点。

2020 年年初，笔者具体组织了长沙市"切实减轻过重学业负担，促进长沙市中小学生身心健康发展"调研课题。克服疫情影响，通过网络调查、会议座谈、实地调研、个别走访等多种方式，听取长沙市教育局等相关单位的情况介绍，并深入长沙市中小学校、街道社区、培训机构，与老师、学生、家长等各方代表进行座谈，获取了大量一手资料。7 月 28 日，笔者向长沙市市长郑建新作了专题发言。市委宣传部、市委编办、市教育局、市财政局、市人社局、市市场监管局等部门主要负责同志作了积极回应，市长对提出的意见建议给予了高度评价，对切实减轻过重学业负担，促进长沙市中小学生身心健康发展，提出了新的工作要求，作出了新的工作部署。

家长望子成龙，过度焦虑成为学生身心疲惫的"高压线"。"不能输在起跑线上"是家长的广泛共识，家长对社会竞争的恐慌，以及一些错误的教育理念，照书育人、照别人的方法教育，"剧场效应"被无限放大，教育焦虑导致的教育投资越来越多。首先是选择学校。孩子去哪里上学？上什么学校？几乎是所有家庭的头等大事，通过购买学区房来挑选学校成为很多家庭的择校方式，一些家长倾其所能购买高价学区房，一心把孩子送进优质名校。其次是补习。一些家长为提高孩子成绩，自行购买大量复习资料，极力送孩子上课外辅导班或强烈要求学校补课，出现了课内"减负"、课外大量加补的浪潮。此次调研组发放的问卷调查显示，长沙市有 83.6% 的中小学生有 3 门以上的线下课外辅导班，40.7% 的中小学生参加过线上网络培训，每年投入孩子各科培训上的费用不菲，多则十多万元，少则也有近万元，部分学生甚至参加一对一培训或者名师培训，费用也就更多。《中国商业教育辅导市场消费力报告》显示，学前和中小学教育阶段，中国家庭的教育支出占家庭支出的 20.6%，有 14.6% 的家庭教育支出占比超过50%。家长对教育的投入越多，对孩子的期望越高，由此带来的压力和焦虑也就越大，中小学生大多全年无休，放假比上课还忙。长此以往，中小学生身心健康出现问题：一是身体素养差。据《2019 年长沙市普通中学教育质量综合评价报告》显示，有 54.56% 的初中生、46.01% 的高中生睡眠时间未达到规定标准，有 60.89% 的初中生、70.95% 的高中生视力不良，初高中学生体育锻炼时间很少，力量、速度、爆发力以及耐力等各项身体素养全面下滑。二是心理问题多。报告显示，有 46.70% 的初中生、40.73% 的高中生存在学习焦虑，近四成的学生表示希望得到专业的压力疏导。小小年纪的他们，把学习视为沉重的负担。2020 年长沙市已发生几起中小学生跳楼自杀事件，情绪崩溃、选择轻生的主要原因是巨大学业压力和负面情绪的长期积压。三是创新意识弱。孩子在无休止的兴趣班与补习班中失去天性，聪明伶俐的孩子，变成了呆如木鸡的学生。基于标准答案的应试教育，简单机械地重复刷题，学习的是结论而不是方法，开展的是"记忆力教育"，而非"智力教育"，阻碍了学生的个性发展，不利于创造力和探索精神的培养，"催熟"的孩子到了大学往往后劲不足。

中国的无数家长正以爱孩子的名义破坏子女的健康成长，而他们对此却浑然不觉或无能为力。做家长的，越来越向"狼爸虎妈"靠拢，把家庭教育矮化成"家庭题海战场"，再把孩子送到各种各样的培训班上。这些培训的指向，仍然是"分分分，学生的命根"。它让家长们眼睁睁地看着自己的孩子在应试教育下，变成了学习的工具。**整个家庭教育被应试教育绑架，家长成为应试教育的帮凶。**从学校到社会，从老师到家长，现在都被应试教育氛围包裹着，根本无法勇敢伸出头来呼吸一下自由的空气。这，才是现实教育的最大悲哀。

"考，考，考，老师的法宝；分，分，分，学生的命根。"很多家长把孩子教育归结为考试和分数，就只盯着读大学、读好大学。这是教育吗？北京大学社会学系郑也夫教授说："考试是一个有宽度的东西，但比较平面，没有厚度。看不出想象力、创造力、知识面、独立性、合作精神、口语表达能力。"笔者认为，郑也夫后面说的看不出的这些元素，恰恰是人生成功的重要因素。

【镜头2】2021年3月7日，全国政协十三届四次会议第二场"委员通道"在人民大会堂新闻发布厅举行，邀请全国政协委员、江苏省锡山高级中学校长唐江澎等部分全国政协委员，通过网络视频方式接受媒体采访。

中国教育电视台记者提问：过去一年，从停课不停学到全面恢复教学，教育工作者的付出是全社会都看在眼里的。与此同时，关于教育的一些忧虑也一直困扰着家长们，比如说学生作业的问题，比如说培训机构乱象的问题等等，究其背后的原因，还是离不开对分数的追求。所以想请问您，作为校长，您怎么看，您认为教育的真谛究竟是什么？谢谢。

唐江澎说：谢谢您的提问。开头第一个题，难度系数就很高。看来，校长也要学会做难题。有人说学生一生一次高考，家长一生两次高考。而我们这些高中校长呢，是每年一次高考。对您刚刚提到的那些压力和忧虑，我感触很深，思考也很多。

是的，学生没有分数就过不了今天的高考，但孩子只有分数，我看恐怕赢不了未来的大考。

一个学校没有升学率，就没有高考竞争力，但是我们的学校只关注升学率，恐怕没有核心竞争力。分数是重要的，但分数不是教育的全部内容，更不是教育的根本目标。

……

我想，好的教育就应该是培养终身运动者、责任担当者、问题解决者和优雅生活者，给孩子们健全而优秀的人格，赢得未来的幸福，造福国家社会。

【镜头3】开学第一天，经常可以看到把孩子送进学校（幼儿园）的家长，还一直在校（园）外面的围墙外找缝隙观察着自己的孩子，爬树翻墙扒缝，不放心地瞅着自己的孩子。

【镜头4】一家三口，都穿着同款白色T恤衫，父亲、母亲和孩子的T恤衫背面，分别用中文字和汉语拼音写着：挣钱的 zhèng qián de、管钱的 guǎn qián de 和花钱的 huā qián de。

【镜头5】高考考生家长最佳着装是，妈妈穿旗袍，旗开得胜；爸爸穿全是耐克Logo的T恤衫，全是对勾。

【镜头6】2021年6月，长沙市雅礼中学校门口对面，10多个补习班的牌匾挂在建筑物的墙上。现在所有牌匾都消失了。

2021年7月24日国家出台"双减"政策。"双减"指的是减轻义务教育阶段学生日常作业的负担和校外培训的负担。根据《关于进一步减轻义务教育阶段学生作业负担和校外培训负担的意见》第二十四条规定，坚决压减学科类校外培训。对现有学科类培训机构重新审核登记，逐步大大压减，解决过多过滥问题。"减负"作为中国教育的"顽疾"，是一项复杂的系统工程，涉及多个层面、多个方面，需要政府、学校、家庭、社会的共同努力，更是一项长期的战略任务，需要全社会久久为功，绝不是单纯减轻义务教育阶段学生作业负担和校外培训负担，相应配套工作还很多，至少在"双减"政策下，家长的教育理念和方法的转变就十分必要。这就是本书的题中应有之义。

三、现实需要

【镜头7】新浪2020中国教育盛典暨新浪教育20周年庆典的一场演讲，题目是《教育，我们这一代父母的迷茫》，演讲者储殷是大学法学博士，也是一位四年级小学生的父亲。在演讲中，储殷以一名中产家长的身份，阐述了当前教育改革家长的迷茫与困惑，语言很犀利，未必代表主旋律，但是他的困惑、焦虑和呐喊或许能代表当下很多家长的心声：

在任何一个国家里，教育是来实现社会分层的？它们有没有人告诉我们，相比于资本，相比于身份，相比于关系……通过考试来划分人的阶层是最合理的事情！

东方国家的考试是干什么用的？不要讲成田园牧歌似的，是为了帮助你成长？

不！不！不！是为了决定你毕业以后是（每月）挣1万块钱？5 000块钱？3 000块钱？还是到劳动力市场去打零工！教育是干这个的！

所有教育专家讲的所有的梦想，作为一个家长告诉你们，对我一点用都没有！我知道我的孩子如果考不上重点中学会面临什么样的结果，我知道我的孩子如果考不上重点大学会面临的结果，在我存在这么重大的压力之下，你跟我讲情怀，我怎么能够接受？我怎么可以接受？

教育越来越公平了吗？作为一个大学老师，我只知道我们高校里，重点高校里的农村的孩子越来越少。

"减负"真的让孩子更轻松了吗？不对的，"减负"的结果就是军备竞赛。

我的孩子四年级学到小学五年级，他的同学学到初中二年级；我的孩子上800块钱一个小时的班，他的同学上2 000块钱一个小时的班……

我的小学是无忧无虑玩过来的，无忧无虑，真的。在应试教育最严重的时候，我是无忧无虑玩过我的小学。现在我的孩子每次放学，自己非常自觉地上辅导班，写作业，为成绩焦头烂额，这就是"减负"的结果吗？

在出口有限的情况之下，压缩了公立教育的时间，减轻了孩子在学校的负担，只会有一个结果，就是大家要掏钱在校外去买。为什么农村孩子现在竞争劣势越来越大？买不起啊！买不到啊！

……

我总希望，我们这个时代的教育给普通的家庭，给普通的孩子更多的机会，实实在在地给他们更多的机会！

尽管笔者对储殷博士"社会公平""机会平等"的呐喊很欣赏，但对这个演讲全文内容并不敢苟同，认为他也是像众多家长那样对教育的理念和方法了解不够，当然术业有专攻，不能对法学专业博士要求苛刻，他能这样发声无可厚非。持有跟他一样观点的家长也许占大多数，从这个意义上来说，更显得现实有需要。本书的很多观点对这些家长来说，可能是无法接受的，但笔者义无反顾，责无旁贷，就是想对这些家长"洗脑"，破除家长的固有观念，从而使家长减少忧虑、缓解焦虑。

四、健康呼唤

世界卫生组织（WHO）1946 年成立时，就在它的宪章中把健康概念定义为："健康乃是一种在身体上、心理上和社会上的完满状态，而不仅仅是没有疾病和虚弱的状态。"78 年后的 2024 年，又有多少人知道，健康不仅仅是生理健康和心理健康，还有社会功能的完好状态。笔者授课的时候做过调查，知道的寥寥无几。电影《你好，李焕英》最著名的台词就是："我的女儿我就让她健康快乐就行。"看这部电影的时候，很少有观众是不哭的。笔者多次说过，如果有编剧和导演，把笔者的神奇故事也搬上荧屏，也会让人感动流泪的。

中国是全球抑郁症疾病负担较为严重的国家之一。据世界卫生组织（WHO）的报告，2017 年中国有超过 5 400 万人患有抑郁症，占总人口的 4.2%。2019 年 2 月，北京大学第六医院黄悦勤教授等在《柳叶刀·精神病学》在线发表研究文章，对"中国精神障碍疾病负担及卫生服务利用的研究"（简称中国精神卫生调查，CMHS）的患病率数据做了报告，这是中国首次全国性精神障碍流行病学调查。调查显示，抑郁症的终生患病率（在一生当中得过抑郁症的患者所占总人口比率）为 6.8%，12 个月患病率（12 个月内得过抑郁症的患者所占总人口比率）为 3.6%。照此计算，超过 9 500 万中国人一生当中得过抑郁症。

中国科学院心理研究所发布的《中国国民心理健康发展报告（2019-2020）》显示，2020 年中国青少年的抑郁检出率为 24.6%，其中，重度抑郁检出率为 7.4%，抑郁症成为当前青少年健康成长的一大威胁。小学阶段的抑郁检出率为一成左右，其中重度抑郁的检出率为 1.9% ~ 3.3%；初中阶段的抑郁检出率约 3 成，重度抑郁的检出率为 7.6% ~ 8.6%。高中阶段的抑郁检出率接近 4 成，其中重度抑郁的检出率为 10.9% ~ 12.5%。这些孩子有的厌学失眠、身体出现种种不适，有的沉迷网络世界逃避现实，有的甚至选择结束自己年轻的生命。

中学生正处于青春叛逆期，又缺乏人生阅历，心理承压能力差。在学校里，一些学生由于课程繁重而精疲力竭，回到家中可能又会遭受到父母批评责骂，一些心灵脆弱的学生如果想不开，容易做出轻生的举动。

2021年3月21日12时48分，广东省恩平市公安局110调度室接报，称华侨中学有一名学生坠楼。接警后，经公安部门法医勘验、现场勘查、走访调查及调取监控视频证实，坠楼学生系跳楼自杀，排除他杀。

2021年3月29日，广东省惠州市惠东中学一名17岁高三学生在校内跳楼自杀，整栋楼的学生都目睹了这惨痛的一幕，让同学们痛心不已。监控画面显示，一名身穿校服的学生，身体倾靠在护栏沉思了一段时间，不久后，该名学生右腿登上护栏，纵身一跃，这个过程正好被监控捕捉到。后来坠楼学生被送入医院救治，不幸的是已经死亡。

我们常以为孩子是没有情绪的，肆意地用言行去欺压他们，却忽略了他们心灵也是炙热的。很多时候，孩子表面若无其事，其实内心早已崩溃。成年人崩溃时，可以哭，可以闹，因为都深知成年人的不易；而孩子崩溃时，不敢哭，不敢闹，甚至不能有情绪。因为，孩子的哭闹，是不听话、不懂事的代名词。孩子的情绪，是不被看见的，孩子的崩溃，是悄无声息的。

想要毁掉一个青春期孩子，言行上击败他就够了。父母用高高在上的权威，以为赢了孩子，但最后的结果，或许都会输得很卑微。毁掉一个孩子很简单，有一对"望子成龙""盼女成凤"的父母就够了。孩子童年的快乐与悲伤将伴随他一辈子，无论他将来是成功还是失败，童年的记忆是无法抹去的。如果他的童年不快乐，即使成年以后他成功了，他也永存悲伤的回忆；如果一个孩子童年很快乐，即使以后不成功，他面对挫折的时候，也会是满怀希望，因为他有快乐的童年。

有些父母，总觉得自己的孩子不该是平庸的那个，不愿接受孩子的平凡，可事实上，大多数孩子都属于平凡人。接纳孩子终将成为普通人的事实，是一对父母最大的智慧。教育孩子，家长能做到尽心尽力就好。

接受现实，适度预期，适度要求，帮助孩子让这平凡的一生充满能量、欢乐、勇气和爱，健康且积极地为自己而活，这份平凡就已经十分宝贵。未必要苛求孩子成为人中龙凤，只要他平安快乐地长大，内心富足，人格独立，善良而美好。如此，你便已尽到了为人父母的义务，内心也必定是幸福满足的。

五、焦虑解码

据当当联合艾瑞咨询《孩子的成长，父母的焦虑——2019年成长焦虑白皮书》，中国父母非常焦虑的占 16.4%，比较焦虑的占 46.5%，一般焦虑的占 28.6%，不太焦虑的占 6.9%，完全不焦虑的占 1.6%。

孩子是焦虑制造者，孩子也是快乐源泉。一方面，对孩子的过分关注使中国父母更加焦虑。91.5% 的父母对孩子成长各方面的问题感到焦虑，对于所关注的孩子成长相关问题，父母的焦虑度都在 80% 以上；在孩子心理和情绪管理、孩子学习和教育、孩子独立能力和生活习惯三个方面的表现尤其明显。孩子是家庭生活的重心，他们给父母的生活带来了很多焦虑。另一方面，在"让父母感到生活充实而有意义"的因素中，"孩子"以 85.2% 的占比高居榜首，孩子是快乐源泉，孩子也是使父母感到充实且幸福的最大因素。

养育孩子的过程，也是父母自身不断学习成长的过程。

宏观角度来说，总有孩子在成长，成长焦虑是一场持久的、没有硝烟的战争。东西方文化融合使父母们看到了更多差异，也带来了更多焦虑。

微观角度来说，每个孩子都会长大，成长焦虑总会随着时间而慢慢消散。对新式教育思想的吸收与改进已经使一部分中国父母走在前面。

未来，社会对于孩子成长的焦虑不会减少，但更重要的是，我们可以保持乐观的心态，正确应对所发生的问题，破解焦虑。

孩子究竟是要富养，还是穷养？不同的人会有不同的答案。这也反映出教育的多元化。授人以鱼不如授人以渔。寄希望别人教自己孩子，不如自己学会教的方法。**如果你带孩子觉得特别累、特别痛苦、特别生气、特别焦虑，只有一个原因，那就是方法错了。如果你的方法是对的，你一定会充满乐趣，很开心、很有爱，还很轻松，然后孩子长得很好、很快，不需要报辅导班。**

如何才能教育好孩子？这是从古至今都没有完全得到解决的大难题，真正会教育孩子的父母为数不多。**孩子是父母的延续，是爱的结晶，百年之后，父母作古，留下的是下一代对父母基因的传承，对于每一位父母而言，教育孩子是他们的责任。**

在孩子的成长教育过程中，平时的言行举止都会对孩子有着巨大的影响，若干年后就能看到教育的效果。原生家庭对孩子的影响太大，如果遇到这三种父母，孩子这辈子都很可能自卑懦弱，甚至根本不可能适应社会，很难混出头。

第一种父母就是整天说孩子的不是。对孩子横挑鼻子竖挑眼，总是对孩子各种精神打压，从这样家庭走出来的孩子，即使再努力，也总是觉得自己低人一等。越是穷人的父母往往运用这套方式来教育孩子，可能他们生活压力特别大，把那些郁闷暴躁的情绪都发泄在孩子身上；富人父母反倒对孩子多是鼓励的教育，和孩子进行平等的交流，帮孩子养成阳光、大气的性格。如果是 20 多岁甚至 30 岁了，你父母还是整天说你的不是，你对他们不要客气，各过各的，别让他们打击你信心一辈子。

第二种就是过分强调感恩的父母。父母经常在孩子跟前说，我生你养你多不容易，受了多少苦等，这样的教育方式会让孩子整天生活在一种压抑的气氛之中。人有感恩之心是必要的，但是通过这样的方式，会让孩子有一种愧疚的心理，总觉得自己活着都是欠别人的，这种家庭走出来的孩子，在单位里一见到领导就会紧张害怕，是典型的权威恐惧症。明明是靠自己的努力找到了一份工作，那份微薄的工资其实是替别人赚钱打工的，反倒认为是别人给自己一口饭吃，对单位老板怕得要命，他们带着一颗乞讨的心苟且活着，这其实是他们的父母根本没有培养他们的独立人格，遇到这样的父母，如果你经济条件许可的话，每年你给他们一些回报，尽量不要和他们住在一起，让他们感受到你和他们是两家人，否则你太压抑。

第三种就是父母自己没有什么见识。他们动不动就叮嘱自己的孩子外出不要打架，别和别人吵架，别和别人闹意见，咱们惹不起人家。但是从来不给孩子公平教育、规则教育，而是让孩子忍气吞声，忍为上策，这就是为什么在单位里有很多不明不白的受气包，那些不三不四的人，动不动就欺负你。其实都是原生家庭造成的。父母把孩子拉扯大确实不容易，但是有的家庭教育真的是有毒，给孩子带来的负面影响都是一辈子的。孩子要运用心理学、社会学的工具，抓紧修复，快点走出来，成为一个具有独立人格的人。

有时候笔者想，为什么要让孩子在童年的时候好好地学习？因为在这个极度内卷的时代，成绩好也是孩子快乐的一部分。如果孩子成绩不好，做家长的应该想办法帮助他解决问题，提高成绩，而不是呵斥与责骂。如果成绩实在不好，那就让他享受快乐的童年，教育他做一个快乐且对社会起码无害的人。

内卷很大一部分是资本卷入教育导致的，书商、各种教育机构、状元或是学霸的宣传，"虎爸虎妈"的经验，使家长陷入无尽的恐惧中，就业的学历门槛让许多人望而却步，从而无奈地卷入教育的内卷，很多家长只是顺着潮流把孩子送入各类教辅机构，任其宰割，明明知道孩子很苦，也咬牙坚持，孩子不愿意坚持，就以棍棒相加。

在很多人眼中，教育孩子是天经地义的事情，你生了你就得养，你养了就得教，你教就得教好，你要教好就得懂，你懂了就得去做。即父母养育孩子，要生有所养，养有所教，教有所懂，懂有所做。如果说你生了，你不养或者养不起就是犯法，你养了不教也是犯法，可你养了教了没教好却不是犯法。

前面说过的过分强调感恩的父母，总把自己为孩子所做的一切挂在嘴边，在做心理咨询的时候，笔者对这样的父母就说：你活该！根据《未成年人保护法》，孩子未满18岁是未成年人，你有监护人的法律责任。未成年人享有生存权、发展权、受保护权、参与权等权利，要尊重未成年人的人格尊严，父母或者其他监护人应当学习家庭教育知识，正确履行监护职责，抚养教育未成年人。要不你别生，生了你就得付出，更何况，你生他（她）的时候还没有跟他（她）商量、经过他（她）同意呢！

现在依然有很多社会底层的人士没有意识到家庭教育的重要性，他们认为花钱把孩子送到学校接受教育后，学校老师能够把孩子教育好，自己只需要给孩子挣钱就行了。更有一些"土豪"只管砸钱，让孩子进各种补习班，自己却无所事事。我们常常看到一些十几二十岁的人，由于缺失完整的、良好的教育，毕业后不工作，每天沉迷于网络游戏，没钱就找父母，父母不给，杀死父母还像没事一样，就连被警察逮捕依然脸不红心不跳。这就是教育缺失所酿成的惨剧。

现在很多父母都把孩子当"试验品"，教育孩子全凭感觉，自己从来不读书，也没有科学的养育孩子的方法，这样是不可能把孩子教育好的。

"无证上岗"的家长需要学习和懂得怎么样才能当好家长，这就需要在教育理念上有新的认识。**父母的教育观念会影响孩子的一生，而要改变家长的观念，首先要对"不能输在起跑线上"说不。**

上　篇

女儿和笔者的成长感悟

笔者 2003 年 5 月 26 日在作"高考心理辅导"报告的时候，衍生出一门课程"教育新理念和新方法"，PPT 做了 331 页，视频有 145 段，视频总时长是 8 个小时 52 分钟 43 秒。分三大块，分别是家庭教育、学校教育和教育忠告。后来单独截取一部分，讲家庭教育的课程"请让孩子输在起跑线上——家庭教育的新理念和新方法"，单单题目就足够雷人的。为了解释这个题目，笔者强调"请让孩子输在起跑线上"这句话不是我的原创，原创者是中国当代作家郑渊洁老师。在撰写本书的时候，为了让读者不被雷着，难以接受，笔者换成了"孩子可以输在起跑线上"，其实，笔者心里想表达的还是郑渊洁老师的"请让孩子输在起跑线上"。

　　现代作家、演讲家、慈善家郑渊洁学生时期只读到小学四年级，因为一篇作文《早起的虫子被鸟吃》而被开除。小学肄业。2008 年 12 月 5 日，时任国家主席胡锦涛向郑渊洁颁发"中华慈善楷模奖"。2009、2012、2016 年，郑渊洁分别荣登第四、七、十一届中国作家富豪榜榜首。

　　像郑渊洁这样输在起跑线的名人还不少。

　　莫言在小学五年级时辍学，在农村劳动长达 10 年，21 岁参军，是诺贝尔文学奖获得者。屠呦呦被称为"三无科学家"，没有博士学位、留洋背景和院士头衔，是中国首位诺贝尔生理学或医学奖获得者、药学家。袁隆平是本科文凭，学历不高，无评审论文，多次落选中国科学院院士，经湖南省四次推荐，社会强烈的反响，才当选中国工程院院士，是首届国家最高科学技术奖得主、杂交水稻之父。

笔者一直记着第一次见到袁隆平院士的情景，那是 2016 年 8 月 17 日上午在长沙，笔者很早就到了湖南杂交水稻研究中心，袁老还在水稻田里，直到 10 时 50 分，袁老的车才回到中心，从车里下来还穿着下田的鞋子，那是长沙一年最热的三伏天，袁老衣服上的汗渍，一片片的。那副模样跟农村老大爷不无差别。想起自己也是不修边幅的人，可以拖购物车（放电脑）上班，经常穿着拖鞋上街……一种惺惺相惜的感觉油然而生。

著名发明家、企业家爱迪生入学仅仅 3 个月的时间，就被老师以"低能儿"的名义撵出学校。母亲南希当时是一家女子学校的教师，不认为自己的孩子是"低能儿"，自己教授爱迪生。著名科学家、物理学家爱因斯坦 3 岁才"咿呀"学语，10 岁时，父母才把他送去上学。可是，在学校里，爱因斯坦受到了老师和同学的嘲笑，大家都称他为"笨家伙"。后来他报考瑞士苏黎世大学落榜，补习后考入瑞士联邦理工学院。

青岛国立大学文学院院长闻一多录取数学 0 分的臧克家；北京大学校长蔡元培录取数学不好的罗家伦；清华大学校长罗家伦录取算学 15 分的钱锺书、算学 4 分的季羡林；陈寅恪复旦公学毕业，齐白石只读过家塾，梁漱溟高中毕业，钱穆高中肄业，沈从文小学学历，巴金高中学历，华罗庚初中毕业，陈独秀没有任何大学文凭，鲁迅医专肄业……他们或是偏科，或是辍学，都是起点相对不高者。诚然，说他们都输在起跑线上，显然是牵强附会，难以自圆其说。他们在当时的历史条件下，都不能算输在起跑线上，只有相对的概念，甚至是模糊概念。如今，经常能够看到学生偏科的现象，曾有许多学生因为英语成绩太差而无法考上大学，也有的因为数学天赋差，而无缘心仪的大学。如果想要考上一所好学校，必须每科成绩都优秀。按照今天的高考要求，他们的偏科可能都无缘 985 高校。现在很多用人单位招聘、招考，第一学历要求全日制本科，甚至是 985 高校本科，按照这样的用人要求，他们的辍学就都进不去。难怪现在家长会焦虑。

一、女儿成长解码

初为人父母，心中满是期待与忐忑。家长渴望给予孩子最好的，却往往在面对教育的琐碎与复杂时感到迷茫和无助。这不是家长的错，因为每个人都是从零开始学习，从无知到逐渐领悟。

育儿之路，就像是一条蜿蜒曲折的山路，时而平坦，时而陡峭。在这条路上，不断地摸索、尝试，为的是找到最适合自己孩子的教育方式。然而，这个过程充满了挑战和困难，家长时常会怀疑自己是否做得足够好。世上没有十全十美的父母。家长在不断地学习和成长，孩子也在不断地成长和变化。每一个孩子都是独一无二的，他们有自己的个性、兴趣和需求。家长需要耐心倾听他们的声音，理解他们的感受，给予他们足够的爱和支持。

在这个过程中，家长会流泪，那是因为深爱着孩子，有时候恨铁不成钢。家长会伤心，那是因为关注着孩子的成长，有时候事与愿违。这些泪水和伤痛，都是家长成长的见证，也是家长与孩子之间情感交流的体现。所以，请家长不要过于苛责自己。初当家长都没有经验，或多或少都有做得不好的地方。只要家长用心去爱孩子，用心去教育孩子，就可以做一个好家长。

女儿比较低调，一直不愿意笔者向别人提起她。

她可是输在起跑线上的人，幼儿园没有读，小学三年级才接触英语，比同龄人晚了四五年。有人说，笔者的女儿是个奇迹。如果说她在闹"非典"那年参加中考，考前一周高烧达39.5度，却超常发挥考入全省最好中学是偶然的话，那么她的高中成绩名次大起大落，先天不足的英语更是成了最大的障碍，高三最后10个月不到的时间从高中会考前的从未及格，提升到高考时的120多分，考入全国前十的名校，这恐怕不能再说是偶然。接着，出国读硕士、博士，从事博士后研究，回归当副教授、成为一所名校最年轻的博导之一。

女儿的中考是初中阶段最好成绩，高考是高中阶段最好成绩，这两次关键考试都很争气，当然平时也有语文成绩年级第一，物理成绩班上第一的时候。作为家长，笔者最不愿意开的会就是家长会，笔者总结家长会两句话体会：一是几家欢喜几家愁，二是老师说的都是正确的废话。家长会上，笔者经常是脸上无光，恨不能找个地缝钻进去。很多老师、亲友建议笔者给女儿请个家教、进个补习班，甚至有老师主动要帮笔者找，可是女儿中小学11年，从来没有请过家教，没有上过任何除学校统一组织外的补习班、培训班，并且放学上学从来没有亲友接送过。

实践证明，女儿读书是成功的，但是只会读书的孩子是没用的。女儿会做菜，能制衣，懂音乐，善绘画，笔者最大的失败就是扼杀了她的绘画艺术梦想，笔者最懊悔的是从小对她过于严格和苛刻，没能够富养"小棉袄"。

你可能会说笔者女儿，"这是别人家的孩子，不可复制"。小女可能没有一些人家优越的条件，没有一般人家孩子爷疼奶爱，父慈母贤，"千般恩爱集于一身"（电视连续剧《婉君》主题歌歌词）。小女懂事的时候，家里一贫如洗，穷困潦倒，妈妈已经不在了，爸爸是唯一依靠。心里有阴影，意志却坚强。"穷人的孩子早当家"（电影《红灯记》唱词），从小目睹单身爸爸辛劳、体验生活困苦，得知热爱生活的道理，有着奋斗与吃苦的自觉。

1. 阅读量不输

笔者家中最大的财富就是书，整墙的书架就是"黄金屋"。如果说女儿在同龄人面前，没有上幼儿园、没有提前学习英语，没有进补习班，平时成绩一般算是输在起跑线上的话，那么可能成立。但是单就读书而论，在阅读量上并没有输在起跑线。

女儿在出生以后，见到的最眼花缭乱的就是形形色色的书。在最初的形象认知世界里，书的概念根深蒂固。当时，妈妈参加自考在读书，爸爸攻读硕士学位在读书。女儿一岁生日的时候，看见大人都在读书，就要属于自己的书。笔者把音乐贺卡给了她，说这就是她的书，她可以摆弄贺卡很久很久。笔者看着她那副专注的样子，拿起虎丘牌相机，按下快门，留下了一岁生日唯一的珍贵照片。幼儿时期，家里距离全国最著名的书市之一的长沙黄泥街书市只有1.2公里远，距离全省最大的长沙市新华书店不到1.5公里，离湖南省少年儿童图书馆几百米。这些都是她的好去处。女儿读中学的时候，午休也都是在学校图书馆。虽然看的大部分是小说和漫画，但是女儿的阅读量在当时已远超同龄人。

同龄伙伴们在练琴，练英语，补习班上课、刷题，女儿在书本里吸收知识。工作以后，很多人对女儿的评价是思考很深入全面，逻辑思维强，能关注到别人发现不了的细节。这可能就是长期阅读积累下的思考习惯。

值得一提的是，笔者经常干涉女儿看一些与学业无关的书，更别说给她买了。有时候，女儿为了买到她自己喜欢的小说和漫画书，省吃俭用，甚至把笔者给她的早餐钱，不吃或少吃点早餐，积攒下来，悄悄买下爹不给买的书……每每想到这些，笔者的眼眶都含着心酸的泪花。这是笔者的教训，希冀后人记取。

2. 求知欲培养

笔者给女儿儿时买的最值得阅读的书是《中国少年儿童百科全书》，浙江教育出版社 1991 年出版。全书分为 4 卷，涉及 60 多个科学门类，5 000 多条目，近 5 000 幅插图，计 400 多万字，是国内第一部大型少年儿童百科全书。《自然·环境》卷，涉及宇宙的演化、大地的变迁、生物的进化、动植物的形态、人体的构造等广泛领域。《科学·技术》卷，介绍了世界科技发展的漫长历程和伟大成就，中外著名科学家的献身精神和成功经验，数理化天地发生的现象和规律等。《人类·社会》卷，使读者了解到自然界的生命是在不断进化的过程中，一代超越一代，直至产生了万物之灵的人类。人类则经历了无数次血和火的洗礼，才创造了如此灿烂辉煌的文明。《文化·艺术》卷，使读者深切地感受到了人类灿烂的文化和艺术成果，是各个时代、各个国家的人民智慧和汗水的结晶。

女儿最喜欢读的也是这套书，《自然·环境》卷翻看了无数遍。

一套好的科普读物，就像点燃孩子求知欲、兴趣的一把火，当孩子投入进去的时候，学习自然变成了一件乐事，让孩子轻松爱上学习。这套书读下来，孩子不仅能了解全球前沿科技动态，人文历史知识的积累量也远胜同龄人。因为内容主题横跨历史人文、地理、科学、自然、生物、化学、物理等多个学科，别说是孩子，就是一个大人都会好奇心满满。当然，家长完全不用担心，孩子会看不懂，看不懂就慢慢看、反复看，这个过程本身就是求知的过程。

这套书所给予孩子的科学启蒙，恐怕是我们做家长的再怎么努力，都给不了的深度和广度。虽然笔者女儿只爱看《自然·环境》卷，对其他几卷可称得上是"不闻不问"，但在高二文理分科后，她对物理和生物学习的轻松愉快，此卷书功不可没。

女儿求知欲旺盛，想法又天马行空，笔者耳边每天都是各种问号。记得有一次笔者陪着还未上小学的女儿在街上走，经过路边矗立的圆柱形邮筒，笔者指着邮筒问女儿："把你放进去，邮走，好不好？"女儿回答道："那要贴多少邮票啊？"真让笔者啼笑皆非，真是另类思维。后来女儿告诉笔者，那是为了哄笔者开心，不免让笔者心酸于女儿过早的懂事。

一个爱提问的孩子，将来大概率会比只会埋头做题的学霸强。

3. 好奇心养成

教育心理学家杰罗姆·布鲁纳说：好奇心是一个人学习的动机，好奇心越强的人，行动力和创造性也更强。创造精神是卓越人才的重要品质。被苹果砸到头，发现万有引力的牛顿；洗个澡，发现浮力的阿基米德；玩蝴蝶玩具，发明飞机的莱特兄弟……无一不是靠着旺盛的好奇心和探索精神，发现了宇宙真理。

各种学科类补习班一般都是对孩子进行超前教学，超前教育的孩子当然在学校里比没有超前教育过的孩子先起跑了，成绩可能会好些。这也成就了很多家长的动因，生怕孩子输在起跑线上，但是超前教育的危害却很少有人去考虑，孩子在上课的时候没有了好奇心、新鲜感，课堂上就可能没有那么专注，还可能沾沾自喜：这些我都会了。陶醉在自鸣得意的孩子，虽然有了虚的自信，但也可能变得自负，变得自以为是，洋洋得意。于是，笔者想到电影《小兵张嘎》里的台词："别看你今天闹得欢，就怕将来拉清单！"更严重的是，课堂教育中往往教授的是经过教育部专家组精心设计、中小学教育实践中反复验证过的成体系化的知识系统。而课外补习班由于时间上的非延续性，教授的往往是零散的知识点。由于零散知识点的提前获得而对成体系化、结构化的知识体系的接收失败或本末倒置，这会对学生的知识结构造成影响，对补习班上老师所讲的亦步亦趋，也会扼杀学生未来的自学能力与独立思考能力。

"每个孩子都有一种与生俱来的好奇心，但是却很早就消逝了。"爱因斯坦早在 1930 年的谈话中就发表了他自己对教育的看法。爱因斯坦并不是教育家，但他却对教育具有非凡的洞察力和预见性。他说："我没有什么特殊的天赋，只是拥有无比强烈的好奇心罢了。"

"知识不是力量，探求知识的好奇才是力量"，爱因斯坦这种教育理念，得到德国教育界的认可和推崇。"想象比知识更重要，想象力概括着世界上的一切！"知识，是孩子通过自己对外界的认识而产生好奇，进一步发挥想象，并最终通过自己的理解得到答案，这也是自我学习能力的培养。推崇德国爱因斯坦教育理念的教育者们也认为，要培养孩子的好奇心，首先要了解孩子自然的天性，以玩乐的教育形式，让孩子在玩乐中认识他们的世界。

每一个爱思考、好奇心重的孩子，都是潜在的学霸，只要父母在关键期正确引导。**最应该做的就是不能让孩子进补习班超前教育，教育有它的特殊规律，很多家长看不到也不知道教育的规律，只看表面的光鲜，殊不知，金玉其表，败絮其中。**还有种说法是：外行看热闹，内行看门道。

4. 独立的思考

德国哲学家阿图尔·叔本华说："独立思考比读书更重要。"爱因斯坦教育理念强调，学会独立思考和独立判断比获得知识更重要。不下决心培养思考习惯的人，便失去了生活的最大乐趣。发展独立思考和独立判断的一般能力，应当始终放在首位，而不应当把获得专业知识放在首位。学习，是一个快乐的过程。培养孩子们学习的兴趣，注重学习的过程，能不断地激发孩子求知的动力。因此，营造宽松、自由、和谐的学习环境，能增加孩子们的学习乐趣，从而激发他们思考问题的能力，太多太杂的学科和任务，只会增加孩子们的负担，大大危害了独立思考能力的发展，甚至让他们对学习产生厌恶的心理。爱因斯坦曾提到，教育对孩子们来说，应当是一种宝贵的礼物，而不是一项艰苦的任务。学校的职责是把人培养成一个独立思考、独立发展的个体，而非一个专家。专业知识，只能让人成为一种有用的机器，而不能成为一个和谐发展的人。

女儿4岁的时候，笔者用《中国-韦氏幼儿智力量表（C-WYCSI）》给女儿测的结果是：智商128。女儿进大学后发现，智商在周围同学里一直不算高的，可能就算中等。后续很多自己的抉择和成功，虽然也有一定机缘的成分，但也得益于长期独立思考，具有全盘布局、对外争取资源、指挥团队等能力。传统的赢在起点的教育，让小孩学习的东西是培养他们当合格打工者，比如幼儿园里要求孩子听话，讲规则。小学要求学生重复练习一门技术，钢琴、体育什么的。中学要求考好大学，刷题、补习。这样下来，孩子在需要独当一面的时候就会显得力不从心。

与初等教育专注单向知识灌输所不同的是，大学教育更在于通过知识的学习、技能的训练、文化的熏陶、价值的引领，让学生逐步养成对事物的内涵本质和底层逻辑进行深度思考与独立判断的习惯。一个经过独立思考而坚持错误观点的人，也比一个不假思索而接受正确观点的人更值得肯定，因为前者的人格是独立的，独立人格比起人云亦云，不可同日而语。

5. 专注的品质

女儿是放养的。不赢在起点的教育其实是风险很大的教育，也许笔者原本也不想这样。准确地说，女儿还是上过一天的幼儿园，第一天回家就告诉笔者，她被老师关在楼梯下的黑屋子里去了。虽然可能有些夸张，但笔者还是决意不让女儿再去幼儿园了。当时，笔者居住在一所女子学校的校园内，限定女儿不许出校园，给她房门钥匙，告诫家里的电器和用火安全等，于是她就在校园内，尽情自由，任意玩耍。也由于笔者当时工作太忙顾不过来，放养可能也是无奈之举。

但是放养不是放任。因为笔者亲自测试过女儿的智商，知道女儿的空间想象力、动手能力极高，思维和语言能力相对较弱，所以有可能未来不经指导也是个绘画或者雕塑天才，多年后的事实证明，即便小时候除了基础教育的常规美术教育，没有上过任何美术辅导班，女儿长大后也能画出专业人士认可的作品。但是当时的经济条件和社会环境无法支持艺术类职业的发展，所以笔者试图让女儿通过长期阅读去提高相对欠缺的思维和语言能力，由此有针对性地选择了适合女儿的发展道路。

放养的孩子是很难有好的专注品质的。这又得益于女儿喜欢绘画。绘画是需要坐得住的、更需要全身心投入。儿童绘画几乎是所有的小孩子都容易感兴趣的事情，可能大人会觉得孩子这是淘气也好，是在搞破坏也好，但是对于儿童来说，他们喜欢绘画一方面出于他们爱动、容易对新鲜事物好奇的天性，另一方面是出于他们是真的喜欢绘画带来的快乐和成就感。所以通过绘画教育的方式往往可以用最容易被孩子接受的方式去由浅入深地培养儿童的专注力。

绘画很适合锻炼孩子的专注力，绘画时人是一种很平静的状态，这种状态是调动注意力的前提，人在浮躁的状态下是没办法专注的。绘画时需要细致入微地观察物象，当想把一幅画面描绘准确精细的时候，会不由自主地调动极致的观察力。绘画是一件很花费时间的事情，一幅画从开始到结束至少需要三到四个小时，甚至更长。这就需要在不受干扰的情况下用集中起来的时间去完成一件事情。当真的沉浸其中时会觉得时间过得飞快，往往感觉一抬头的工夫三五个小时就过去了。

令女儿痛心的是，笔者也曾经把她的学业看得过重，认为天天就知道画画的女儿是在不务正业，撕过女儿的绘画作品。最让笔者刻骨铭心的是女儿给他爹画了一幅人物画：秦始皇。画作真画得好，惟妙惟肖。

家长应该让孩子懂得在重要的事情上集中注意力，对待自己喜欢的事情或是对自己的成长有帮助的事情上一定要多一些耐心和认真，多一些注意力。

6. 自学的精神

女儿小学是在 3 所小学读的。第一所是在穷乡僻壤的离笔者 142 公里的子弟学校，第二所在长沙的普通小学插班续读，这所小学离家只有 80 米，离这所普通小学 520 米和 800 米就有两所长沙名小学，笔者当时工作单位所属省教委，是有机会转学到更好的学校的。后来笔者在区里工作，女儿不得不随笔者一起搬家，因而再次转学。但笔者也没有让女儿转到离家只有 810 米的全区最好的小学，而是就近转到离家只有 180 米的差一点的小学。笔者始终认为，小学阶段就教学质量而言，根本没有择校的必要性。

频繁更换学校也锻炼了女儿的社会适应能力。女儿在小学的学习成绩基本上算是班级前五名的样子，但也没有数一数二的时候。既没有上补习班，也没有学特长，很是逍遥自在。笔者一直认为，小学功课也根本不需要读六年。女儿五年级结束的时候，笔者突发奇想，觉得女儿太闲了，跟女儿商量，问她愿不愿意下学期就读初中，她根本不知深浅地就说愿意。于是笔者要求她，如果暑假一个人在家自学六年级语文数学两门课程，做完教材作业，达到 80% 正确率，就同意她参加初中入学考试。不需要学英语，不提供教辅练习，不懂可以问爹,还得做完小学布置的暑假作业。11岁的女孩,独自一人在家自学4本书,长沙的夏天酷热难耐,她居然靠自学完成教材作业,准确率达到90%,那剩下的10%不是不会,是实在独自难以保证持久毅力造成的。

女儿后来的成功得益于此。用她的话来说,初中其实是最后一个学期自学出来的,前面5个学期基本都是乱弹琴。这也给女儿带来了自信,然而高一第一学期的期中考试就给了她迎头痛击:文科两门在及格边缘,英语则直接不及格且还是班上倒数第一。这一方面因为中考后班上的同学都是全省名列前茅的那一部分的"尖子生",女儿的智商和学习习惯不再是明显的优势。另一方面,中考的成功也让她轻视了高中课程的难度。文科大量需要记忆和背诵的知识让女儿极不适应,她习惯了基于完全理解的记忆,当时还没进入社会,每天只知道读书和玩乐的她完全无法理解历史和政治,也就地理一门因为有不错的基础,成绩尚可。这种情况一直持续到高二文理分科。女儿选择理科后,如鱼得水,放下文科包袱的轻松让她的理科成绩也迎头赶上,物理还曾考取班级第一,但英语始终是她的"心腹大患"。无法及格的英语一直持续到高三第一次月考。英语成绩不理想的主要原因既有她先天语言能力不算优秀,也有笔者对于英语这一学科的长期过度关注,让她产生了厌学心理,看到英语就烦的情绪可不利于知识的掌握。幸好,在高考的压力下,女儿的自学能力和强大的远期规划能力开始发挥作用,进入高三前,她就自主选择了一种有效的短期英语提升方法:背单词。中学英语大纲中要求的词汇3 000多个,通过合理的规划是可以在短时间内背会全部单词的,即便语法只有及格水平,有单词的加成,也能迅速地提升英语成绩,并且背单词花费的时间较低,不耽误其他学科的复习。除此之外,为了有良好的背单词环境来抵消内心对单词的厌恶,女儿还发动同桌一同背诵,最终,同桌也考取了985名校。

专注力是记忆力的根本保证。**培养孩子真不是表面的学习成绩,而是综合的心理品质,这就包括良好的专注力、强大的记忆力、自学的思维力、丰富的想象力等**。感兴趣的读者,可以读笔者的代表作《学生心理健康与社会适应(第2版)》,这本书就是介绍培养孩子这些能力的。

7. 内心的强大

高考发榜时，女儿拿着自己全省前 2 000 名的高考成绩告诉笔者，她高三夜读《金庸全集》小说。笔者反问她："到爹的书架偷书怎么让人不知？"她回答："书皮留下，书拿走。"她是在用小说来奖励高三阶段性学习的小成果，也是调节学习的紧张，如果没有这样的成绩，当爹的一辈子也别想知道偷书的事情。

当孩子成年走上社会、当学习成绩不再是衡量一个人工作能力的标准时，内心是否强大将成为个人获得成功的最重要因素之一。许多人在工作多年后时不时会参加一些同学聚会，在聚会时常常会发现一个现象，即在事业上取得成功的人往往不是那些在学生阶段读书最厉害的人，而是那些在综合能力等方面较强的人，这些能力就包括了强大的内心。有些人在读书时并不是那么引人注目，但却在成长的过程中培养出了人生获得成功的基本品质，虽然未必一定会功成名就，但一定不会过得太差。高分低能我们可能常听说，但高能低分就极少见了。

孩子内心的强大必须从小就开始培养，这是立足社会的根本。通过让孩子劳其筋骨，从而锻炼其意志。当孩子对困难的耐受值达到一个较高的程度时，内心的承受力自然就会拔高，自然就会逐渐变得强大。还要给孩子一个较宽松的环境，简单来说就是给孩子一个试错的机会，没有不会犯错的孩子。孩童时代的试错成本低，父母应当好好利用这个时期。

女儿初中前 5 个学期、高中前 4 个学期，成绩一直不理想，没少被家人冷嘲热讽，用她的话来说，一只耳朵进，一只耳朵出，早就习以为常了。与其说是脸皮厚，倒不如说是学会了与自己和解，这也是强大的内心的来由。内心强大是优秀成绩的基础。内心强大的人势必是一个积极的人，不会因为一次得失就对生活失去信心，相反他们会越挫越勇，勇往直前。内心强大的人做事情永远持之以恒，他们不会因为这件事很难做，或者是这件事出现了问题，就打退堂鼓。内心强大的人对于事情还有磨难的忍耐度、抗打压心理都特别强，也正因为如此他们才会在社会上走得比别人更加稳固、更加漂亮。

拙著《学生心理健康与社会适应（第 2 版）》就有关于挫折教育的专门介绍。

8. 树立自信心

居里夫人曾说：我们必须有恒心，尤其要有自信力！我们必须相信我们的天赋是要用来做某种事情的，无论代价多么大，这种事情必须做到。一个人若不留意自己已有的成就，他就只会看见自己的不足之处。

自信是人成长过程中不可或缺的重要心理品质，它意味着一个人对待生活的信心和勇气，意味着事业成就感。有了它，人的性格就会开朗、活泼、坦诚、大度，就能够赏识和接受他人；有了它，人就会乐观向上，在困难挫折面前充满勇气。一句话，自信是成功的基石，是我们人生道路上最宝贵的财富。

读书的目的是进修学问，拓阔胸襟。读书使人变得聪明、坚强和成熟，读书可以滋养自己的灵魂。女儿在读了足够多的好书后，逐渐变得越来越优秀，因为书给了她自信，给了她底气，陶冶了她真实、美丽、纯洁的情感，使她变得文雅、体贴、充满了书卷气息，为人热情，并且善解人意。女儿常说，信心是最宝贵的东西，因为信心能够摒除杂念。女儿的作文经常被老师当作范文念给其他同学，物理和生物成绩一直也不差（高考生物题还是满分），这些成功的体验是可以迁移到其他相对弱的学科的信心培养上的。

信心就像人的能力激素，将人的一切潜能都调动起来，将各部分的功能引入最佳状态，让人充满活力，而充满活力是卓越人才的必备品质。在许多伟人身上，都可以看到超凡的自信心，正是在这种自信心的驱动下，他们敢于对自己提出更高的要求，能在失败中看到成功的希望，鼓励自己不断努力，并获得最终的成功。

现实中很多原本成绩不错的同学，由于失去信心，高考都不如他们平时成绩。没有自信，未战心先寒，草木皆兵，怎么能考出好成绩。女儿曾经问过一个成绩长期排名第一的同学，为什么你每次都得第一。她说，我主要是有拿第一的信心。

自信与合理的期望值高度相关。期望越大，可能失望越大。与其期望孩子高考考出好成绩，不如让孩子考出应有的水平。高考前，女儿已经有了自信，轻轻松松进考场。由于女儿高三 10 次月考大起大落的成绩，笔者对女儿高考分的期望值是一本线下 20 分，她考出一本线上 100 多分，笔者喜出望外。

一个过多依赖教师与家长的学生是难以养成自信的心理的，依赖心是自信心的敌人。要树立自信心，就必须削弱甚至杜绝依赖心，从自己的事情自己做，自己的书包自己背的小事情做起。这样还能树立人的责任心。

9. 女儿当自强

人们说，男儿当自强，其实女儿也当自强。有人说："女生学生时代不要太努力，学校毕业后找个好老公就行。"其实无论老公多么厉害，女孩子都不可过于依赖，要有自己的经济来源，自强自立是安身立命的资本。"女性"的名字不是弱者。女性强不是性格强势，咄咄逼人，而是积极主动，自强自信，勇敢独立。不要因为自己是女孩子而自卑，要让自己足够强大，做独立的女性。在学生时代好好学习，长大后能够经济独立，有自己的工作和事业，才能不依附于男性。笔者给女儿小时候买过最多的玩具是枪，就是不希望她将来长大后太柔弱，当然，这样的培养不能过分过度。

自强离不开坚定的意志和坚强的决心，安逸无忧的生活总会有人去向往和追求，但困难却是人生往往不可避免的课题。正因为常遇到种种困难，才需要在克服困难中取得进步，人唯有居安思危，不断自强，才能真正品味到生命的意义和充满活力的人生。笔者家庭经济拮据也可能是件好事情，让女儿从小懂得自强不息，珍惜生活，从来也不大手大脚。她读大学时，不仅功课一流，屡获大奖，而且也在勤工俭学，小有名气，与4位同学一起创办公司，《中国青年报》还专题给予了报道。

《周易》有云："天行健，君子以自强不息。"人若有志，哪怕背后袭来寒风苦雨，目标是地平线，留给世界的只能是背影；人若自强，哪怕前行道路崎岖坎坷，留给别人的只能是倔强要强的印象；人若自立，哪怕生活工作中有千难万险，理想是擂台，那么，他站起来时是一尊雕像，倒下去也是一座丰碑。

人应该有永不畏惧和自强不息的精神。生活的压力、学习的困难都时常困扰着每个人，只有勇敢地挑战，才会获得最终的成功。成功不是谁比谁差，也不是谁比谁好，而是在于谁付出了更多的汗水和努力。自强者未必都能够成功，但不自强者而成功的人，天下未之有也。

殊不知，在某种意义上讲，人才不是靠培养的，而是靠自学成才的。要想成长，就要靠自强学习，而不是指望有名师来培养。只有自己由内而外地去自发、自强学习，才能每天进步。

进课外补习班不仅可能让孩子心存依赖，还可能削弱自强的精神，即便进行再多的补习，也没有主观能动性。主动性是卓越人才的前提条件。而自学可以锻炼人的耐心和意志力，在没有外界督促的情况下，完全靠自发的、自主的学习，可以培养人的独立自主能力。独立自主能力更是自强的必备品质。

笔者也一直在寻找女儿成功的原因，初步判断是，从小天性和本性的呵护、心智健康的发展、专注的品质、自学的精神、非智力因素等综合作用的结果。

这，也许是可以复制的。

笔者女儿说：为什么普通人家里静心养育的花草死得快，丢窗外风吹雨打的盆栽野蛮生长、生机勃勃？精心养育的结果是孩子所接触的环境都在父母资源所能覆盖的认知范围内，而丢外面的，则可能几倍地扩展孩子认知，这是普通家庭养育出超越父母的孩子的关键。富人和高阶层家庭精心养育下一代成材几率比普通家庭高，因为他们的孩子比他们差得不多就算是成功了。这是父母资源和认知可以控制的范围。而普通家庭父母的资源和认知可控范围要低得多。普通人可能根本没有选择权。过高的期望，带来孩子的无望；过分的溺爱，带来孩子的无情；过频的干预，带来孩子的无奈；过度的保护，带来孩子的无能；过多的指责，带来孩子的无措。

总结笔者女儿的成长和实践的体会，解码成功秘诀，认为女儿拥有这些"因素"：女儿从小喜欢阅读，求知欲一直旺盛，好奇心强、爱思考，独立思考问题、不受标准答案束缚，画画养成的专注品质，自学和探究精神（不依赖课外补习班老师的说教），内心的强大、耐受力强，即便被数落成绩差也没有失去对自己的自信，特殊的成长环境造就的自强品格等。正是因为女儿具备这些品质，才让笔者作为家长有底气，不焦虑，在几家欢喜几家愁的家长会上，能厚着脸皮面对孩子不理想的成绩，淡定，有定力，更能不跟风让孩子进课外补习班或者请家教，因为笔者认为，这些"因素"品质比学习成绩重要得多。具体来说就是三"心"四"力"一"欲""性"（或者说"一欲一性三心四力"）：

①**阅读力，**学业成绩和终身学习的基础

②**求知欲，**认知能力的催化剂和加速器

③**好奇心，**行动力保证和潜在学霸要素

④**独立性,** 科学判断和创新人才的品质

⑤**专注力,** 成就学业和事业的重要素养

⑥**自学力,** 所有成才者共同具备的能力

⑦**抗压力,** 能够经得起磨难的重要保障

⑧**自信心,** 成功基石和卓越能力的激素

⑨**自强心,** 克服困难百折不挠毅力源泉

二、笔者成长解码

笔者父亲是福建南安人,母亲是福州人,早年远赴黑龙江鸡西的 224 技校读书,他们是同学,毕业后父亲在齐齐哈尔碾子山军工企业国营华安机械厂工作,母亲在齐齐哈尔市里的一家工厂工作。后来父母南下到了西安国营秦川机械厂,笔者就出生在西安,幼儿园是在西安上的,幼儿时期留下的最深印象就是西安的大雁塔和小雁塔。为了国家"三线建设",父母继续南下到湖南涟源国营洪源机械厂,笔者也就随迁,从大城市来到涟源荒郊野岭的山沟沟,在那里读书、参加工作,直到考取全日制研究生离开。笔者有两位姐姐、一位妹妹。洪源机械厂不算大,也就几千人,但是这里走出了笔者的发小周刚,他是比笔者高一年级的班长,2021 年 11 月 18 日他当选中国工程院院士,时任中国人民解放军 63650 部队副司令员、总工程师,现任该部队司令员。要知道,中国两院院士当时也就 1 700 多名。这里还走出了 2011 年福布斯中国首富梁稳根,三一集团有限公司董事长,三一重工股份有限公司董事长。

笔者阅历丰富,创业是在企业,从工人到高管;职业是在公务员岗位,从副县到副厅级;事业是在学校,从职工大学助教到 985 高校名师。单就这样的经历就具有神奇色彩。

在人生的旅途中,我们每个人都在不断地成长与追求进步。**笔者总结自己的成长经历,最有体会的"因子"是:敢于挑战、善于学习、勤于思考、止于至善。**

敢于挑战意味着要有勇气面对生活中的各种困难和挑战。没有挑战,就没有成长。要敢于跳出舒适区,去尝试新事物,去接受新挑战。在挑战中,发现自己的潜力和能力,也可以锻炼自己的意志和勇气。

善于学习是笔者不断进步的关键。在这个信息爆炸的时代，只有不断学习，才能跟上时代的步伐，才能不被淘汰。要善于从书本、网络、他人等各种渠道获取知识，同时也要善于将所学知识应用到实际生活中去。通过不断学习，可以不断提升自己的能力和素养。

勤于思考则要求笔者在学习和生活中保持清醒的头脑，善于发现问题、分析问题和解决问题。思考是认识世界、改造世界的重要武器。只有勤于思考，才能避免盲目跟风，才能形成自己的独立见解和判断力。

止于至善则是一种追求完美的精神境界。它要求笔者在做任何事情时都要精益求精，追求最好的结果。同时，它也提醒自己要有谦逊和包容的心态，知道自己的不足之处，并不断努力改进。止于至善不仅是一种目标，更是一种态度，一种不断追求卓越、永不满足的精神状态。

在笔者的成长道路上，"敢于挑战、善于学习、勤于思考、止于至善"这四种"因子"品质起到了至关重要的作用。它们不仅是笔者个人实现目标、克服困难的关键，同时，笔者也坚信这些品质对于现在孩子的成长和成功同样具有深远的影响。

成长解码是对个体成长过程的一种分析和解读，涉及对个体遇到的各种经历、挑战、机遇及其如何影响个体的认知、性格、能力和行为模式进行剖析，旨在帮助认识自己在不同阶段的特点和变化、自己的优势和不足、兴趣和潜能，从而制定更加有效的个人发展计划，实现更好的自我成长和发展。自我剖析不一定面面俱到，找出"因子"即可，"因子"也不需要文题照应，有蛛丝马迹就行。

1. 穷山中无老虎，小猴子称霸王

（1）质朴环境

工厂是偏僻的。三线企业一般都远离城镇。洪源机械厂属于中央国营保密单位，在大山脚下的山沟里，与外界相对隔离，民风淳朴。附近有涟源钢铁厂的专线小火车，笔者喜欢走铁轨玩，还有涟水河，遗憾的是笔者父母管得严，不允许笔者下河，就没有学会游泳，而周围的小伙伴都会游泳，笔者现在却还是"旱鸭子"。在笔者童年的记忆里，山是荒山，植被也不是很好，水也不清澈，可能是因为上游有涟钢的田湖铁矿厂等企业。

解码：质朴环境能磨砺意志，铸就品格，为个人提供坚实土壤，促进内心成长。

（2）相对成熟

入学是有规的。7岁那年，工厂子弟学校不让笔者上小学，原因就是要9月1日年满7岁才能上学，笔者是9月3日出生，就差3天，学校小学部校长白□□、教导主任杨□□坚持原则，不肯变通。父亲带笔者一一上门，好说歹说，说孩子已经认识了好多好多字还是不行。虽然这件事已经过去数十年，但她俩的名字笔者一直也没忘记。

解码：晚点入学，相对成熟一些，能够为个人提供足够的自我认知准备，能更加稳健、更好地自我管理，有助于更好地适应学习环境并取得更好的成果。

（3）学习轻松

学校是不大的。子弟学校是10年制，分小学部和中学部，小学5年，中学5年，一个年级也就一个班。也许正是因为晚了一年读书，从一年级起，笔者在班上就是大哥了，也一直在班里担任班长，学习成绩除开有一年不是班上的第一名，其他时候都是第一名，因为那一年，低年级的成绩第一的一位发小"学霸"跳级到本班，笔者降为第二名，"学霸"只跟笔者同学一年，又跳级到上年级，笔者又变回第一名。那个学霸到了高年级，原本也是第一名的周刚也像笔者一样，变成第二名。在学习成绩方面，笔者可谓穷山中无老虎，小猴子称霸王。

解码：学校较小，竞争对手就少，可以提供一个轻松、愉快的学习环境。

（4）近朱则赤

圈子是重要的。笔者的5位同学发小中，有周刚，有那个学霸，还有本班的副班长，低一年级和低两年级的班长，后两位也都是学习成绩第一的角色，当然那位两次跳级的学霸在哪个年级，哪个年级的第一名就是他的。物以类聚，人以群分，我们聊国家、谈历史、话人生，很是投机，志同道合，亲如兄弟，在子弟学校都是佼佼者。

解码：近朱则赤，与智者同行，则智慧增长；与贤者相伴，则德行日进。这种环境的熏陶，对一个人的成长、成功、成才至关重要。

（5）放飞童年

童年是快乐的。笔者喜欢运动，每天坚持晨跑。放学可以满山遍野地跑，晚上经常有露天电影看，搬凳子、占位置，同样一部电影可以反复看，以至于很多电影台词现在都还记得。可以和伙伴们玩挤驾油、两家跑、撞拐子，更别说下军旗、象棋、跳棋、飞行棋，玩扑克，玩纸宝等，特别是中国象棋，成年人都不一定是对手。

解码：放飞童年意味着给予孩子自由成长的空间，是释放天性、培养创造力与想象力、奠定快乐与自信的基石。在宽松的环境中，能够自由探索、发现兴趣，从而塑造坚韧品质。

（6）真实善良

少年是单纯的。第一次做志愿者大概在五年级时候，笔者组织了一个学雷锋秘密小组（志愿者就不应该是打卡宣传留痕迹的），伙伴们晚上从各自家里带上工具，悄悄去工厂招待所，在夜色中擦洗停泊在那里的汽车，像做贼一样还得躲着人。在四五年级的时候，笔者开始自学《毛泽东选集》一至五卷，并写下两本读书笔记，一大一小的笔记本至今还保留着。笔者后来中学政治和历史成绩一直比较好，100分的试卷总能得80多分，可能得益于此。

解码：真实善良是孩子成长的灵魂、成功的密钥、成才的根基，可以铸就纯净的心灵，培养深厚的同情心和责任感，为人生之路点亮道德之光，引领其走向卓越。

（7）病榻自学

自学是辛苦的。初三下学期还没开学，笔者身患左小腿骨髓炎，左小腿肿成大腿一样粗，还差一点导致败血病，在医院住院半年。为了进一步确定治疗方案，还第一次去了长沙，到湖南医学院附属一医院（今天的湘雅医院）和湖南中医学院附属二医院请专家看病。住院期间，天天在打点滴，用了大量的抗生素，手上的针孔密布，臀部也天天打针，打多了就结成硬块，还得坚持用热毛巾敷臀，软化硬块。与此同时，笔者没有放弃学习，在病床上自学初三下学期的课程。可能是基础还好，教材也不难，自学还算顺利，就是每天做练习很不方便，毕竟是在病床上。笔者还记背《汉语成语词典》（上海教育出版社

1978 年 6 月版），也是在那时视力开始近视。休学半年不但没有留级，还考入子弟学校高中。

解码：初三病榻自学，有梦想，自学又锻炼坚韧毅力、收获知识与智慧。梦想是成长之路上的一盏明灯，毅力是成功之舟中的坚实舵手，知识与智慧是成才之巅的坚实基石。

（8）好动逞强

青春是好动的。笔者在未成年时淘气，也不懂法，玩耍常出格，爬减速行驶进站的涟钢小火车、搭正在爬坡的货车后面的拖车，有一次跳车不小心摔倒，右脸上留下了伤疤。有一次逞能跳跃翻墙，左腿重重地磕在墙沿上，鲜血直流，受伤的地方还裸露出骨头。运动会上，篮球、排球、羽毛球，跳高、跳远、100 米短跑、400 米短跑，笔者样样参与，也想检验一下生过病的左腿是不是还行，成绩虽然拿不到前三，可也算前十的选手。拉着同学逃晚自习，躲在寝室，点着蜡烛下象棋，他下不过笔者就让他子，杀得对方"人仰马翻"图开心……

解码：逞强好动，虽看似冲动，实则蕴含进取之心。它如同催化剂，激发孩子的潜能与活力，推动孩子不断挑战自我，突破极限。

（9）屡战屡败

高考是屡败的。高一下学期笔者通过插班考试，转学到县重点中学涟源四中。如果说，学习成绩在子弟学校还可以称王称霸的话，到了县重点中学，一个更广阔的天地，笔者就风光不再了，特别是原来所学的哑巴英语，成为高中学习成绩的瓶颈，虽然也担任了班上的学习委员。1981 年 11 月 28 日是笔者高中的高光时刻，荣获全县高二（当时没有高三）语数竞赛总分第一名。当然，全县最好的中学涟源一中被其他中学一致要求一中学生单独排名，才有这个结果，老虎置身事外，猴子自鸣得意。次年高考落选后，笔者没有像那时很多人那样，选择复读，而是参加洪源机械厂的招工考试，成了生产第一线的工人。同年，复读一年的周刚考取了国防科技大学。没有高三的高中，复读就相当于读了个高三，所以跟今天的复读不一样。第二年，笔者再度参加高考，再落选，第三年又参加高考，同样落选。同年，还参加了成人高考，考取沅江兵工联合职工大学机械系机械制造工艺及设备专业 3 年制全日制大专，该校是 3 家中央国营军工企业联合办的，都在各自厂里读。

笔者永远输在了普通高考的起跑线上。

解码：屡战屡败，既是成长的烦恼，也是成长的磨砺，这样的经历锤炼了意志，磨砺了心智，使人学会在逆境中坚韧不拔，于失败中汲取力量。

（10）逆境自信

工人是劳累的。在厂里，笔者的工种是冲压工，是体力活，白班、晚班和夜班三班倒。一天工作下来，腰酸背痛，双手的油污用工业碱都洗不干净，指甲缝长期是乌黑的。第一年是学徒期，月工资 18 元，第二年定级一级工，月工资 21 元，第三年工厂调资，月工资一下子变成 52 元。当工人期间，唯一光鲜的是，参加工作的第二年，在全厂"振兴中华"读书汇报演讲中，笔者的《复兴吧，中华！》演讲荣获了第一名，能在大庭广众展示自己，这或多或少给自己一些自信和安慰，也为后来杏坛道路留下烙印。工作之余消遣，笔者开始记背中国象棋古谱《橘中秘》《梅花谱》等，象棋功力大有长进。

解码：逆境中有自信，**自信是成长之锚、成功之翼、成才之基。**它赋予个人面对挑战的勇气，激发内在潜力，铸就坚韧不拔的品质。容易拥有自我超越的力量，突破自我，成就人生。

2. 明知山中有虎，偏偏向虎山行

读者可能会说，这个标题跟上面自相矛盾。传统文化语境中这样的现象比比皆是。也就是一个比喻而已，难得糊涂为好。

俗话说：哪里跌倒哪里爬起；可俗话又说：一失足成千古恨！

俗话说：出淤泥而不染；可俗话又说：近朱者赤，近墨者黑！

俗话说：书到用时方恨少；可俗话又说：百无一用是书生！

俗话说：三百六十行，行行出状元；可俗话又说：万般皆下品，唯有读书高！

俗话说：退一步海阔天空；可俗话又说：狭路相逢勇者胜。

俗话说：瘦死的骆驼比马大；可俗话又说：拔了毛的凤凰不如鸡！

俗话说：人多力量大；可俗话又说：人多嘴杂！

俗话说：兔子不吃窝边草；可俗话又说：近水楼台先得月！

（1）挫折激励

情场失意。笔者第 3 次参加高考的时候，考场设在一中，一中离家有 37 公里。笔者考前住进了一中附近的县委招待所，在招待所认识了同样来参加高考住在这里的她。她是县里另外一家国企的子女，长得娇小可爱，皮肤特别的白，清澈的大眼睛透出清纯和灵气，笔者一见钟情。那一年她才 17 岁，雨季的年龄，笔者 20 岁，工作 2 年了。那一年的高考她也落选，准备复读再考。跟她鸿雁传书，笔者的语言是很委婉的，那个时代不像现在。通信很频繁，很快就被她父亲发现，她父亲知道来信者的身份后，结论逻辑非常简单：工人等于社会上的人，社会上的人等于不三不四的人，责令女儿不要再跟笔者交往。笔者怀着痛苦的心情，第一次用红笔（绝交的意思）写下上万字的第一封情书，发誓一定用事实来证明自己不是不三不四的人。还没有开始的初恋，就这样结束了。

解码：失恋挫折激励，是成长之路上的宝贵财富，是成功之火的助燃剂，成才之树的灌溉水。能教会面对情感的脆弱，锻炼意志与韧性，更加珍视自我与他人，深刻反思与成长。

（2）甘当书虫

与书结缘。洪源机械厂在山沟沟里，没有一家书店。离厂 10 公里的桥头河镇上有家小小的新华书店，像样一点的新华书店要到三四十公里远的娄底和涟源才有。笔者工资的结余全部用来买书了，卖报纸书刊废品的几毛几分钱也都花在买书上。笔者一有机会去娄底、涟源和长沙，一定是泡在新华书店里，有时候大半天不出来。情场失意让笔者更加疯狂地购书、读书，在书里寻找属于自己未来的东西。

解码：甘当书虫是成长之路上的智慧选择、成功之途的坚定步伐、成才之道的深厚根基。对知识的渴望与对智慧的追求，可以不断汲取书海营养，进而拓宽视野、深化思维、提升素养。

（3）发愤图强

励志自强。5 位发小同学先后考上了 985 高校，笔者成为最没有出息的"不三不四"的人。他们放寒暑假回家，每每在笔者眼前晃来晃去，笔者的心灵就一次次受到冲击，一次次告诫自己要混出人模人样才行。周刚的班主任老师孔俊霞对 21 岁的笔者说："你今年 21 岁，再过 10 年，也才 31 岁，三十出头的男人正当年。从现在起，你每天坚持读书两三个小时，10 年后你绝不是现在这个样子，一个男人要凭自己的本事在世上立足。"南开中学笔友祁媛的话在心灵激荡："从石缝里长出的草更富有生命力""雨后的空气将更加清新"。北京师范学院李燕杰老师的报告字字扣人心弦。他说：一位三级工工人，仅仅是高中生，4 年大学没上，3 年研究生没当，而他用了 2 年半的业余时间完成了约计 10 年的学习任务（不要忘记他还上了 2 年半的下午 4 点到晚上 12 点的小夜班），直接考取了中国社会科学院研究人员。这可不是心灵鸡汤，是现实生活的榜样。居里夫人、华罗庚等名人成为笔者的偶像，华罗庚曾说过："科学上没有平坦的大道，真理长河中有无数礁石险滩。只有不畏攀登的采药者，只有不怕巨浪的弄潮儿，才能登上高峰采得仙草，深入水底觅得骊珠。"笔者开启"三更灯火五更鸡"的生活，个中甘苦，只有自己知道。

解码：**发愤图强，是成长之路上的不灭之光、成功之巅的坚实阶梯、成才之途的澎湃动力。**它能激发个人潜能，磨砺意志品质，推动人不断超越自我，追求卓越。

（4）心中有梦

自学考研。3 年制成人大专全日制学习，没有了工厂的体力劳动，笔者珍惜这样的学习机会。笔者不仅在读机械制造工艺及设备专业，还开始自学心理学。自学全新的学科是艰难的，周围没有心理学老师，明知山中有虎，偏偏向虎山行。选择心理学与家庭有关，当时父母天天吵架，烦死人，笔者跟很多人一样，幼稚地以为心理学就是研究别人心里在想什么的，读了心理学的书才发现，不是这么回事。笔者冒昧地给素昧平生的北京大学心理系女生窦慧写信，索要北大心理系课程和教材名录，按照北大的要求自学。窦慧的情况是在报刊上查到的，她是学生干部，后来跟她也一直没再联系，杳无音信，她一定不知道笔者现在的近况，感谢她当年的相助，希望她一切都好。大二的时候，中科院心理所创办心理学函授大学，学制 2 年，弥补当时社会上心理学人才的奇缺。笔者成为首届学生，那一届 1 万多名学员，很多学员后来都考取了心理学专业研究生，不少还出国留学，这就包括笔者的笔友吴今姐姐，她给予笔者很多社会启蒙，可是至今未曾谋面。笔者函授学习期间，发表了 4 篇心理学论文，5

篇心理学文章，也算是优秀学员之一。笔者用了 3 年的时间，完成别人 7 年的大学学习，3 年的机械专科，以学科成绩第一名、毕业论文第一名毕业，还当了 3 年的班长，4 年的北大心理学专业本科自学完成，心理学函大毕业。毕业后，其他同学都哪来哪去，回到原来的单位工作，笔者是唯一留校的，以工代干当上了老师。毕业那年，初生牛犊不怕虎，笔者报考了北京大学心理系医学心理专业硕士研究生，但是没有考上。

解码：梦想是希望的种子、不熄的火焰、心灵的翅膀，是成长之舟的指南针、成功之巅的灯塔、成才之路的永恒动力。它赋予个人追求卓越的渴望，激发探索未知的勇气，从而懂得珍惜和把握每一个成长的机会。

（5）抉择判断

不敢下海。三一集团创始人梁稳根、唐修国、袁金华和毛中吾都跟笔者有一定的关系，2021 年福布斯全球富豪榜公布他们 4 位的财富分别为 141 亿美元、20 亿美元、11 亿美元和 22 亿美元。袁金华是笔者在职工大学的班主任老师。1986 年 8 月在中南工业大学地下室招待所门口，他找笔者促膝彻夜长谈，讲了他从哈尔滨工业大学毕业以来的所思所想、所作所为，讲了优胜劣汰的丛林法则，讲了时势造英雄，讲了创业的风餐露宿，艰难困苦，并展望未来，充满信心，希望笔者加盟涟源茅塘特种焊接材料厂（三一集团前身）。经过一个晚上的深思熟虑，笔者告诉老师，一来自己大专还没有毕业，二来已经对心理学研究感兴趣，放弃了下海，永远输在了企业创业的起跑线上。

解码：正确的抉择判断，有助于个人把握机遇，规避风险，推动自己不断向前。

（6）比翼双飞

结婚生女。每年都有大中专生毕业分配到厂里，新面孔往往特别容易引起厂里人的注意。认识她是在厂办花园，笔者经常散步的地方。她从重庆工业学校会计专业毕业分配到厂里财务处当了会计。她长着一副亲和力很强的脸，端庄贤淑，善解人意，在单身宿舍和一位美女一起住，那位美女的父母也是福建人，美女算是笔者的老乡，又是二姐的同学，不愿意跟她父母住，就住到了单身宿舍。这就给笔者与她的交往带来了许多方便。不久就牵手结婚，她是干部，笔者是工人，算是高攀了。结婚的时候，没有彩电也没有冰箱，却拥有全厂最大的书柜。婚后，节假日她经常陪着笔者坐厂里班车去长沙购书。还记得有一次在长沙我们住在大椿桥国防科工办的招待所，没带结婚证还被当地派出所查宿，经厂班车司机再三证明才无大碍。她参加统计专业大专自学考试，笔者准备再次考研，过着比翼双飞的小日子。她怀孕的时候，家里天天放《新概念英语》磁带，女儿后来英语成绩突飞猛进不知道跟这胎教是不是有关。

解码：比翼双飞意味着在人生的旅途中，找到志同道合的伙伴，携手并进，共同面对挑战，共享成功的喜悦。能激发个人的潜能，增强前进的动力，促进双方共同成长。

3. 历经艰难困苦，既当爹又当娘

（1）勤奋宅男

燕园，苦读并著述。北大是笔者心仪的学校，第二次考研还想报考北大。这时，西南地区著名心理学家贵州师范大学教育系符仁方教授读了笔者的论文，希望笔者能报考他的研究生。考虑到考研的把握性，笔者改报贵州师范大学，顺利被录取。符教授招的是普通心理学专业理论心理学研究方向的研究生，入学以后，笔者就担任了研究生会会长，为了能去北大读研，跟符教授商量是否可以改为医学心理学研究方向，因为当时全国只有北大开设医学心理专业，得到符教授和学校研究生科领导的支持，于是笔者研究生后阶段是在北大燕园度过的，住在勺园48号楼。北大学风很好，笔者是暑假就到了北大，北大图书馆在暑假都是座无虚席，北大学生一边在北大西门等公交车，一边听英语磁带。住在勺园第一天早晨起来，笔者就看到，北大学生一边到开水房打开水，一边背读英语……这里让人无法懈怠。3次未能考上大学是永久的遗憾，也许正是这永久的遗憾才使得笔者永久地渴望读书，永久地奋力进取。在燕园，笔者几乎没有离开校园，清华园就在北大东门对面，圆明园就在北大北边围墙外，颐和园离北大西门就三站公交车，都没有去，故宫也没有去，长城更没有去。一门心思读书求学，每天也就睡四五个小时，寝室、食堂、图书馆、教室、实验室就这几个去处，现在都后悔没有趁机去打听一下窦慧的去向。北大图书馆是全国高校最大的图书馆，藏书仅次于国家图书馆，有时候为了占图书馆座位，自带干粮，一坐就是一整天。笔者一辈子难以忘怀的一个镜头就是，图书馆里

坐在自己对面的一位女生（也可能是老师），一边翻看着厚厚的英文版专业图书，一边顺手用笔在纸上写出中文来，无须查阅什么字典，翻译能力真是强悍，笔者连搭讪的勇气都没有。选修"解剖学""生物化学""医学心理学""变态心理学"等课程，拜名师，求真经，阅读心理学文献，做硕士论文，完成两部书稿，提前半年硕士毕业。背会1万个英语单词，以应届毕业生身份先后报考北大比较心理学专业、中科院心理所医学心理学专业和杭州大学管理心理学专业博士学位。

解码： 勤奋宅男，以宅为静，以勤为动。在宅的环境中，能专注于自我提升，不受外界干扰，探究知识与技能。勤奋则是不断前进的动力，推动人不断超越自我，追求卓越。

（2）磨难财富

丧妻，家一贫如洗。为了养家，笔者放弃继续攻读博士学位，也暂时不要毕业分配，直接应聘上大型国企的总经理助理。异地求学，家庭的重担就落在了妻子一个人身上。她本来身体就有点弱不禁风，加之劳累，在笔者当总经理助理3个月的时候，她就住进了医院，28岁就不幸病逝。面对生离死别，笔者痛不欲生。如果能扛起家庭的重担，让她别那样辛苦，也许不至于这么早就与她阴阳两隔，那时女儿才4岁。由于付不起高额的医药费，笔者所在单位和社会上还发起给笔者募捐，那些在笔者最困难的时候，伸出援手的，不论是认识的，还是不认识的，在后来的日子里，笔者都充满感激，尽可能给予更多的回报。妻子离世那年，笔者所在单位退休老师陈竞男创办长沙竞男女子学校。笔者为支持她初创学校，给她的学校上了整整一年的人际交往心理学课，当陈竞男校长给笔者课酬的时候，笔者婉言谢绝了，说把这课酬留给您的学生订阅报刊吧。20年后，笔者在长沙简牍博物馆举办的一次公益讲座提及即便当年穷困潦倒也要知道感恩的事，在讲座现场的陈校长才偶然知道笔者的特殊身世和当时困境，讲座结束后含着热泪跟笔者说："真不知道你当时的情况，要是早知道经济如此困难的话，我是可以帮你的呀。"笔者回答："爱屋及乌吧，都过去了。"既当爹、又当娘，笔者度过了一段艰难困苦的单身岁月。能走路，就不坐车；能吃面，就不点餐；能穿的，就继续穿；能用的，就继续用。连理发都找全市价格最便宜的地方，甚至自己给自己理发，笔者18岁的时候就具备这个本事，

2016 年 3 月起，就一直是自己动手理发，女儿的动手能力强不知道是不是与遗传有关。笔者散步有事没事，逛逛超市，比比物价，好在居住地周围步行 20 分钟商圈内有五六家有规模的超市，可以"东市买骏马，西市买鞍鞯，南市买辔头，北市买长鞭"，哪家划算哪家买，就是在那个时候养成的习惯，现在虽然没有经济上的压力和负担，但这种在超市选择性"占小便宜"的自娱自乐一直是很开心的事情。哪怕经济收入上已经发生天翻地覆的变化，不可同日而语，也一直保持着艰苦朴素的生活习惯，这恐怕是历史形成的，无欲则无求。

解码：磨难是成长路上的磨砺石、成功殿堂的垫脚石、成才之路的宝贵资产。 它教会人塑造面对困境不屈不挠的精神。每一次磨难都是一次成长的机会，每一次挫折都是通往成功的财富。

（3）抗争精神

教学，与女命相依。没有了妈妈，女儿经常整天都嚷嚷要抱，笔者每次抱着她，她都是久久不肯放手，很黏，笔者真切地深刻体会到"依恋"的含义。丧妻之后大概有半年的时间，笔者经常泡在篮球场上，一泡可以是一整天不离场，宣泄着撕心裂肺的疼，妻子没了，家就没了。沧桑可见证，责任沉甸甸。照顾好女儿，给予女儿最好的生活，才不负妻子生前的含辛茹苦。要担负起这份责任，必须自我发展、自我完善，给女儿创设好的条件，笔者把"不求完美，但求卓越"8 个大字的字幅挂在家里的墙上，开启新征程。作为人才引进，笔者走进湖南医科大学，担任国家核心期刊《中国临床心理学杂志》责任编辑、本科生教学、在职人员专业培训、儿童智力量表修订等工作，第一部书稿《发展心理学纲要》成为临床医学精神科教材。单位给了笔者附属二医院闲置的一间实验室房子住，每天还得负责女儿的一日三餐，为了个人的自我发展，可能还真顾不上给予女儿生活以外的更多关注。她也许是在这样的环境下，变得独立，变得有责任心，懂得感恩。这段父女相依为命的岁月，笔者学会了吃苦、忍耐和坚强，学会了在平平常常的日子里过好每一天。也许是对艰苦日子刻骨铭心的记忆，使笔者能够始终挡住诱惑、包容简单、安于清贫、固守寂寞，在平淡宁静的生活中，咀嚼人生况味，感悟人生真谛，固守自己精神的家园，打造自己真实的生活。不管外界环境条件如何变化，不管人们对时髦时尚怎样趋之若鹜，笔者始终固守一份追求中的执着，一份躁世中的沉默，一份宁静中的淡泊。

解码：抗争精神是成长之火的燃料、成功之舟的舵手、成才之路的引擎。它赋予个人不屈不挠、勇往直前的力量，激发着面对挑战、突破困境的勇气。

（4）父亲责任

公选，考上领导岗。随着湖南医科大学附属二医院的发展，床位越来越不够，笔者居住的实验室要被改造成病房，笔者被安排到护士楼跟3个小伙子医生同住一间，这下生活就成了问题，女儿只能交给父母带，虽然笔者只是占了个床位，几乎没有住护士楼，而是借住在离单位3公里远的朋友家，但是带孩子显然不现实。8个月后，长沙市公开选拔副县级领导干部，笔者以笔试、面试成绩均第一，进入考察范围，并最终入选，过去中学政治课学得好可能发挥了作用，医科大学给予笔者的好评可能更为重要。放弃自己为之奋斗多年而得到的大学学术岗位是痛苦的，可是学术有时候得让位生活。当好父亲，带好女儿，给予女儿好的学习生活环境可能是更为重要的事情，更是父亲的责任。笔者走上领导岗位后，有了1室1厅32平方米的房子，后来又分到3室2厅2卫125平方米的最后一批福利房。这样，女儿又可以留在自己身边继续带了。

解码：责任心是一种品质和力量，能激励孩子勇于面对挑战，积极承担责任，能激发孩子的创新力，能让孩子懂得珍惜和感恩，做到对自己的行为负责，进而能够体谅和关心他人。

（5）文化家庭

续弦，上玫瑰之约。她比笔者小13岁，举止优雅，气质不错，长得好看，多才多艺。婚姻刚开始的时候还算是美满的，正逢青春期的女儿有了母爱，也跟新妈妈学会了弹钢琴。由笔者作词、她作曲并伴奏、女儿演唱的《我的心愿》是温馨家庭的诠释，这支歌就是反映今天"减负"的。歌词如下：

> 总想去海边自由地弄沙戏水，
> 总想到草原骑马儿任意奔跑，
> 总想爬高山对远方高声呼唤，
> 总想望星空数着天上的星星。
> 如果没有那繁杂的功课，
> 我就可以去慢慢勾画那远山星空。
> 我愿是自由的小鸟儿，

在那蔚蓝的天空中展翅飞翔。

总想暑假里学大人搏击浪花，

总想寒假里在雪地编织童话，

总想在周末有属于我的天空，

总想放学后有属于我的园地。

如果没有那沉重的背包，

我就能够去好好游玩那神奇世界。

我愿是自在的小鱼儿，

在那辽阔的大海里任意遨游。

女儿的音乐细胞也是在那时培养起来的，读大学的时候还是合唱团的成员。我们家庭的故事还登上了报纸，也被评为市文化家庭。湖南卫视玫瑰之约节目主持人冯祺和金晓林根据报纸，上门约我们夫妻做特邀嘉宾，她在接受采访时流下真情泪水的一幕，笔者至今还记得。为了保留这期玫瑰之约视频，特意买了松下录像机和录像带。前妻的过早病逝，让笔者把家庭责任看得比什么都重要。柴米油盐酱醋茶，锅碗瓢盆进行曲，从买菜到做饭做菜，从洗衣服到拖地搞卫生，笔者全包了。家庭所有的开销，都是笔者来承担。

解码：文化家庭是孩子品格塑造的摇篮、智慧启迪的源泉，能够丰富文化底蕴和提升人文素养，从而激发孩子的好奇心和求知欲。

（6）家庭感悟

离婚，持久的伤痛。她读大学的时候就是健美操队队长，全校大型文艺活动的主持人。比笔者活跃，喜欢户外活动，朋友很多，应酬不少。笔者却很宅，看书写书成为笔者8小时工作之外的主要活动。办公室离家很近，晚饭后经常再去办公室安静地看点东西、写点东西，有时凌晨两点才回家。不想融入她的圈子，笔者的宁静不被接受，两人在各自不同的生活轨道上慢慢地越走越远，变得越来越冷漠、越来越陌生。没有添孩子，也没任何原则性的矛盾，我们最终还是选择了分手，那是在女儿读大学的时候。如果笔者能融入她的生活圈中，设身处地地为她多想想，也许我们会幸福的。她对女儿的引导培养没少操心，对女儿关心照顾上没少付出，笔者由衷地感谢她。两段婚姻，笔者收获了聪明美丽的女儿，知道了婚姻除了要有家庭责任，要有付出外，要有的内容还很多，包括融合磨合、适应包容、呵护珍惜、换位思考、沟通交流、温情永驻等，弄懂了什么才是高质量的婚姻。婚姻意味着沉甸甸的责任和倾情付出，与其选择低质量的婚姻，不如坚守高质量的单身。从这个意义上来说，笔者又是幸运的。

解码： 在家庭感悟中，我们学会爱、尊重和付出，理解责任与担当，汲取智慧和力量。这是宝贵的财富，让人更加成熟、坚韧和充满爱心。

4. 官场失之东隅，学场收之桑榆

（1）好自为之

洁身自好。从政之前，笔者认识的唯一高官是长沙市张明泰市长。女儿是随母亲的户口，在涟源。笔者研究生毕业分配后，户口落在了长沙。妻子病逝后，女儿户口需要转到长沙。按照当时的政策规定，需要缴纳 3 000 元的入籍城市增容费。可当时笔者穷困潦倒，想减免费用，试过各种方法都没有成功，万般无奈下笔者写信向张明泰市长反映，市长批示：情况属实的话，给予全免。就这样，女儿顺利落户长沙，张明泰后来成为笔者的榜样和忘年交。当官的第一天，笔者告诫自己：为官一阵子，做人一辈子，可以不为官，不可不做人。不请客送礼，不迎来送往，不公车私用，不损公肥私，这在 20 世纪 90 年代的官场，还是需要好自为之，需要强大免疫力的。曾经也因看不惯很多官场的东西，笔者向领导提交过辞职报告。

解码： 人要有自知之明，自我约束，以正直和明智的态度去行动，不被外界的诱惑和干扰所动摇，不断提升自己的能力和品质，自我约束和自我完善。

（2）失之东隅

屡试不第。官场能锻炼人。分析洞察能力、科学决策能力、语言表达能力、文字综合能力、组织协调能力、处事应变能力、管理执行能力、团结共事能力、宏观驾驭能力、开拓创新能力可得到全面锻炼。笔者体会到，领导和下属之间，应该是互相信任、支持、谅解、补充、帮助。正职对待副职应该领导而不诱导、爱护而不袒护、公道而不霸道、理解而不误解。副职对待正职应该要到位而不越位、谋断而不擅断、解难而不推难、虚心而不多心。官场是难测的。行事在人，成事在天。曾经接任笔者副处岗位的人，现在已经是副省级领导，这个副处岗

位再后来的两位继任者也老早就是副厅级领导了。就像当年笔者的发小都上了985高校一样，一个个有出息，一次次刺激没有出息的笔者。笔者在副处的岗位待了11年，正处的岗位待了16年，虽然也做过一些有影响有意义的事情，近些年的考核测评优秀率也都在95%以上，甚至还有100%的，隔三岔五还受到嘉奖，但是长期停留在仕途的马拉松赛道上。当然，笔者现在是副厅级。官场是复杂的。在现实中，拥有某种特殊力的人还需学会收敛锋芒，否则在工作中就很容易被有私心或者人品欠缺的顶头上司打压。因为有人会觉得你对他的升迁构成威胁，出于嫉妒也好，出于自我保护也好，出于枪打出头鸟也好，有时候也会被别人穿小鞋，并且穿小鞋的技术可能会是一流。是想进一步发展也好，还是想逃避现实、换个环境也好，笔者多次参加公选，入围过杭州市卫生局副局长、北京市石景山区科技局局长、上海市嘉定区教育局局长、湖南工业大学副校长、吉林省质量技术监督局副局长等"三选一"的考察范围，都未果。"科举"屡试不第，官场失之东隅。

解码： 人生难免会遭遇失败和挫折，不断经历失败和挫折，能够更加坚强和成熟。暂时的失去，实际上是一种磨砺和成长的机会。学会反思，从失败中汲取教训，发现自己的不足，扬长避短，提升自我，能更加自信。

（3）收之桑榆

初露锋芒。既然想过辞职，笔者就想重操旧业。8小时之外基本上都用来学习了，不想放弃自己喜欢的学场，就得不断进取。为了圆自己的北大梦，也为了扎扎实实学点东西，笔者再一次跨界考入北大政府管理学院，读行政管理专业，3年的15门功课成绩平均91.3分，还专门在北大作为学员代表进行毕业答辩，毕业论文92分。笔者是北大湖南校友会成立重要组织者。除开广泛涉猎，还笔耕不辍，第一部正式出版的书就得到了全国人大常委会副委员长蒋正华的题词，还先后荣获社会科学优秀成果二等奖和精神文明建设"五个一工程"优秀作品奖，接下来一部部作品问世，很多也都获得奖项。笔者再度出山，重返讲台，经历和阅历已经不可同日而语，在课堂上更加自信，更加得心应手，2006年1月被中南大学聘为教授。2008年5月12日汶川地震，当晚笔者就在湖南省志愿者网站报名（全省第4位），自愿奔赴灾区进行地震灾区心理危机干预工作，当时组织部门领导以笔者是单位一把手并且灾区还有余震危险，以对本职重要岗位负责，对笔者人身安全负责为由，不允未果。

解码：即使暂时处于不利境地，也不应放弃希望和努力。也许在这些看似不起眼的时刻，可能会意外地收获意想不到的成果。成功往往留给有准备的人。

（4）国际视野

美国访学。笔者参加国家外国专家局组织的全国出国培训备选人员外语考试 BFT（Business Foreign Language Test），以总分 133 分获得高级证书。感谢组织委派，笔者 2006-2007 年赴美学习，学了 23 门课程和专题，内容涉及美国政体与行政管理体系、公共财政与税收体系、城市规划与管理体系、交通运输与商贸运营体系等，课时 108 学时。考察了旧金山市政厅、加州州政府、圣何塞市政厅、夏威夷州政府、纽约市政厅、美国国会和白宫。还考察了 13 家硅谷企业：Intel、IBM、HP、Cisco、Apple、Oracle、Yahoo、Google、Sina、Adobe、NUMMI、Applied Material、eBay。走马观花美国 10 个州，细细品味 20 个大小城市；深入社区、走进家庭，接触洋人、熏陶文化。在一次从洛杉矶飞往圣何塞的飞机上，坐在笔者旁边有位年轻漂亮的女士，她在整个飞行过程中，不是在电脑上查阅资料、打字，就是在一份份文件上，写写画画，一直没有停下来，笔者跟她搭讪，她也就礼节性地简答，然后继续工作。这幅场景一直激励着笔者后来把别人看宫廷剧和迎俗戏、玩游戏刷微信，打牌应酬，乘飞机打盹、坐高铁闲聊的时间都用在潜心读书上。有人邀约利用圣诞假期去墨西哥玩，笔者连去看望在美国的吴今姐姐都没有时间，更别说去玩了。异国是看不完的，风光也是看不够的，但是事业要求笔者分秒必争。没有喧嚣，只有宁静；没有娱乐，只有苦读。笔者进入治学的状态的时候，是没有杂念，没有七情六欲的，就像在北大求学时那样，珍惜来之不易的访学，每天只睡四五个小时，领略加州阳光，感受世界顶级学府斯坦福大学、加州伯克利大学的氛围，精读 30 本海外图书，还了解到打下来的江山和谈出来的国家的区别，还研究了美国成功的经验给予中国崛起的启示，写下洋洋 18 万字的书稿。

此外，笔者还去过韩国、瑞士、法国、卢森堡、比利时、荷兰、德国（2 次）、奥地利、意大利、梵蒂冈、俄罗斯（3 次）、缅甸、捷克、斯洛伐克、匈牙利、英国和爱尔兰，访问过英国剑桥大学、爱尔兰都柏林圣三一大学等。

解码：开启世界的钥匙、拓宽认知的边界、拥有更广阔的学习和交流平台，能够深刻理解不同文化的精髓，增强跨文化沟通和协作的能力，还能激发个人的创新思维，培养全球化的战略眼光，从而更好地适应复杂多变的世界。

（5）敢于挑战

崭露头角。重新开始单身生活的笔者，迎来了事业上井喷式的发展，笔者不仅在本领域本校执教，还涉猎军事、时政、文化、经济、管理等领域，跨界研究和发展，并且还都取得不错的成果，学场上收之桑榆，经常受邀到许多著名高校讲学。第一次站在清华和北大的讲台，笔者感慨万千，曾经被称为"不三不四"输在起跑线上的孩子，也会有今天。有一次在复旦大学的讲台上，学员听不够，要求从上午讲到晚上，一站就是 11 个小时。讲课的时候，激情澎湃，下课的时候，精疲力尽。笔者认为，老师必须站着上课。笔者授课的目录有 100 多个，涉及内容非常广泛，真不是什么"万金油"，这些课程相当一部分是"被安排"的，有的是高校任课老师临时不能上课，让笔者代课，有的是学员对老师不满意，要求换老师，笔者经常扮演高校"代课老师"和"救火队长"的角色，每每出任这样的角色，都能不同凡响，超出学员预期，学员评价说："陈老师的课是没人玩手机的。""陈老师的课，就是想上卫生间方便，也得憋着，生怕漏掉上课的内容。""没有想到陈老师能把枯燥的内容讲得那么幽默，引人入胜，准备这堂课打瞌睡，也没了睡意。"这种屡屡跨专业、跨学科领域挑战别人"饭碗"的成功，并且都是在北大、清华、复旦、浙大、上海交大等高校，也陡增笔者的自信。浙江大学每堂课课程评估满分 5 分，年平均能得 4.6 分的老师就是很不错的老师了，笔者常年在 4.86 分以上，按照浙大对老师的考核政策，每年都给笔者提高课酬标准，只有为数不多的老师才有此待遇。

解码：孩子天生就具有好奇心和探索欲，他们渴望尝试新事物，探索未知领域。在面临挑战时，他们可能会感到害怕或不安。敢于挑战的品质能够帮助孩子克服内心的恐惧，勇敢地迈出那一步，能够让孩子保持积极的态度，不轻易放弃。这是塑造其未来无限可能的催化剂。

5. 知道山外有山，懂得天外有天

（1）勤于思考

治学态度。现实社会，把错的说成对的、把对的说成错的，墙头草两边倒，睁眼说瞎话的"砖家"比比皆是。口若悬河、一派胡言的网络大 V 不乏其人。什么都懂，什么都能掰的掮客在媒体上输出垃圾，混淆视听。他们输出垃圾，误人子弟，都不是做学问的，都没有起码的治学态度。人外有人，天外有天；兼听则明，偏听则暗。做学问应该宁静淡泊，严谨治学，恪守良知，坚守底线。有这样的态度，才配做学者。宁静致远、淡泊名利一直是笔者的座右铭。笔者远离手机，不玩微信，无外乎是给自己做学问一个清静。今天远离手机、不玩微信的人快绝种了，笔者愿意继续做那颗种子。笔者一直在思考，如何以思辨辨明路径，如何以文化滋养心灵，如何以热忱拥抱生活，如何令知者不惑、仁者不忧、勇者不惧，如何阅尽天地大美，如何参悟人生豁然，给自己的生活一处留白的时间，让阅读的沉静与澎湃，启迪震撼充盈自己的生命。笔者治学的座右铭是："为天地立心，为生民立命，为往圣继绝学，为万世开太平。"愿与读者共勉。

解码：思考是创新的源泉，是孩子形成独立见解和判断力的关键。勤于思考的品质能够让孩子在面对问题时保持冷静，从不同角度分析问题，找到最佳的解决方案。这种品质让孩子在成长过程中不断积累经验，形成自己的独特见解和思维方式，从而更容易取得成功，成为社会的佼佼者。

（2）善于学习

勤能补拙。书山有路勤为径，学海无涯苦作舟。笔者从 18 岁开始，就特立独行，不再庆生。每当生日的钟声响起，笔者就会提醒自己，向死亡又接近了一年，时不我待，且行且珍惜。这不是杞人忧天，而是想拓展生命的宽度。长期熬夜的笔者，经常克制自己，尽可能早睡。因为《易经》说，人最该在晚上 11 点前入睡。为了延长生命的长度，体育场上，冬练三九，夏练三伏，笔者也是够拼的了，甚至真希望时光倒流。如果时光能倒流，笔者可能会让自己收获更多、更加充实、更加辉煌。授课是一门艺术，艺术是无止境的；授课需要天赋和勤奋，不是什么人都可以胜任。笔者 2019 年读书刊 148 本，2 479.1 万字（不算期刊也有 459.3 万字），平均每天 6.8 万字（如果算上精读的报纸，达 5 027.4 万字，平均每天 13.8 万字）。2020 年读书刊 155 本，2 508.0 万字（不算期刊也有 318.9 万字），平均每天 6.9 万字（如果算上精读的报纸，达 5 056.3 万字，平均每天 13.9 万字）。2021 年读书刊 180 本，3 096.3 万字（不算期刊也有 946.0 万字），平均每天 8.5 万字（如果算上精读的报纸，达 4 813.1 万字，平均每天 13.2 万字）。2022 年读书刊 160 本，2 807.2 万字（不算期刊也有 713.8 万字），平均每天 7.7 万字（如果算上精读的报纸，达 4 524.3 万字，平均每天 12.4 万字）。2023 年读书刊 172 本，3 068.9 万字（不算期刊也有 815.6 万字），平均每天 8.4 万字（如果算上精读的报纸，达 4 786.0 万字，平均每天 13.1 万字）。这是笔者敢于挑战别人饭碗的底气，读书是追求真理、接近真理的过程。人生的差别就在 8 小时之外。工作 8 小时之后，有的人选择放松、娱乐、刷朋友圈，而有的人选择读书提升自己。几年后，差距自然就拉开了。在读书的马拉松赛道上，有的人停了下来或者慢慢走，而笔者一直在奔跑。

解码：学习是成长的阶梯，是孩子获取知识、技能和价值观的重要途径。善于学习的品质能够让孩子保持对知识的渴望，不断探索新的领域，不断提高自己的能力和水平，也更容易适应瞬息万变的环境，为未来的成功积蓄力量。

（3）止于至善

精益求精。世上无难事只怕有心人。笔者授课从来都不是一个课件管到底，每次课都得好好另外再备课，即便是已经轻车熟路的课程，也得有新的针对性。笔者先后在浙大、清华、北大上的第一门课程是"现代战争与国家安全"。第二版课件 2012 年 5 月 9 日 06：27 第一次保存，到 2024 年 6 月 21 日 09：33 第 3 218 次保存。修改 3 218 次，平均每 1.4 天就修改一次。课件 972 页 PPT，2 377 张图片，519 段视频。972 页 PPT 每分钟呈现 1 页需 16.2 小时，2 377 张图每分钟呈现 10 张需 4.0 小时，519 段视频按每段 1 分钟播放需 8.7 小时。完整视频总时长 30 小时 18 分钟 5 秒。信息大餐，视听盛宴。信息造就思维，思维影响判断，判断决定行为，行为体现品位。占领全球军事科学前沿，汇集世界军旅精英之言，借助图文并茂幻灯演示，再现现代战争宏大场面；历数鲜为人知军事真相，分析中国周边安全局势，审时度势铭记居安思危，励精图治增强忧患意识。话说百年战争，还原历史真相，心系国家安全，维护世界和平。《家庭教育新理念和新方法》的课件平均每 1.5 天修改一次。如果算上笔者 100 多个课件，就知道挑战别人的专业有多拼。知道山外有山，懂得天外有天。生命不息，耕耘不止。

解码： 止于至善的品质能够让孩子在追求完美的过程中保持谦逊和包容的心态，不断发现自己的不足并努力改进，逐渐形成责任感和使命感，懂得对自己的行为负责，为他人和社会作出贡献，从而获得他人的尊重和信任，成为值得信赖的合作伙伴。

前面做了 30 条"因子"解码，虽然这些"因子"跟行文内容不完全一致，是笔者提取出来的，但尽可能跟成长"因子"相关。这里再强调 3 点：

一是要有梦想。

2014 年 5 月 12 日，阿里巴巴集团发布了一条特殊的招募信息：在全球范围内招募梦想家来阿里巴巴圆梦。这个岗位的"待遇"相当诱人，包吃包住包交通，还有 24 小时全程管家式陪同和指导服务，而该岗位的唯一要求就是：有梦想。

笔者翻出自己泛黄的日记，有一段这样的话：

爱得好苦，爱得好累，也许爱的梦幻总是美好的；活得太辛酸，活得太忙碌，可能生活的幻想常常是阳光灿烂的，大概我一直在为这梦想而活着。

3 次高考落榜，笔者依旧有梦想。若是没有梦想，心就没有栖息的地方，就没有归属感，到哪里都是在流浪。人只要有了梦想，就有了目标和奋斗的方向，无论遇到什么艰难困苦，都能够忍受；无论环境多么恶劣，都能够适应。既然选择了远方，便只顾风雨兼程。

二是要有责任。

参加工作 5 年后，笔者结婚，那时家庭 1 个月总收入也不到 300 元，怎么样养家糊口，这就是当丈夫的责任，窃以为，夫妻之间最重要的就是责任二字。为了生存，就得拼经济，要拼经济，就得有实力，要有实力，就得读书。要凭自己的本事在这世界上立足。为了给女儿更好的受教育机会和更好的成长环境，自己必须责无旁贷自我完善、自我发展。**要自我完善、自我发展，就得耐得住寂寞，守得住清贫，能吃苦中苦，敢受累中累。**小到对自己、对家庭的责任，大到对社会、对国家的责任，承担责任并不是一件轻松的事情，要有一定的付出，甚至要做出某种牺牲，很多人都会在承担责任时感到很辛苦，压力很大，但承担责任是对自己能力和自我实现价值的一种肯定和证明。

三是要有信心。

笔者的信心来源于局部的成功。比如读书的信心来源于下中国象棋，既然可以背得出那么多的棋谱，既然可以通宵达旦下棋，为什么不可以把这些记忆力和精力花在读书上？比如授课的信心来源刚刚参加工作就在全厂职工演讲荣获第一名的成绩，同样是三尺讲台。比如遇到困难的时候，总有李燕杰报告里一个个感人的榜样案例在激励自己，身边和远方的师友鼓励，让自己顽强拼搏。即便在读机械制造工艺及设备专业期间同时自学心理学专业，也有自己初三下学期在病床上的自学成功所带来的信心。要知道，**认真听讲的孩子偶尔成绩好，认真自学的孩子永远成绩好。**

中 篇

孩子可以输在起跑线上

你们一定知道，我们的计算机产业是建立在一批辍学者的远见卓识之上的；你们一定也知道，我们所有的诺贝尔文学奖获得者也都是辍学者；你们一定还知道，娱乐业和快餐业清一色的是由辍学者主导的。（［美］约翰·泰勒·盖托:《上学真的有用吗？》，生活·读书·新知三联书店 2010 年 9 月版）。美国山姆·奥特曼（SAM Altman）是人工智能 ChatGPT 之父，也是颠覆式 AI 视频产品 Sora 的缔造者，是未来影响人类命运 100 年的核心技术和产品。19 岁时，他从斯坦福大学计算机专业辍学出来创业。孩子是可以输在所谓的起跑线上的。

　　长久以来教育界广泛流传着一句"名言"——"不能让孩子输在起跑线上。"这话犹如一道紧急命令，让众多家长急扯白脸，孩子鬼哭狼嚎，千军万马冲进各种"补习班""提高班"和"强化进修学校"。在这个"神童"辈出的年代，有消息说山东一个年仅一岁多的女婴，竟然认识上千个汉字，在"慈父"熏陶下，这个娃娃荣获"大上海吉尼斯之最"证书。重庆一个爱美妈妈则害怕女儿容貌输在"起跑线"上，将刚满 1 岁的女儿抱到医院，要求大夫做双眼皮手术。"起跑线"——这根看不见的红线，牵动多少家长脆弱的心，吓掉多少孩子的魂。（林鸣：《人生有"起跑线"吗？》，出自《中国质量报》2012 年 3 月 30 日第 4 版）

　　从物质上说，这一代孩子是幸福的；从精神上说，他们堪称最可怜的人。虽然孩子们拥有电脑、麦当劳和芭比娃娃，但他们却没有童年。"别让孩子输在起跑线上"是一句伪箴言，乃是当前流传最广、危害极大的奇谈怪论。然而现实却为，越荒唐就越有人信。无数爹妈为了不让孩子"吃亏"，拼命进行早期教育，让残酷的人生竞争从幼儿就开始了。他们错就错在把人生看成一场"百米赛跑"，发令枪一响，谁蹿得快，谁能遥遥领先。大量的研究和事实证明，人生更像漫长的马拉松。尤其对于成才而言，最初的几步没有那么重要，有时候，连半程成绩也并不那么重要。它比试的是"运动员"持久的耐力，以及随机应变的能力等。只有那些具有良好的身体素养和心理素养、具有整体战略与今天策略的人，才能笑到最后。这是一个人们常举的例子——20多年前，国内某大学少年班家喻户晓，可如今这些昔日的"神童"几乎全军覆没，没有一个成为栋梁之才。从现象看，"神童"虽然赢在起跑线上，但由于将马拉松理解为短跑，终因后劲不足而败北。奇怪的是，天下家长对这个悲剧视而不见，他们率领孩子绕过那些"牺牲品"，继续在"独木桥"上勇猛冲锋。

"起跑线"的忽悠取得了巨大"成功"，由此带来的代价更是巨大——我国中小学学生近视率不断攀升，成为世界第一"眼镜大国"。据说，在父母的压力下，许多小学生已读完初中课程；而高中学生"自学"完大学一、二年级学业。不幸的是，"捷报"频传之际，校园里不断传来噩耗。笔者不知道，什么时候家长才能明白：孩子不是小大人，不是父母实现理想的工具，更不是父母比拼的"武器"。在当今国际社会，发现儿童，尊重儿童，把孩子当孩子看，已成为现代教育的一个基本准则。它表述了这样一个儿童教育观念：游戏才是孩子的天职。"别让孩子输在起跑线上"实为社会培训机构为了吓唬家长而喊出来的，最终成了各种"骗钱班"强有力的销售工具。原来，脚下的那根"线"是某些利欲熏心的家伙偷偷划的——只不过是一伙披着教师外衣的商人所为。试问：一个人连快乐都不懂，何谈什么成功？又请问，前面所述的华罗庚等人的起跑线又在哪儿？面对人潮涌动的"运动员"，郑渊洁索性提出：既然如此，就让孩子"输"在起跑线上吧。还有的教育专家说得更绝：孩子若是输在起跑线上，就能赢得人生；而赢在起跑线上，往往输掉人生。

条条大路通罗马，行行业业出状元。当今一种最不能原谅的悲剧就是：可怜的家长一边厉声斥骂"起跑线"，一边跟风跑步，希望自家孩儿偷偷抢跑。他们不晓得，世上根本就没这么一条"起跑线"。他们更不愿相信：大伙儿起劲追捧的，只是一个天大的谎言。

一、人生是长跑，不是短跑

倘若将人生形容为一场竞赛，"起跑线"的比喻是恰当的。但是，"输在起跑线"上只适合短程竞赛，例如百米赛。如果是马拉松那样的长跑，就不存在输在起跑线上的担忧。

生命不是一场短跑，而是一场马拉松，一开始用力跑得很猛的人，看似跑在前面，其实，不一定能够坚持到终点。反而是那些慢慢跑的人，稳得住心，沉得住气，体会过无数次的失败，还能够不急不躁，沉住气，稳住心，继续坚持，跑到最后，更有成就感。

俗语说："饭未煮熟，不能妄自一开；蛋未孵成，不能妄自一啄。"任何工作都不可以一蹴而就，唯有慢下来，让情绪积淀，逐步做，做到非常好。人生即是一场体验，做人要慢，像喝茶一样，"逐步来"浅斟慢酌细细品，越慢越好。

1. 人生是一场马拉松赛跑

父母是否应该担心孩子输在起跑线上，要看家长对孩子寿命的预估。如果孩子的人生属于短跑，只有区区十几年，一定不能让孩子输在起跑线上，都知道百米赛的关键往往是起跑，起跑领先了，就成功了一大半。但是假如家长对孩子的寿命预估较长，就相当于孩子的人生是参加一场马拉松长跑竞赛，起跑线是否领先就不重要了。

【镜头8】俞敏洪在圆明园门口跟大学生演讲：

我们大家都知道，人的一辈子要活很多很多年，只要你保证身体健康，你就能活很多年。假如说我们能活到100岁，那你还有80年的事要做。很多同学说，我现在已经比别的同学差得很远，我未来到底怎么样才能改善？我有一句话，人最重要的是志向，最重要的是内心的渴望，而不是外在的条件。从外在条件来说，我们人一辈子，从出生的那一天开始就是不平等的，生而不平等，这是一个事实。你出生在农民家里和出生在官宦家里，他出生的条件是不一样的，你能得到的资源也是不一样的。但是，我们人的一辈子的奋斗过程，就是不断地去使自己有能力并且去占取更大的资源、实现更大的梦想，并且回过头来能够把这样的资源贡献给社会的过程。所以，当有人问我说，俞老师，我这辈子还能追上别人吗？像你这样的成就或者像你做的事情，我未来还可以做到吗？我可以肯定地告诉你：只要我能做到，你就能做到；只要李开复能做到，你就能做到；只要马云能做到，你就能做到。因为我们这些人的起点并不比你更高，甚至某种意义上，应该比你更加的低。人生一辈子不是走的百米赛跑，如果百米赛跑早跑一秒钟，晚跑一秒钟，你可能就会晚到一秒钟或者早到一秒钟。人生走的是无穷无尽的马拉松，马拉松不需要去计较你的起点是落后了，还是站在第一名，马拉松计较的是你到底能够走多远，到底能够坚持走多久。如果说你能坚持走出足够的距离，哪怕你放慢一点速度，只要前进的方向和目标是清晰的，未来你就能走出别人所没有走出来的距离，你就能看到别人所没有看到的风景。

　　长跑时，我们跑到一定的距离就会自然而然地出现气喘、胸闷、双脚沉重的生理现象，这种情形在体育运动中被称为"遭遇极限"。它使人心跳加剧，腰腿酸痛，感到浑身不适，想当即停下脚步，找个地方坐一坐，靠一靠，躺一躺，好好地休息休息。但是，只要你能咬紧牙关坚持不懈，过不了多久，你的脚步又会变得轻快自如，胸闷气喘的难受劲儿也会逐渐平复。

　　人生道路十分漫长，全程远远不止马拉松 42.195 千米，其艰苦卓绝的程度要大大超过一场马拉松比赛，每个人都必将遭遇大大小小至少数十次"运动极限"，有的人咬紧牙关硬是挺了过去，因而风风光光，有的人放慢脚步懈怠下来，因而庸庸碌碌。面对人生马拉松赛跑，各人的应对策略不同，结局自然迥异。其中的学问说深不深，说浅不浅。

2. 长跑的要诀是保存实力

　　马拉松竞赛的特点是谁笑在最后谁笑得最好。这和孩子学习知识的道理一样。当孩子没有一定的阅历时，给他灌输与其年龄不相符的知识，孩子没有生活经验，对知识的感悟不会深刻，不但没有共鸣感，甚至会厌恶。衡量教育是否成功，不是看分数，而是看受教育者对所学知识的兴趣越来越大还是越来越小。如果受教育者对所学知识的兴趣越来越大，说明教育成功了，反之则相反。受教育者对于所学知识感兴趣的程度，除了老师的教授方法，还取决于孩子对知识的感悟程度。举个例子，一个 5 岁的孩子对于唐代李白的《静夜思》只是机械背诵，而一位远离家乡的 20 岁青年如果第一次看到《静夜思》，可能泪如泉涌，百感交集。

有一句养花的谚语："养花先养叶，养叶先养根。"意思是要想使花开得好，必须先把花的根、茎和叶子养好，如果花的根、茎、叶还未生长发育好，就急着"让"它去开花，那么，开出的花往往就会花期短、花头小，颜色也不鲜艳。根深叶茂，叶茂花繁。

买过新汽车的人都知道，新车有磨合期。在新车的磨合期，车速不能太快。只有这样，这辆汽车未来才能风驰电掣。如果在新车的磨合期高速行驶，汽车就会早衰，该急速行进时，就会力不从心。假设将人比喻成汽车，人的磨合期就是童年。在童年，不能满负荷运转，要适度磨合。如此，孩子到了成年，才能快马加鞭，后劲十足。

一对北京博士夫妻生下神童女儿，1 岁便可识得千字，可也就是这个众人都羡慕不来的神童，却在其两岁的时候被医生告知："她有精神病。"

人的一生，可塑性很大，早期的培养确实重要，但是人的成功会有很多"点"，并不是用一条"起跑线"就能概括的。每个孩子都是独一无二的个体，每个个体从形成胚胎的那一刻起，就不可能一样，因此不具可比性。

社会发展到今天，把不适当的超前教育当作先进理念来接受，从而人为地使幼儿教育学校化，使学生教育成人化甚至工厂化，却忽略了少年儿童生理、心理的发展规律，忽视了孩子阶段性成熟的内在要求，结果就只能是揠苗助长弄巧成拙，扼杀其天性和潜质。

人生是一场马拉松，起点的位置、起点的速度都不重要，因为我们也有体验，到达终点的喜悦远远抵不上之前的惊心动魄让人振奋。

家长要做的，不是管孩子，而是看孩子，远远地看着孩子蹒跚而行。跌倒了，尽管有痛，尽管有泪，但是，这是他自己迈出的步伐，这是他的收获，下一步，他会迈得更加坚实。教育本质上应该是尊重孩子的天性，顺应孩子的性格，让孩子成为孩子，不给孩子过多的负担。教育应当顺其自然，让教育回归教育，让孩子回归孩子。

生命的意义在于享受生活的过程，而不是拼命地跑向终点。只要人活着，就都算是在长跑，当然在跑的过程中，有的人停留在原地，有的人放弃，但也都还在长跑的路上，生活并没有放弃我们，只是有的人自己放弃了自己，自己失去了对生活的热爱，对未来产生迷茫。

3. 长跑一定要有好的身体

【镜头9】俞敏洪在同济大学跟大学生演讲：

大学毕业的时候，每个人都要上去讲一段话，比如后半辈子怎么过，我就上去讲了这么一段话。我说，同学们大家都很厉害，我追了大家5年没追上，但是请大家记住了，以后扮演一个骆驼的同学肯定不会放弃自己，你们5年干成的事情我干10年，你们10年干成的事情我干20年，你们20年干成的事情我干40年，实在不行我会保持心情愉快身体健康，到了80岁后把你们一个个送走了我再走。这是我个人保持到现在的人生态度，而我认为这种人生态度对我来说非常有效。

人的一辈子是长跑，不是短跑，也没有所谓的起跑线。从生下来就跑，一直到断气的那一天，而不是跑到五六十岁就退休了，就可以停下来了。也不是找个好的起跑线，就能比别人厉害。

沃伦·巴菲特（Warren E. Buffett，1930年8月30日出生）、查理·芒格（Charlie Thomas Munger，1924年1月1日出生）、任正非（1944年10月25日出生）都八九十岁了依然在跑（查理·芒格于2023年11月28日安详去世），可能也正因为他们一直在跑，一直在锻炼，他们才能活到八九十岁，还头脑清晰思维敏捷，还能掌管千亿资产。

【镜头10】俄罗斯幼童雪地进行冰桶挑战。中国日报网2016年12月26日援引《每日镜报》消息，近日网络上疯传一段令人震惊的视频，其中有大约十几个3～6岁的孩童只穿着内裤跑到雪地上，还拿了一桶冰水往自己身上倒，有网友误以为这是某种体罚，但其实这是俄罗斯一家幼儿园的"冰桶挑战"课程，教师宣称这种训练能够让孩童保持身体健康。"冰桶挑战"不强制孩子们参加，此前会有一名医生检查孩子们的身体是否适合，此外还要得到家长的允许。但正如视频所示，尽管天寒地冻，但大多数参与活动的孩子们对此非常热情，看起来也很享受冰水淋湿全身的感觉。

家长可以不焦虑

如果说人生有起跑线的话，那么在身体的疾病抵抗能力上，很多中国的孩子可能已经输给这些俄罗斯的孩子了。

4. 长跑需要有信心有耐心

长跑要有信心。只要我们重新开始，从来都不晚，或许你和笔者一样，有很多压力，很多负担，只能自己独自承受，没关系，请坚持，请继续前行，在最不能坚持的时候坚持，因为熬过去之后一切都是过眼云烟，这将是我们宝贵的个人经历、阅历，一个人没有吃过生活的苦，也不会更懂得珍惜生活的甜。

每个人由于出身的家庭背景不一样，要是有起跑线，也肯定不一样，家庭条件好的人，从小就获得更好的教育和资源。家庭条件一般的孩子，因为没有这些资源，只有通过自己的努力去争取。长大了之后家境好的人，说不定会更好，家境不好的人，也有可能通过自己的努力，从而达到改善。有人羡慕贵族公子，出身都含着金钥匙。王安石在《伤仲永》里说，方仲永的通达聪慧，是先天得到的。6岁出口成章成名天下，他的天赋，比一般有才能的人要优秀得多，但10多岁就籍籍无名了，最终成为一个平凡的人，是因为他后天所受的教育没有达到要求，止步不前。约翰·戴维森·洛克菲勒（John Davison Rockefeller）在《洛克菲勒留给儿子的38封信》里说："机会永远都会不平等，但结果却可能平等。在历史上，无论是在政界还是在商界，尤其在商界，白手起家的事例俯拾皆是，他们都曾因贫穷而少有机会，他们却都因奋斗而功成名就。然而，历史上也充斥着富家子弟拥有所有优势，却走向失败的事例。麻州的一项统计数字说，17个有钱人的孩子里面，竟然没有一个在离开这个世界时还是富翁。"

每个人的一生中都会遇到很多重大的选择，有时候选择对了，你会一帆风顺，选择错了，你会走入低谷。但不管怎么说，一定要记得，人生是长跑，暂时的落后，没有关系，只要我们调整心态，照样能追上去。关键在于人们能不能有信心，能不能用好的心态去面对人生这场长跑比赛，只有在途中不断地总结，不断地提高，才能达到人生的巅峰，实现人生的价值。

长跑要有耐心。商纣王暴虐，周文王决心推翻暴政。太公姜子牙受师傅之命，下界帮助文王。但姜子牙觉得自己半百之龄、又和文王没有交情，很难获得文王赏识。于是在文王回都途中，在河的一边，用没有鱼饵的直钩钓鱼。文王见老人须发斑白，看去有七八十岁了，他一边钓鱼，一边嘴里不断地唠叨："快上钩呀上钩！愿意上钩的快来上钩！"再一看，老人钓鱼的鱼钩离水面有三尺高，并且是直的，不是弯的，上面也没有钓饵，觉得这是奇人，于是主动跟他交谈，发现这真是个大有用之才，招入帐下。后来姜子牙帮助文王和他的儿子推翻商纣王统治，建立了周朝。齐白石在 50 岁的时候还在做木工，根本不是个伟大的画家，他的所有伟大的作品都是在 80 岁到 90 岁的时候完成的。所以生命总有这样的现象，有的人在年轻的时候有作为，有的人中年时候有作为，有的人老年时候有作为。花儿总是在不同的季节开放，如果所有的鲜花都在春天开放完毕了，到了夏天、秋天、冬天没有任何的花儿开放，你还会觉得这个自然界是如此的美丽动人吗？

"十年树木，百年树人"，成长之难，可想而知。漫漫人生，一路风景，有说不清的起点和转折点。无数歧路的正确选择，才是人生最为紧要的。如果孩子从童年少年就开始抢跑、快跑，背负太多太重，到了中学或大学，有的难免会疲惫不堪，学业一落千丈。

在人生的马拉松赛道上，拼的是毅力和耐力，试图抢跑起点是没有意义的。忽视了孩子阶段性成长的内在要求，急功近利，竭泽而渔，就是对其天性和潜质的扼杀，结果必然是弄巧成拙，不可能笑到最后。

二、起跑线噱头，让人焦虑

前几年流行这么一句话，即：不要让孩子输在起跑线上。中国知名作家、学者、教育家、厦门大学教授易中天说这句话"恶毒"。作为家长，相信很多人听到句话时，都会有很深的触动，并自觉地对照自己以及自己的小孩，生怕自己的小孩慢他人一步，就恨自己不能拔苗助长了。于是竭尽全力让小孩子读最好的学校，找最好的老师，上各种匪夷所思的培训班等，不但把小孩累到不行，而且也穷尽自己全部的力量。这就是中国家长普遍的现状，也是焦虑之源。

1. 起点影响结果，但不决定终点结果

家长之所以焦虑，是因为一个人的成长确实跟"起点"有关，一个人若是"起点"很高，那么，机遇相对来说，就会更多、更大，就好比我们在单位上班，以省级为"起点"的人，就会比市、县、乡的人的机会要大得多。给孩子请家教、上补习班就成为题中应有之义。但是，话又说回来，"起点"并不是影响一个人成长的全部因素，甚至不是最重要的因素。

正如美国实业家洛克菲勒在《洛克菲勒留给儿子的38封信》中第一封信就是《起点不决定终点》，他说："但你需要强化这样的信念：起点可能影响结果，但不会决定结果。能力、态度、性格、抱负、手段、经验和运气之类的因素，在人生和商业世界里扮演着极为重要的角色。你的人生刚刚开始，但一场人生之战就在你面前。我能深切地感觉到你想成为这场战争的胜者，但你要知道，每个人都有追求胜利的意志，只有决心做好准备的人才会赢得胜利。"因此，相对于"起点"而言，能力、态度、性格、抱负、手段、经验等更为重要。

一方面，"起点"高，很可能只是入的门槛高，而不代表人生的高度。"起点"高，就好比赛跑时，你先跑一步，但是距离终点仍会有很长的路。也就是说，就算你"起点"高，也仍需要继续努力，否则，一样会被别人超越。因此，"起点"高，不过是决定人生未来高度的其中一个因素而已，而不是全部的因素，故不能代表人生的高度。

另一方面，先天的条件固然重要，但更重要的是后天的努力。古人喜欢讲命运，所谓命，指的是先天，而运则是讲后天的综合。也就是说，"起点"就如同先天之命一样，并非决定一个人的一切。甚至可以说，相对于"起点"而言，后天的努力以及机遇更重要。能力、态度、性格、抱负、手段、经验和运气等这些因素的任何一项都有可能对结果产生重大的影响，如运气，一个好的运气很可能会改变人的一生。因此，相对于"起点"而言，后天的这些因素才会让结果产生更多的可能。正因为如此，洛克菲勒才讲"起点"可以影响结果，但不会决定结果。

2. 竞争令人焦虑，累死家长逼疯孩子

【镜头11】孩子刚刚出生，父母就给孩子写下一幅字画：教育从小抓起！

距离高考还剩 6 333 天！不知道父母有没有考虑新生儿长大以后的感受。

有个网络流行词"鸡娃"，指的是父母给孩子"打鸡血"，为了孩子能读好书、考出好成绩，不断给孩子安排学习和活动，不停地让孩子去拼搏的行为，多用于焦虑的中产阶级家长。2021 年 12 月，《咬文嚼字》编辑部发布了 2021 年度十大流行语，其中包括"鸡娃"。与此相对应的有一个网络流行词叫作"佛系"。"佛系"也是一种文化现象。主要意思是指无欲无求、不悲不喜、云淡风轻而追求内心平和的生活态度。该词语最早来源于 2014 年日本的某杂志，该杂志介绍了"佛系男子"，之后网络传播，佛系又衍生出"佛系青年""佛系女子"等一系列网络词语。2018 年 12 月 3 日，"佛系"一词入选《咬文嚼字》公布的 2018 年度十大流行语。

"磨刀不误砍柴工，读完硕士再打工，不上清北枉好汉""你鸡娃，我鸡娃，我们一起考清华"网络不断晒出幼儿"佛系鸡娃"的周安排表，"佛系鸡娃"指的是给孩子自主学习的权利，看上去好像对孩子是放养，但实际上是对孩子能力的一种培养。

网上一份上海 5 岁小朋友幼升小简历火了，5 年人生竟写出了 15 页的简历。

简历内容分为 7 部分，分别介绍了家庭、个人性格、个人经历、爱好、家庭教育观、老师的评价以及一年的英语阅读书目，为即将到来的幼升小，做好充分准备。

首先和普通的简历一样，都是先介绍了一下自己的情况，名字是取之于"行成于思毁于随"，妈妈希望思考能成为他一生的习惯。而爸爸告诉他"人生很长，不必在意起点上的细微差距"，从小就被父母灌输了这样大格局的思想。

这位小朋友是名副其实的"复二代"，他的父母都是毕业于复旦大学的高材生，目前都在国际企业做公司的高管。

小朋友上中班认字 1 200 个，能背 100 首古诗，英语书年阅读量是 500 本，学习时间精确到每小时，喜欢文史、艺术、数理、足球，小小年纪就已经接触到了很多高端的课程，也取得了很多的证书，比如钢琴英皇 2 级、围棋 11 级等，还当过主持人。这位小朋友不仅读万卷书，而且行万里路，他还去过北京、东京、曼谷等 40 多个国内外的城市。

小小年纪还自诩独特的性格：灵动自信，好奇敢拼，耐挫坚强，友善贴心。

对于一个 5 岁的小朋友来说，这样的眼界和格局，别说是同龄人，甚至连一些成年人也自愧不如。

不过这样一份简历也让很多家长感到压力山大，这背后付出的金钱和精力，不是普通家庭能承受得起的。

看完这个新闻，笔者非常感慨，想想自己，真正的考试是从高考才有意识的，幼儿园到高中读的都是公办学校，那时候身边的同学都差不多，没有差异化，就少了很多焦虑，而今天，能不能上名牌大学，大概率要取决于，你是不是一个名牌高中毕业的，而要上名牌的高中，得得益于你有一个名牌初中来打底，所以，一层一层往下压，想要让孩子上一个好学校，家长就得从幼儿园开始发力，夸张一点说，一步跟不上，可能错过的就是一辈子。而国内教育资源的竞争是有目共睹的，以前，只有找工作才会面试，现在上好一点的幼儿园、小学可能都要面试，这容易引起父母的焦虑，恰恰是因为焦虑，现在的父母才会有这么强大的驱动力在孩子教育这件事上，投入百分之百的财力和精力。这些"鸡娃"家庭都有一个共性，孩子数目少，家庭收入高，典型的中产家庭。中产阶级想要变成资产阶级是非常艰难的，但是向下变成无产阶级是非常容易的。所以，教育是实现向上流动的最佳途径。这些父母知道得太多，看得太透彻，危机感很强，如果不"鸡"孩子，未来他们在社会上会很难混。

"鸡娃教育"是中国家长焦虑内心的精准狙击。

工作和生活两座大山一直是压着中产阶级缓慢前行的根本原因，所以他们总会把希望寄托在下一代，希望下一代能够减缓或者改变当前自己所处的境地，为了让自己的娃更优秀，家长们全力"鸡娃"，努力程度不亚于追星打榜。有的"鸡娃"孩子实行"五班制"，即早上书法班、中午美术班、下午舞蹈班、晚上作业辅导班，临睡了还有家庭作业思考，今天收获了什么，明天要做什么？

"鸡娃"焦虑的背后是不肯接受孩子的普通，是一场辛酸的焦虑转移。

中国家长们在望子成龙、盼女成凤的教育道路上一直都很拼，在开始的时候焦虑的都是名门望族、达官贵人，这些上层阶级，子女是整个家族产业和资本未来的继承人，所以他们的教育关乎家族的繁荣能否一直延续，毕竟一旦他们的子女变为普娃，整个家族的财富就会出现风险，现在这种焦虑发生了转移，"旧时王谢堂前燕，飞入寻常百姓家"。（唐·刘禹锡《乌衣巷》）很多人不惜一切将所有的精力和资产投入孩子的教育之中，妈妈最贵的包已经从 LV 变成补习班书包，《中国妈妈"焦虑指数"报告》显示，在一个家庭中最让妈妈焦虑的很多都与孩子有关，尤其是孩子的健康和教育。

笔者调查了解到，一些全职妈妈对孩子的教育更是内卷，特别是有高学历的全职妈妈，孩子就是她们的全部，她们有主意、善规划、精设计、勤安排，因"剧场效应"而更加剧了全社会的教育焦虑。

导致精英教育理念从精英流动到中产的原因到底是什么？"鸡娃"焦虑的背后是一场辛酸的焦虑转移和媒体扩大化的焦虑贩卖。首先现在的家长都穷怕了、累怕了，在短短的 20 年内，社会发展的日新月异，物价、房价撬动着社会的基础建设，人们无时无刻不计算着自己的个人产出和社会平均产出之间的差距，担心自己被社会所淘汰，人们的压力像一个无法回弹的压力表一样，掏空了 6 个钱包的房子首付，看不到头的工作 996，不断推迟的退休年龄等，这种焦虑造成的影响有多可怕。当你打开电脑网页搜索，输入"普通人"3 个字，你会发现是多么的现实和残酷，普通人的一生、普通人的出路、普通人如何过好这一生，在经历了这些苦难之后的人们，不希望自己的孩子像自己一样再走一遍。

如果当时初中多学点，考个好的高中，现在也不至于这样；如果当初高中多学点……如果当时大学多学点……现在也不至于这样等。人们习惯将自己陷在不理想的处境，归咎于以前某一种可能，眼亮的生意人就通过"如果当时，现在也"这么一个小学语文授予的句式，精准打击到大部分家长的内向恐慌，从最开始的寒暑假补习班，到现在的课后补习班，从主要科目到各种艺术教育，从 4 岁会背 1 000 首古诗词到 6 岁完成高中英语，程度之深，范围之广，让人难以想象。而面对社会变革却不知道如何让孩子开启不同的人生，只能通过"鸡娃"让自己内心的焦虑稍微缓和，只能在培养天才的神话憧憬中找到寄托。笔者不否认精英教育的优势，但未来的画像并非只需要教育这一支画笔。

另外，大众传媒让信息传播的深度和广度无限加大，大数据无时无刻不在将精英教育的故事和理念植入"鸡娃"父母的心中，以前隔壁村的某某报了舞蹈班的消息传来需要一两个星期，现在知道"复旦牛蛙"（指能力突出的孩子）的简历只需要一张新闻浏览页。信息化时代，大家时时刻刻被形形色色的焦虑包裹着，这个时候一些自媒体洞察了这种焦虑情绪，开始鼓吹"鸡娃"、什么"海淀妈妈"……媒体这些内容都是在贩卖焦虑，别人家的教育模式让父母们坐立不安，幸存者偏差的影响加上患寡不患均的心理让"鸡娃"父母的心理焦虑在这时转化为实际行动，期待下一代不要像自己这么失败、这么痛苦，将自己的焦虑转移到娃身上。

"幼升小""小升初""高考"，为了让自己的孩子能在未来的竞争中占得更有利的位置，一道道升学的关隘已经成了家长们的一个个心结。一个新名词"教育焦虑症"正在使父爱母爱变味，焦虑的父母变得越来越凶猛了。**父母不焦虑，养育才能更从容，孩子才能更快乐。**

2012 年 6 月 28 日《北京晚报》消息：一桩家庭悲剧震惊了社会，浙江金华一个 13 岁男孩命丧在自己妈妈手中，而起因只是因为周末的早上赖床不起，更令人惊异的是，这个杀人母亲在高校工作，平时对孩子疼爱有加，是什么让一个妈妈对亲生儿子痛下杀手？

"是长期的教育压力导致的焦虑，是恨铁不成钢引发的愤怒，当某种她不愿意看到的情况反复出现的时候，负面情绪的积累导致过激心理出现，行为失控，于是悲剧发生了。"国家二级心理咨询师、北京美龄心理咨询中心青少年心理危机干预专家韩美龄这样向记者分析，她表示，这个案例虽然极端，但类似的这种焦虑情绪在很多家庭中却相当普遍，应当引起警惕。"每年有上百个出现心理危机的孩子来心理咨询中心求助，大多是初中和高中学生，很多人抑郁、自闭、厌学、网瘾，甚至多次自杀。分析他们心理问题的成因，大多数都能从父母那里找到根源，就因为不想让孩子输在'起跑线'上，可孩子却病倒在'起跑线'上。"据调查，目前出现各种心理疾患的青少年呈逐年递增趋势，很大一部分是由于家长焦虑引发的，"教育焦虑症"正在摧毁越来越多的家庭。

网站自测焦虑症状，引发众多家长恐慌。在"e 度"教育网站看到，有热门帖子列举出家长"焦虑症状"，提供给大家自测焦虑程度。以下是测试的

10 项内容：

☐ 每天晚上，都忍不住坐在孩子旁边，生怕他（她）浪费时间；

☐ 一到晚饭后就坐立不安，老想进屋看孩子做作业是否认真，但又怕打扰他；

☐ 常常忍不住一遍遍问孩子考了多少分；

☐ 整天提心吊胆，度日如年，一听到孩子没考好就忍不住发脾气；

☐ 有时变得比往常更严厉，说话偏激，有时变得比往常更亲切，连自己都觉得不自然；

☐ 听说孩子要测验考试，自己便坐立不安，觉得压力比孩子还大，却要装得若无其事；

☐ 不敢大声讲话，不敢大步走路，看孩子的眼神都怕惊动了他；

☐ 担心孩子太疲劳，又担心他们营养不够，内心忐忑不安，怕孩子考试那天会生病；

☐ 无论干什么，心都挂在孩子那边，坐卧不宁，心悸、心慌，希望孩子快考完；

☐ 莫名其妙地抑郁、痛苦、难过，悲伤得不想做任何事，有撑不住的感觉。

测试称，如果这些症状出现 4 条以上，说明已经出现焦虑，8 条以上则情况严重，应当引起警惕。

跟帖家长纷纷表示恐慌："我们单位，一屋子的妈妈们，几乎全部焦虑啊！""一会儿，明白过来了，不逼孩子了，大家纷纷带孩子玩，减少课外班，一会儿，被某事或某现象刺激，又纷纷把课外班报上，总是这样反复折腾……"不少家长表示有不同程度的焦虑症状，已经严重影响了生活。

在有焦虑症状的家长中，打骂孩子已经是一种常态，在北京这样的大城市，在很多受过高等教育的父母身上，出现这样的情况似乎让人难以理解，然而现实就是如此。一位重点小学的数学老师告诉记者，她发现班上有个女孩胳膊总是青一块紫一块，一问才知道是妈妈拧的，"就因为在家给孩子讲题，讲了好几遍，孩子没怎么听懂，家长一着急就上手了，其实这个女孩在班里学习一直不错，总能排进前几名。"男孩子挨打的情况就更加常见，记者所接触到的多名小学男生的母亲表示，都曾经不同程度打过孩子，"经常因为一点小事就压不住火，打过之后觉得很后悔也很心疼，可下次还是忍不住。"在很多家庭，亲子战争一触即发，焦虑情绪就像一种有毒气体，无处不在。

这种焦虑从何而来？北京理工大学教育研究院教授杨东平表示，这种状态起源于一种"群体性恐慌"，"中国的家长，尤其是城市的家长中，正蔓延着一种群体性的恐慌，他们总是害怕自己的孩子落在别人的后面，输在起跑线上。"

起跑线上的竞争，累死家长逼疯孩子。

"今年开春以来，我接到4例因学习压力太大而想死的学生，两个小学生，一个初中生，一个高中生。"韩美龄语气沉重地告诉记者，"压力主要来自两方面，学校和家长，这些孩子的家庭通常亲子矛盾很突出。"她表示，在这些孩子的口中，家长的形象就是"喋喋不休地抱怨""没完没了地唠叨""挑剔""打骂"等，"很多孩子有明显的考试焦虑症，有些孩子出现幻觉，抑郁自闭，有自杀倾向；有的出现心理倒退症状，20出头还像一个八九岁的孩子，还有严重的已经患上精神分裂症。"

据了解，来到美龄心理咨询中心求助的有心理问题的孩子数量正在逐年上升，这些孩子所说的很多话令人听起来非常痛心："有次举办亲子心理沙龙，我坐在一群孩子中间，问他们有什么烦心事。'我的压力好大啊！'一个8岁的孩子脱口而出。'我感觉活着没什么意思……'这句话出自一个3年级小学生之口。'我害怕自己考不上重点初中，我不知道该怎么办？'一个小学6年级的孩子接着说。'如果考不上名牌大学，以后就很难找到好工作。找不到一个好工作，我这一辈子不就完了吗？'说这话的高三男孩已经出现典型考前焦虑症。"

"听孩子们说出这样的话，就可以知道平时父母是怎么对他们说的，孩子的焦虑情绪很大一部分是家长灌输'传染'的。想想当今的孩子，不到1岁开始识字，刚会说话就背唐诗、学外语、学算术，两三岁开始学乐器，四五岁开始学小学课程……这是绝大部分当今孩童正在经历的生活轨迹。父母总是担心孩子输在起跑线上，以为输在起跑线上了，孩子的这一生就完蛋了，他们在孩子还没有能力起跑的时候就开始自己先焦虑紧张了，当孩子稍微有些能力，更是拼命地给孩子填充，最后孩子承受不了，崩溃了。"韩美龄向记者分析。

"精神暴力"，往往以爱的名义进行。

中国青少年研究中心副主任、教育专家孙云晓一直在关注青少年精神健康问题，他告诉记者，至今也无法忘怀一个 13 岁的宁夏小女孩，小女孩在小学毕业典礼的当天上吊自杀了。她的爸爸妈妈看到孩子的遗书时悲痛欲绝。孩子写道："爸爸、妈妈，我是个差生、我没考好，我上不了重点中学，我死了，可以给你们省 10 万元。"

这 10 万元是怎么回事呢？原来，这 10 万元是上重点中学的择校费，家长曾经和邻居议论这些事情，说一个认识的孩子没考上重点中学，是花钱上的，6 年大概要花 10 万元，表示很贵。孩子听到了，负担越来越重，最后承受不了这种恐慌选择了轻生。"什么是童年恐慌？童年恐慌就是，儿童由于面临巨大的压力，不能理解、不能承受，而产生的一种焦虑。而这种恐慌正在越来越厉害地在未成年的孩子中弥漫着。"孙云晓说。

在美龄心理咨询中心，这样的故事随处可见。15 岁的小程最近半年来时常出现胸闷、心痛、喉咙被掐紧感、呼吸困难、有窒息感，去医院检查多次，各项生理指标均属正常。心理咨询师和小程聊过之后，才发现他的身体不适来源于解不开的心结。

这个阳光帅气的男孩，一直是家长和老师心目中的好孩子，去年 6 月，初中升高中考试，他自己感觉平时成绩不错，考重点高中有把握，但考后实际分数与自己估分相差 20 多分，以致考重点高中落榜。为此，家长为他上重点高中掏了一笔不小的择校费。"我想不通为什么考分和平时成绩会差距这么大，平白让爸爸妈妈多掏这么多钱，我真没用！我觉得对不起他们，辜负了他们的期望，还给家里带来了这么大的家庭负担。我很想好好学习，可越急越学不好，成绩不升反降，整天惶惶不安的，好像有什么大事要来临……"小程因为心理受到极大挫伤，导致出现了各种生理反应。

"很多家长对孩子的摧毁是用爱的名义在进行。"韩美龄表示，他们为孩子付出了金钱、时间和精力，甚至完全牺牲了自己，然而越付出越焦虑，即使不像那名杀死儿子的妈妈那样直接使用暴力，但是冷暴力和精神暴力在更多的家庭存在。"家长经常告诉孩子，自从有了他，自己连电影也没看过，为他操碎了心，都累出病来了，甚至还要具体说出自己身上的哪种病是由于他造成的，或者说，如果不是为了照顾他，自己早就在事业上有大发展了……"这些逐渐成了压在孩子身上的沉重负担，最后一根稻草最终把孩子压垮的时候，"家长就成功地用爱把孩子亲手毁掉了。"

美国OpenAI公司仅花105天的时间（2022年11月30日—2023年3月15日）让GPT-4上线，同时淘汰了ChatGPT-3.5。这是人工智能领域的iPhone2.0时刻，在这次GPT的升级过程后，公益教育机构已经在使用GPT-4开发自动化教师体系，这可能从根本上改变现代人才培养体系。在人工智能行业有句笑话，人工智能的背后其实是人工，这个人工不仅仅是模型专家，还包括商业化专家、产品专家、先进技术的领导者等。OpenAI公司以及其背后的微软云、英伟达早已形成一个立体的人才体系。在人工智能时代，中国家长更应该做出一些改变。麻省理工学院的埃里克·布伦乔尔森（Erik Brynjolfsson）和安德鲁·麦卡菲（Andrew McAfee）在他们的《与机器赛跑》（电子工业出版社2014年9月版）一书中提到，我们中小学训练最多的死记硬背、心算、重复同样难度的刷题等能力，说到底就是培养按照一定工序、墨守成规的执行能力而已，这早已被人工智能淹没。人类的历史从来都不是人和工具之间的搏斗，而从来都是人+工具替代人的演变，传统的"鸡娃"教育模式已经全面落伍，孩子的个性和特长的培养会比以往更加重要。另外，新时代的动手能力，就是配合基础科学以及美学素养让孩子从小开始锻炼使用现代工具辅助学习的能力愈发凸显重要。

3. 起跑线不能输，这种话说出来恶毒

教育，不只是固有的知识传给下一代，更重要的是启发他们，独立思考，做发光的自己。

在中国，太多的父母在唯分数论，对孩子说，只要学习好，你想要的一切都会来到。听起来是对的，事实真的是这样吗？

2020年5月6日晚6点，西安一名9岁的小女孩，因为无法按时完成老师布置的作业，从15楼跳下，自杀身亡。

当天老师要求所有同学完成一篇一页半的作文，下午5点上交。到了4点半的时候，小女孩给出门工作的妈妈发语音，说自己只写了一页零一行，害怕5点钟无法完成作业。当时这位母亲并没有太在意，只是在语音里劝女儿尽快完成。

等到晚上6点，爷爷从楼下倒垃圾上来，推开孙女卧室门发现里面没有人，随即看到了留在桌子上的遗书，才惊觉孙女跳了楼。

女孩的"遗书"只有寥寥几字，她写道："妈妈对不起，这是我的决定""为什么我干什么都不行"。

一个尚未绽放开来的未成年孩子，以结束自己生命的方式来表明自己的态度，对成年人来说，宛如一记响亮的耳光。当雪崩发生时，没有一片雪花是无辜的。花朵般的孩子真的知道自己在干什么吗？成年人总爱用自己的思维去要求孩子的行为，不符合成人的逻辑就是政治不正确，但是成人从来没有和他们共情，又怎么会了解他们想表达的是什么。

打开新闻，层出不穷的类似新闻触目惊心：

2019年4月17日，在上海卢浦大桥上，一名17岁高中男孩从桥边纵身跳下，桥上只留下痛哭捶地的母亲。据死者母亲反映，儿子汤某在学校与同学发生了矛盾，被老师告知了家长。母亲得知此事后，在接儿子回家的途中对其进行批评。男孩与母亲在车内发生争吵后一时激动，打开了车门，直奔桥边一跃而下，没有任何思考的动作。

2020年8月22日，四川泸县一名15岁女生从25楼跳下，父亲在楼下试图营救女儿也被砸伤，两人均抢救无效。事发前，女孩曾在QQ空间发消息说"世界，再见……"。

2021年2月18日中午，江苏扬州一名11岁女孩疑因假期作业问题与母亲发生争执，一气之下打开家中窗户，从19楼跳下。待家人从楼上跑下时，女孩已经躺在血泊中一动不动，父母顿时瘫坐在地，哭声响彻整个小区。120急救车到场后，医生检查发现女孩已经全身粉碎性骨折，且无呼吸心跳。

2021年5月9日傍晚，四川成都第四十九中16岁学生小林从知行楼高空坠落，在医生赶来时已无生命体征。他右侧裤包内遗留的一张纸条上写着"最近几乎每周哭三次，上过天台，割过腕……"。

2021年11月9日，江西11岁男孩宽宽跳楼身亡，27字遗书指认"凶手"："本人的死不与父母、家长、社会有关，只和邹某有关，她使用暴力手段。"邹某，就是男孩宽宽的班主任。

后来在警方协助下，家长调出了教室监控。发现出事那天，孩子多次被班主任批评。其中一段视频显示：班主任邹某，当着其他学生面说宽宽："你脑子笨死了！""你没有脸没有皮是吧？"在老师的语言暴力之下，小男孩选择了跳楼。报复老师的同时，更结束了自己的生命，把痛苦永远留给了最爱他的亲人。

中国青少年自杀率与日俱增，是家庭的悲哀，也是社会的悲哀。

透过这些事件，我们不仅看到了孩子们身上的压力、焦虑，更看到了横亘在他们和家长与社会之间的沟壑。不少家长对孩子的抚养，可能仅仅停留在了外在身体和物质条件等浅层次照顾与抚育上，从未走进过孩子的内心和他 / 她的精神世界，从未去了解一个逐渐成长并开始拥有自我人格的"人"，需要的究竟是什么。

在这些本应该令人反思的新闻下面，依旧有不少的陈年论调："现在的孩子，受挫力太差，我小时候比他们苦多了，怎么没想到去死。""有啥想不开的非要寻死，父母养育之恩如何还？""心理承受能力太差，一点事情就要死要活，这是病，得治。"是的，让孩子走上极端的，有脆弱，有挫折，更有家长"出类拔萃"的期待和"望子成龙"的目标，它们如同一片巨大的乌云，黑压压地笼罩在孩子们的心头。孩子的一切问题，都能从父母身上追溯到根因，"生病"的不是孩子，而是家长。家长需要做的事情就是不要用自己那些顽固不化的、上一代人的虚荣心去绑架孩子的选择、孩子的未来，给孩子一个自由生长的空间，让孩子去做自己喜欢做的事。一个人只有在相应的空间来做自己喜欢做的事情，才能够获得人生的幸福，才有可能做得更好。

北京大学儿童青少年卫生研究所曾历时 3 年多对全国 13 个省份约 1.5 万名学生做的自杀现象调查分析显示：每 5 个中学生中就有一个曾经考虑过自杀，6.5% 曾为自杀做过计划。

我国 2013 年中小学生自杀情况统计数据表明，导致中小学生自杀的主要原因并不是心理障碍（也称为心理疾病），而是教师行为失当、学业问题、亲子关系问题以及冲动行为。也就是说，心理热线和精神科医生干预虽然重要，但绝大多数的自杀是完全可以通过关注并尊重孩子们在日常生活中的真实感受而避免的。

另外，13 ～ 16 岁青春期孩子对剧烈情绪异常敏感。当父母和孩子发生冲突时，那些成人觉得无大碍的话，在孩子的耳朵里，这些声音会被放大很多倍，听起来极为刺耳。这也造成由冲动引起的自杀在青少年期间频发。这不是"玻璃心"，而是孩子们真实的感受。如果被尊重、被看见、被理解的心理寻求得到满足，所有的悲剧都可以避免，父母应永远成为最后那根救命稻草。

研究发现，"求死的欲望"来自"累赘感"以及缺乏归属感。如果有成就感，人就会觉得自己有价值，不会觉得是"负担"；如果和周围的人有亲密的关系，就不会缺乏归属感。

这也是为什么美国国家学校心理学家协会（NASP）把家庭的支持和融洽的亲子关系列为提高青少年抗挫折能力的第一条，因为良好的家庭关系和亲子交流会增强孩子的"归属感"，温暖的家永远是孩子力量的源泉。

在孩子的生命中，哪怕只有一个人跟她有这种生命的联结，让她有归属感，那么在关键时刻，这个孩子都不会感到完全的无助。孩子可能处在不同的风险因素中，但只要没有达到上面两点，就不会走到最后一步。作为父母，我们能做的是让孩子永远能够从我们——他／她的父母这里获得那最后一根救命的稻草。

如何与孩子建立保持这种生命的联结呢？日常交流中，请家长尽量用同理心理解并接纳孩子的感受，日积月累的安全感才能在关键时刻发挥作用。当孩子遇到困境心情低落时，不是一味地鼓励，"没事的，站起来，加油，你可以的"，而是默默地握住他的手，让他知道你此刻的感受我们懂，不论发生什么我们都会和你在一起。

父母对孩子感受的尊重、不带附加条件的爱，才能赢得孩子的信任，让孩子在关键时刻（哪怕自己犯了很大的错误）仍然知道还有我们。做父母最重要的就是永远都要和孩子站在一边。

当下，"双减"工作正轰轰烈烈地展开，这是一项涉及众多利益群体的系统工程，家长和社会均是做好"双减"工作的重要责任主体。营造良好的社会育人氛围，统筹学校、社会、家庭力量，真正形成相互理解、支持的三位一体的育人格局，才能确保治理效果的最大化。

不过，笔者认为，在减轻家庭教育支出和家长相应精力负担的同时，对父母的要求还应该再加码。家庭环境的实质是亲子之间的信任关系。在家庭教育中，信任是前提，教育是手段。家庭教育，是一门科学、一门艺术，也是对父母提出超高的标准。

生命中挫折和压力永远都会在，想要驱赶黑暗，不是要把黑暗挪开、移除，只需要让光照进来。

近年来，一直有一个说法传得很凶，阶级在固化，以后寒门再难出贵子，富人越富，穷人越穷。不少家长想让自己的孩子在这个时代杀出一条血路，成为人上人（笔者坚决反对这种观点，人与人之间应是平等的），一直鞭策孩子，不能休息，不努力怎么实现目标。

但是，阶层是怎么定义的，大部分家长有想过吗？是按照收入的多少，权力的大小，还是地位的高低？大部分家长这么多年都没想明白的事情，怎么能要求孩子去实现你们自己的愿望。有的孩子不喜欢争权夺势，就喜欢平淡过一生，这在大部分家长眼里就变成了"没出息"。真正的没出息是自己碌碌无为，却又对得不到的东西蠢蠢欲动，想要上前却又没能力，一直踌躇不前，一辈子在渴望与失望中徘徊，在别人的眼光中萎靡不振，在自己的欲望中死死挣扎。

那些明白自己想要什么，并为之付诸行动的人才不是没出息，他们是比别人活得更加通透，更加地忠于自己，是提前掌握了生活的精髓，毕竟"人"才是立世的根本。

作为父母，90%的痛苦，都源自无法接受孩子的平庸。我们缓解痛苦最常用的方式，就是不停地要求孩子，定出更高更远的目标。希望孩子样样都行，事事都强。成绩要好、外语要溜、舞蹈、音乐、跆拳道最好样样精通……大部分人前半生朝着一个叫"成绩"和"优秀"的目标努力，等到真正需要自己掌控人生的时候，却发现无能为力。

赢在起跑线就是一瓶毒药，人生不是百米冲刺，而是长达几十年的马拉松，前面活得委屈，后面怎么能赢得漂亮？

【镜头 12】易中天在一次访谈中讲道：

我是观点很明确的，旗帜鲜明地反对励志，旗帜鲜明地反对培优，旗帜鲜明地反对成功学，旗帜鲜明地反对望子成龙。我的口号是望子成人！不是成龙。

龙其实是没有的，龙是虚构出来的，虚构出来吓唬人的。它在古代叫皇上，那么正因为皇宫里有一条龙，全国各地遍布的是地头蛇，地头蛇就叫小龙、小皇上。我们这个民族吃皇上的亏还不够吗？你还在整出地头蛇来（干）吗？所以要望子成人。那么成人呢，我有4个标准：第一叫真实，第二叫善良，第三叫健康，第四叫快乐。8个字，真实、善良、健康、快乐。达到了这4条，就成人了，至于他将来从事什么职业，在什么行当，拿多少钱，全是次要的。那么这4条我要解释一下：

第一真实。有人跟我说，不可能。你在这个社会你能全说真话？而且小小的年纪就开始（教育不说真话）。我看到一期电视节目，怒不可遏，一个幼儿园的，北京，哪个幼儿园我不说了。幼儿园的一个小女孩，扎着两根小辫，摇着脑袋（上台讲话，第一句就是）：尊敬的各位领导、尊敬的各位来宾，在各级领导的亲切关怀下，在什么什么之下，一口气说了4个之下。我请（大家）各位将来做主持人，上来第一句话，能不能不是尊敬的领导。你们可以去查，我的所有的录像，我在任何图书馆和市民讲堂，第一句话是，尊敬的市民和读者。绝对没有领导，领导算什么，对不对？我在某一个市做演讲，也是市民演讲，他们安排是，中间坐的是各个厅局的干部，然后市民坐在周边。当时就有一个市民起来提问就说，易老师你看，这样的安排你认为公平吗？那个主持人脸都吓白了，说这个问题不能回答，我说为什么不能回答？但是我不能替人家道歉，对吧？我就对那个提问的市民说，（我说）谢谢你的提问，我个人理解，主办方这样安排，是认为领导干部更应该参加学习。

还有人说，那你能做到只说真话，不说假话吗？我说，你也能做到。我教你一个办法，这个办法是康德说的。康德说："一个人所说的必须真实，但没有义务把所有的真实都说出来。"如果你觉得某个真话说了以后，对你是不利的，你可以不说，你可以保持沉默，你可以烂在肚子里，但是你绝不说假话，最后你说出来的还都是真话。

第二条标准是善良。善良不是天天上街学雷锋，不是像周立波说的，每（那）天到了这个学雷锋的时候，（大家）小学生都到斑马线上去扶老奶奶过马路。有一个老太太过了一上午的马路，因为扶过去，又被扶过来了。善良不是这个意思。善良就是一条底线，叫恻隐之心，就是你不要无缘无故地伤害人家。如果是举手之劳就可以成全人家的，你就成全人家。随便举个例子，（旋转门就是）弹簧门，酒店的弹簧门，你进去的时候回头看一眼，后面有没有人，你不要进去的时候，手一放。嘭，门弹回来把人家摔一跟斗。这个可以做到吧？这包括你的善良。

第三就是健康。健康包括身体健康和心理健康（笔者注：健康还应该包括社会功能的完好状态。）。

第四是快乐。我们现在的孩子太不快乐了。有一句话非常恶毒的话，叫作不能输在起跑线上。这句话我对它的评论是两字：恶毒！什么叫起跑线？起跑线其实是一样的。娘肚子生，出娘胎就在起跑线，终点线也是一样的，火葬场。有啥好比的，对不对啊？而你的童年、少年、青春是永远回不来的。就算你为了所谓的不输在起跑线上，你拼搏了一生，到了晚年，你回首，你人生无悔吗？悔不了啦，回不去啦。拜托各位家长，给你们的孩子快乐的童年吧！

如果还有所谓的起跑线的说法的话，那么易中天也是输在起跑线上的。1947年2月8日，他出生于湖南长沙。6岁随其父易庭源来到湖北武汉，并在武汉开始接受教育，在武汉度过小学、初中、高中时期，后来因为"知识青年上山下乡"活动，到新疆当知青数年。1965年，高中毕业的易中天受苏联小说《勇敢》的影响，自愿报名支援新疆，从那时起，在新疆生产建设兵团农8师150团工作、生活了10年。1975年到1978年，在新疆乌鲁木齐钢铁厂子弟中学任教。

1978年，适逢国家恢复研究生招生，易中天经过3个月的备考，考取武汉大学中文系中国古代文学专业研究生。1981年起，任教于武汉大学中文系。1992年起，任教于厦门大学人文学院中文系。CCTV-10《百家讲坛》节目著名讲师。

看看前面所述的一个个孩子的悲剧故事，就不难理解易中天对"不能输在起跑线"这句话评价为"恶毒"。

任何教育的进步都是极其艰难和缓慢的，与其期待国家的教育变革，不如期待学校教育的改善；与其期待学校教育的改善，不如从家庭教育的改进做起。

孩子的未来不是掌握在学校，而是掌握在父母手中。

作为家长，我们都希望孩子能真实做人，但又担心教孩子说真话，他将来会吃亏。易中天从真实的对立面来解读这个问题，他说，我的真实标准是不说假话。对于真话，你可以选择说，也可以选择烂在肚子里。假话从来不说。这样就能保留做人的真实。

要遵从孩子的天性，不断增强孩子从小说真话的自豪感，帮孩子一步步养成说真话的好习惯。真实变成一种做人的宗旨，孩子将来才是最有希望的。

易中天认为，善良的底线是恻隐之心，就是不忍之心，不忍心人家受到无辜的伤害，包括对小动物。所以不但不能行凶杀人，也不能虐待小动物。这是从道德层面说善良，就是做人至少要有恻隐之心。我们现在的孩子懂得什么是善良吗？他们不懂。他们只知道拾金不昧、助人为乐，但如果身边走过一个残疾人、农民工、环卫工，他们可能会嗤之以鼻，躲得远远的，他们对底层人缺乏最起码的尊重和怜悯！因为我们的老师家长整天给孩子灌输的就是：再不好好学习，将来就和他们一样没出息。善良的前提是不委屈自己，很多家长害怕孩子人善被人欺。

长沙梓园路路边的赖宁雕塑

善良的边界是自保。很多孩子都有英雄主义情结，会不考虑自身的情况舍己救人。其实对于弱小的孩子来说，善良是需要边界的，越过了边界，基本就等于自残。笔者在长沙梓园路的街头就看到这座赖宁雕塑。

15岁的赖宁所在的四川省石棉县一直都是火险区，由于环境的特殊原因，这里有着大片森林，也曾经发生过多起火灾。1988年3月的一个下午，赖宁和往常一样，做完作业就出门遛遛弯，但是刚出门就发现山上有火情，这火情要是蔓延到海子山，3 000多亩森林可能都要变成火海。

赖宁第一时间告诉了山下的村民，然后冲到山上救火去了。整个现场有很多人，救援部队也来了，大家齐心协力想要把火扑灭，但是山火一时间难以扑灭，火势越来越大，大家决定先把孩子们都送下山，然后继续忙着救火。但是大家没有注意到，赖宁并没有下山，而一直在山上救火，直到大家突然发现赖宁怎么不见了，发现他时，他已经遇难了。

15岁的赖宁就这样永远地离开了人世，他生前最后的事情就是与山火做抗争，保卫一方故土与村民。他的牺牲是壮烈的，但是他的父母也因此彻底失去了自己最疼爱的儿子，白发人送黑发人。

2009年，赖宁被评为"感动中国人物"，对赖宁来说，或者这算是以另一种方式活在世界上吧，他给人们树立了一个"好榜样"。他的父母也离开了这个伤心地，回到了自己的老家。

赖宁的事迹被写进了小学《语文》和《思想品德》教科书，后来又被移出了教科书，就是为了更好地保护未成年人，如果再有类似的事情发生，不提倡学习赖宁这样的做法，应该首先保护好自己，做一些力所能及的事情便可，比如说发生类似的火情，要配合救援队的指挥，不能够为了救火不顾未成年人生命安全，一切都应该量力而行，不应该让其他小孩来效仿这种行为。

现在的孩子普遍缺乏运动，因为要拼命地学习，根本没时间玩。小胖墩、近视眼的比比皆是。现在的孩子心理疾病实际更严重，只是没人愿意承认罢了，看看跳楼自杀的孩子是不是越来越多呢？孩子承受力差，不愿面对挫折，小小年纪可能就有抑郁症。人们只关注成绩，谁真正关心过孩子的健康？如果用近视800度换取一个985大学，估计家长个个愿意。

易中天的话可能很多家长并不认可，但作为家长，对这些话不能没有一点触动吧？我们的社会不知道从什么时候起，开始不断贩卖鸡汤，要立志、要培优、要成功、要成龙成凤，不然你就是一个失败者，不断地给家长制造焦虑。

全社会都在抢跑，都在践行那句"不能输在起跑线上"。幼儿园小学化，小学中学化，中学大学化。不知道再过几年，是不是中学的孩子都要学大学知识了，这真是我们所期望的教育吗？

教育牵涉到子孙后代，牵涉到国家命运。易中天说：成功不成功，是否出人头地，是否光宗耀祖，都不重要，重要的是你是否快乐。

易中天对孩子教育的主张是，真实、善良、健康、快乐，再加一技之长。笔者在授课解释易中天所说的"一技之长"的时候，经常秀一下自己的头发，那都是自己给自己理的发。18岁的笔者就自学会了理发，如果实在没有工作了，那么笔者可以摆地摊，靠理发手艺养活自己。

陕西郑远元的小小修脚房修出亿元大产业。郑远元 14 岁走出大山，从摆地摊起步，凭一双手和坚定的信念书写出彩人生的"草根"传奇。

1983 年，郑远元出生在陕西省紫阳县的一个贫困农村。他是家里最小的孩子，上面还有一个哥哥、一个姐姐。小儿子的诞生并没有给这个贫困家庭带来多少欢乐，反而让生活更加窘迫。父母守着两亩薄田务农，哥哥在煤矿打工受了伤，家里已经快揭不开锅了。郑远元 14 岁初中辍学外出打工，带着 100 块钱只身到四川达州投奔姨父，为了学门能养活自己的手艺，便跟着姨父学起了中医修脚的手艺。郑远元当时最大的心愿就是能有一技之长，能自己养活自己，不给家里添负担。在学手艺的同时，郑远元还得琢磨怎么填饱肚子。于是他开始去餐馆洗碗打杂维持生计，曾一度当上月薪 2 000 元的厨师长。其间，他还学过杂技，考上四川省文化艺术杂技团，但因交不起学费而放弃。

由于郑远元学习刻苦、努力，5 年后他已全部掌握了中医修脚的手艺。2002 年，已经出师的郑远元来到与达州相邻的陕西汉中。没想到，在这里郑远元登门求职却屡屡被拒之门外。无奈之下他在汉中市汽车运输公司门口摆起了修脚摊。无人问津不说，很快还被人赶走，摊位挪到虎桥路口后，郑远元"否极泰来"，地摊从早上 10 点一口气摆到了晚上。修脚一次 3 元，有时候一天就挣了 120 块钱！这是他最难忘怀的"第一桶金"。

2007 年，郑远元注册成立集团公司，创立了品牌，创办了培训学校，吸引加盟商。2022 年公司在全国 30 个省（市区）开设门店 6 520 家，员工 58 680 人，带动众多贫困乡亲们走出大山，用勤劳和智慧走上富裕之路。

郑远元用自己的实际行动诠释了易中天所说的"一技之长"的重要性。

三、期望值过高，自寻烦恼

没有期望，一个人的生活可能就没有希望，但一个人的期望越大，他的失望可能也就会越大。当然不一定所有的希望都会成为失望，希望是由于心里的渴望，有了渴望就会去实现，实现不了，那就成为失望。

1. 学会放弃

在人的一生中，不可能什么都得到，所以应该学会放弃。学会放弃，是一种人生哲学；敢于放弃，是一种生存魄力，更是一种良好心态。正所谓有所弃，才有所取；有所弃，才有所为；有所为，必须有所不为。放弃是一种智慧，更是一种勇气。放弃有时并不代表着单纯的退却；适时放弃，是为了获得更多。暂时的退却并不意味着失败，它往往意味着人们拥有了另一条通往成功的路。

放弃，不是退避，而是一种储蓄，储蓄更大的力量。放弃那些不切实际的幻想，放弃盲目的欲望，放弃所有应该放弃的东西，就会获得更多，拥有更多。人生就是这样，人的一生难免会有一些挫折，学会放弃，或许也是最好的选择。放弃，不等于懦弱，而是为人处世的态度与技巧。所以，当与风雨不期而遇时，不必要逞强好胜，学会利用放弃，迂回进攻。

笔者在做心理咨询的时候，经常用到认知重构法进行心理调适。最经常跟来访者说的就是：要学会选择放弃，放弃过去的未能得，放弃现在的求不得，放弃未来的不可知。孩子明明不是考 985 高校的料，干嘛非得有这样的期望值，考个 211 高校也没有什么不好。孩子明明不是考 211 高校的料，干嘛非得有这样的期望值，考个一般高校也没有什么不好。孩子明明不是考普高的料，干嘛非得有这样的期望值，考职高也没有什么不好。拿读职高来说，很多家长心里就过不了这道坎，总想着为了孩子好，千方百计要孩子读普高，千军万马过高考独木桥。笔者就劝告过不少家长，孩子成绩没有到普高录取分数线，就别削尖脑袋挤进普高，读职高也是不错的选择。实际上，从就业来看，职高毕业生的就业率远比本科毕业就业率高，收入也不低。男孩子读个职高调酒专业，往往还没有毕业，用人单位的订单就到了学校。读个职高汽车修理专业，有了一技之长，毕业在汽车 4S 店工作，一个月四五千元的收入基本上有保障。女孩子读个职高高铁乘务专业，毕业都是很抢手的，月薪也会有八九千元，读个空中乘务员专业，毕业后的工作月收入更不用说。很多大学本科毕业生，月收入都不如职高毕业生。何况职高还有对口招生的高职院校。笔者鼓励过一位家长，让他没能考上普高的女儿去读职高高铁乘务专业，那位女孩职高毕业后考取了高职院校，高职毕业后刚就业，月薪就有 1.2 万元。

2. 珍惜大学

家长焦虑烦恼，跟期望值高度相关。孩子要不要上早教班？要不要上兴趣班？选择公立还是私立幼儿园？要不要提前买学区房……上不了好小学，就上不了好中学；上不了好中学，就上不了好大学。那么，上了好大学又如何呢？

在"严进宽出"的管理体制之下，部分大学生在校期间"放飞自我"，通宵游戏、逃课挂科、睡懒觉、喝酒追剧……葛优躺得都没他们爽；一些高校和教师考前划重点、开卷考试、纵容作弊、设置"水课"送学分，甚至还实行"清考"制度，"只要上了大学就肯定能毕业"几乎成为一条"铁律"。大学生四五年本科"躺"过，必然导致学校学风每况愈下，教学质量停滞不前，高校办学陷入"恶性循环"；部分毕业生不但专业知识不扎实，还养成了懒惰散漫的习惯，蹉跎了岁月也迷失了自我，这不管是对大学生本人及其家庭来说，还是对国家和社会来说，都是极大的损失。

本科生是这样，那么研究生呢？2014年9月16日下午北京人民大会堂92岁高龄的国家科技最高奖得主、中国科学院院士和中国工程院院士吴良镛一手拄着拐杖，在工作人员搀扶下，一步步缓缓走上人民大会堂报告台，坚持站着35分钟作题为"志存高远，身体力行"的报告，台下6 000多名新入学研究生睡倒一片。笔者估计，可能是人民大会堂对手机信号进行了屏蔽，要不然这些研究生可能不会睡觉，而改"看手机"。笔者找出吴良镛的《志存高远，身体力行》报告原文，虽然内容不是"激动人心"，但只有35分钟，研究生就不能坚持了吗？

2011年6月28日《广州日报》登了王石川的《北大该以富豪还是大师为荣》文章。大学之大，不在于出了多少个富豪，而在于出了多少大师；有风骨的大学，不仅不拿富豪往脸上贴金，还拒绝富豪染指。

"木秀于林，风必摧之；堆出于岸，流必湍之；行高于人，众必非之。"在任何一个领域，行业之翘楚大抵总是格外受到人们的关注，自然也容易招致非议。在中国的大学中，北大和清华是其中的"佼佼者"，自然也逃不脱这命运。虽然作为同时在北大和清华担任教学的笔者对王石川的文章不敢苟同，但这也反映出对精英教育价值取向的一些担忧。

当然，大学里也有不少像俞敏洪和笔者女儿那样的人，自强不息、顽强拼搏。也有部分学生在大学仅仅是为了混个就业的饭碗而已。其实，在大学往往能拉开人生马拉松长跑的距离。

母校北大是很多学生的梦想校园，如果能够进入北大的校园，那么十里八乡都会知道，成为邻居口中别人家的孩子，北大是中国数一数二的高校，而北大的好不仅仅是学术方面，在生活方面也是可圈可点的。

不久前，有条微博火上了热搜，是说北大的食堂有多么的便宜且好吃，话题一出现就引起了众多网友的好奇，纷纷点击进去查看，结果众多网友直接被秀到。北大食堂仅是早餐的种类就非常多，油条、面包、肉龙虾饺皇……各种小菜应有尽有，价格也是极低，小菜最便宜的只要 1 毛！学生拿了一个鸡蛋、4 根油条还有一大碗老北京豆腐脑，总共才花费了 3.3 元。而且据说北大一共有 9 个食堂，西餐、中餐、清真餐厅，应有尽有，每天都有近 600 种菜品，价格也都是非常便宜，比如一顿午餐：青菜炒土豆、超大鸭腿、大碗椰汁西米露、发糕，只花了 6.5 元；北大出名的炸鸡腿套餐饭，仅仅只要 7 元。而家园食堂的就餐环境，更是好得令人羡慕，有充满高级感的沙发椅，简直就是星级餐厅的标准。食堂 4 楼还摆放着一架豪华钢琴，总有人上去弹奏一曲，还有机器人送饮料……

可是，北大的很多学霸，却仿佛根本不把食堂便宜好吃的饭菜当回事，站着就能随便对付一餐。其他食堂的环境再好，他们最经常选择的是座无虚席的燕南食堂，即使经常没位置只能站着吃饭。原来，这就是北大出名的"站饭文化"。在燕南食堂里，经常会看到学生见缝插针地站在各种能站的地方。然后端着一个铁盘子，快速地扒拉饭菜，可能 5 ~ 10 分钟就吃完一份饭。不光学生，甚至你经常会看到某个领域的泰斗教授，也是低调地混入学生中间，一边站着吃饭，一边聊着研究项目。而他们这样做的原因只有一个：因为燕南食堂离图书馆最近，而北大午休的时间相对来说比较短，所以很多人就会通过站着吃饭，来节省一些时间回图书馆、自习室、实验室之类的地方继续学习。在这些学霸的价值观排序里，如饥似渴地汲取知识，永远比其他事来得更重要。

就像北大数学科学学院研究员韦东奕，常年衣着朴素、不在意外表，醉心于数学研究的时候，甚至用 3 个馒头就算对付了一餐。常年用破旧的矿泉水瓶子装水，用一个月坏了之后再换另一个矿泉水瓶。而他的宿舍、办公室更是简陋至极，不看电视不用微信，只爱听收音机。一个月生活费甚至不超过 300 元，可以说对物质的欲望基本为 0。在他的世界里，只有数学能让他如痴如醉。吃饭只是为了填饱肚子，更多的愉悦和满足感，只能从精神食粮中获得。在网上看过这样一段话，深以为然：清华北大之所以广罗英才，也就是因为有两种人的学习动力配得上这两所高校。一种是对民族故土的强烈认同，对历史责任的深切担当，对家国命运的不尽同情；另一种是纯粹的、无尽的、虔诚的求知欲，在知识之海前寻找贝壳的孩子们。

看了在北大食堂站着吃饭的学生们，以及像韦东奕这样的，你会知道，有些人，即使他们的自身智力条件已经优秀到考进北大这样的顶级学府，但他们对学术的热爱是永无止境的。哪怕可以节省一点时间，哪怕节省下来的时间只够做一道题，他们仍愿意为此舍弃掉其他快乐。正像青年作家李尚龙所说：就像一个天天在家睡觉的人，永远不知道在跑步机上的人有另一种幸福。有时候，那些每天都像打了鸡血的人，不是天生和别人不一样，只是因为他们一直在用一颗求知和求新的心活着。

厉害的人，注定会厉害。为什么呢？因为能带给他们快乐的事情，真的和普通人不同。低级的快乐，通过放纵就能得到。你躺在沙发上吃薯片，刷一整天的整活短视频，很快乐。高级的快乐，通过克制才能得到。你做着那些看上去枯燥、乏味甚至有点煎熬的事情，比如学习、健身，常常没几天就难以坚持下去。而厉害的人，却对这些枯燥的事情甘之如饴。他们在做这些事情的时候，往往能获得"正反馈循环"：在评估中取胜 → 获得快乐奖励 → 自身能力更强 → 下次评估时更容易取胜。就像美国趋势专家丹尼尔·平克（Daniel H. Pink）在《驱动力》（中国人民大学出版社 2012 年 2 月版）一书中写道：人的驱动力分为 3 种：第一种驱动力：来自基本生存需要的生物性驱动力；第二种驱动力：来自外在动力，也就是奖罚并存的萝卜加大棒模式；第三种驱动力：来自内在动力，即内心想把一件事情做好的愿望。如果一个人只有第一种驱动力，也就是只想获得低级的快乐，那人和动物往往就没什么太大区别了；而第二种驱动力是外部的，人无法控制，所以常常容易受挫。只有第三种驱动力，才能让一个人进入"正反馈循环"中，获得源源不断的满足感和快乐。厉害的人之所以厉害，是因为他们做事的驱动力都来自内心，他们真心实意地喜欢自己正做的事。对他们来说，不断学习、研究、解题、获得智慧的过程，就像玩游戏升级打怪一样有意思。如果你现在还达不到这个层次，没关系，可以先从培养兴趣开始。找到你真正热爱的事业，尝试获得"正反馈循环"的乐趣。

希望这个北大"站饭文化"现象能让家长和孩子有所启迪，珍惜大学。

共青团中央发布《致还在沉睡的大学生：你不失业，天理难容！》质问当今的大学生。

不少国人认为，美国的教育都是"人性化"的，教育方式和观念都"以人为本"，都是让学生一边玩，一边学，一点也不痛苦，学生有很多课外业余爱好。总之一句话，他们是非应试教育，中国是应试教育。在好多人眼中，美国人都不怎么爱学习，学习很差，中国人去了就可以称王等。到美国大学访学以后，你会发现以前感觉的完全是扯淡的，美国的大学生学习刻苦程度是很多中国学生根本不能比的。

美国大学老师每周都会给你留一大堆作业，你在下周上课前要交上来，如果有不会的，你要在交作业前自己去问老师。如果到交作业时还没有问老师，因为不会不做或者做错了，那么你就要承担这个责任，老师不会因为你实在不会就手下留情的，你的作业就会被扣分。每次作业老师都会记录，最后一起给你算总成绩。美国大学期中考试都不止一次，有的课是两次，有的课是 3 次，加上期末考试，基本上每个月每门课都会有一次考试。这考试频率，这在中国的中学感受过，不过那个叫月考，或者小测，不计入最后成绩，因为最后要看你的高考和中考成绩。而美国这些考试基本上是真正意义的考试，占 20%，作业占 20%，没有轻重，而且所有的这些平时成绩最后折算成的总成绩会跟你一辈子，找工作时，用人单位会让你出示所有高等教育的平时成绩，因此你哪次都不能马虎，包括作业。在这样的环境下，即便你有"躺过"大学的心，也没有这样的胆。

美国真实校园生活，整个就是一个中国理想中的"学霸"的聚集地，美国学生学习的场景，只有在中国励志电影里才能看见，而中国的学生，却在现实生活里只会模仿美国电影里"忽悠"其他国家的东西。

3. 大学超车

每年高考都有"考砸了"的考生，有的本应上985的，后来上了211，或者本应上个好专业的，后来上了个冷门专业，对于这些考生而言，应该充分利用大学四五年时间，实现"弯道超车"。要实现"弯道超车"，是不容易的，要付出加倍的努力才可以。方法有两种：一种是转专业，一种是考研。

转专业一般都是到大二才可以，人数一般有限制，而且一般对成绩有要求，不是想转就可以转的，这些事前一定要了解清楚学校是如何规定的。另外转专业有的需要多学一年，毕业也要迟一年，要有这个思想准备。

考研也是另一种"弯道超车"，就是先认可被录取的学校或专业，然后通过考研，考到更好的学校或更好的专业，来个华丽转身。如果孩子没有考上自己理想的大学，其实是不必要复读的，通过大学本科期间的加倍努力是可以改变一切的。出国留学或者考取理想大学的硕士研究生，不就可以了吗？

1998年，北大保安张俊成通过自学考上北大法律专科，从保安逆袭为大学生，被称为"北大保安第一人"，由此拉开了北大"保安天团"的序幕。随后，慕名前来边求学、边工作的人越来越多，北大"保安系"逐渐成为一支具有传奇色彩的"学霸队伍"。据媒体报道，自1995年至2016年这20多年间，约有500名北大保安考学深造，他们中大部分人读了大专，少数读到本科，12人读到研究生。

不只在北大，全国多所高校都流传出保安逆袭成"学霸"的励志故事，这不是"神话"，是事实。

2012年，在大庆市东风中学从事保安工作的訾立，以620分的高分被天津大学录取；2015年，武汉轻工大学图书馆的4名保安，分别考取了华中科技大学、武汉理工大学、湖北大学和江南大学的硕士研究生；2016年，电子科技大学的保安张永辉历经17年学习，拿到了该校公共管理硕士的文凭。其实，不止保安，高校里的其他后勤人员也有逆袭的佳话。山西大学的楼管大姐自学4门外语，被哈尔滨师范大学录取；清华大学的厨师8年背诵5本英语教材，托福考了630分。改变人生的道路有千百条，如果你想努力，全世界都会成全你。这群逆袭的人，穿上工作服，就是普通的保安、宿管员、厨师，在工作岗位上尽职尽责；换上便装，就是各大高校的学子，在课堂与图书馆之间，为自己的目标和梦想，寻找发力的方向。知识改变命运。对这些逆袭"学霸"而言，学习是改变现有状态、完成华丽转身的捷径。

希望这些真实故事，能给对孩子期望值过高，自寻烦恼的家长一些启示，能给大学考得不太好的大学生一点激励。

有的孩子本科就读的大学是一所普通得不能再普通的高校。上大一的时候，身边大部分的同学都是挣脱出高考枷锁的飞鸟，渴望自由。大学对于他们来说，好像一个没有人管的"游乐场"，一进了"游乐场"的大门，他们便飞奔进去，奔向各自想要玩的游乐项目。大学里，笔者经常听到这样的话：本科学习逃课是正常的，不逃课是不正常的。他们参加各种各样的社团，又或者去光明正大地恋爱。只是，课本知识对于他们来说，只要不挂科，大学便是圆满结束了。

如果不是选择先玩耍，而是选择先苦练技能。如果从刚踏入校园的那一刻开始，就和图书馆紧密相连。总之，在学校里不是在教室的前排，就是在图书馆。这样大学加倍努力的孩子很可能如愿考上了名牌大学的研究生，去了想要的学校，过想要的生活。再后来，硕士毕业，可以找到了一份给应届生的 special offer，刚入职年收入就又远比其他同学高。

有人说，大学是一场长跑，这4年时光，有的人从一开始就踏上了其他跑道，也有人挤到了前面的队伍，是时间让大家变得不一样。明明一同起跑，却走向了不同的人生旅途，熬过的辛苦最后都换成了幸福。

遗憾的是，更多的家长给孩子的定位就是高考，以为高考考上大学就万事大吉了，这在一定程度上，也助长了部分大学生混日子。殊不知，读大学才刚刚开始事业起步。

俞敏洪说：在大学里的学习，不能再以成绩为骄傲，应该骄傲的是在大学学会思想上的成熟、个人独立人格的发展、独立的思考能力或者推动社会前进的责任感，这些东西比成绩重要很多。在大学，要把自己从一个吃奶的孩子变成一个独立的顶天立地的人。

四、补习班内卷，孩子催熟

内卷，网络流行语，原指一类文化模式达到了某种最终的形态以后，既没有办法稳定下来，也没有办法转变为新的形态，而只能不断地在内部变得更加复杂的现象。经网络流传，很多高等学校学生用其来指代非理性的内部竞争或"被自愿"竞争。现指同行间竞相付出更多努力以争夺有限资源，从而导致个体"收益努力比"下降的现象。可以看作是努力的"通货膨胀"。

2020年12月4日，"内卷"入选《咬文嚼字》2020年度十大流行语。

1. 剧场效应

笔者前面两次提到"剧场效应"，这里来具体说明一下。

在一个剧场里，大家都在看戏。每个人都有座位，大家都能看到演员的演出。

忽然，有一个观众站起来看戏（可能是为了看得更清楚，也可能因为身高较矮），周围的人劝他坐下，他置若罔闻，求助剧场管理员，管理员却不在岗位。于是，周围的人为了看到演出，也被迫站起来看戏。最后全场的观众都从坐着看戏变成了站着看戏。

先站起来看戏的人在短时间内看得更清楚了，等到大家都站起来了，所有人看的效果和原来几乎相同。只是，所有人都成了站着看戏，所有人都更累了。所有人比原来付出了更多的体力成本，得到了和原来一样的（甚至更差）观剧效果。更悲剧的是，虽然大家都更累了，但不会有任何人选择坐下来看戏。因为，谁选择坐下来，谁就啥也看不到。

相反，还会有人开始站在椅子上看戏，引发更多的人也站在椅子上看戏。于是，一种空前的奇观出现了，某处的椅子不是用来坐的，而是用来站的。结果，破坏秩序的人没有得到持久的收益，而遵守秩序的人则是受害者。表面上，要怪那个破坏秩序，先站起来的观众，是他，首先破坏了秩序。实际上，真正的责任人，应该是剧场的管理员，毕竟，他是秩序维护者。

"剧场效应"正在中国教育泛滥成灾。中国多地教育被恶性失序绑架，在愈演愈烈中让人深深忧虑。"剧场效应"下的教育正在摧残文明：疯狂的作业、如潮的考试……

做法 1　不断延长的上课时间

学生每天应该有多长的学习时间？国家有规定，生理也有要求。然而，"剧场效应"却一再突破国家规定和学生健康的底线。

以普通人口大省的高中阶段为例，其逻辑演变如下：

第一阶段（坐着看戏）：

所有学校都按国家规定执行，比如一周上 5 天课，每天上 8 节课，没有早晚自习，挺和谐的。

第二阶段（个别人站起来看戏）：

突然，有个学校改成一周上 6 天课，每天上 10 节课，结果取得了较好的办学成绩。赢得了家长的好评和追捧。

第三阶段（所有人站起来看戏）：

于是，其他学校迫于业绩考评和家长的压力，也被迫跟进。一段时间后，学校都成了 6 天上课制。一个学校不守规则必然演变成所有学校都不守规则（除了那些自己放弃竞争的所谓"烂校"）。于是大家的办学时间达成了新的平衡。

第四阶段（站在椅子上看戏）：

某些学校索性失去下限，改成两周休息一次，加上早晚自习。更有甚者发展到早上 5 点起床，晚上 11 点才休息。于是，其他学校也被迫跟进。如此愈演愈烈，甚至有的学校 1 个月才休息半天，尽管骇人听闻，但比比皆是。尽管有部分学校迫于压力，没有完全跟进，但再也没有任何学校（尤其是重点学校）胆敢回到 5 天上课制、不上早晚自习的起始状态了。所有学校都退不回去了。

当大家都变本加厉地延长了学生在校学习时间后，所有学校在这个恐怖的节奏下达成了新的平衡：先延长时间的学校在一小段时间内取得一定优势（如某些县中），但随着其他学校的迅速跟进（市中、省中也在上课时间上"县中化"），这些先发学校的优势也逐渐丧失。各个学校与原来 5 天工作制的情况下比较，办学成绩和排序没有本质变化。

不同点是：所有学校、学生、教师都更累了，但得到的仍是原来那个排名而已。只是，谁也不敢再回到 5 天工作制，谁也不敢退回去了。

做法 2　愈演愈烈的应试与补课

上述举例说的一般是高中，对初中和小学，国家政策还是卡得比较严的，毕竟，对这么小的孩子们下手，大多公办学校还是略感不好意思的。于是，另一个替代品上场了：补习班。

第一阶段（没有人上补习班）：

班里同学们学习成绩有好有差，好在老师和家长们并未特别在意孩子们成绩好坏，几乎没有人会为了提高分数上补习班。这是起始状态。回顾 20 世纪 80 年代的学校，那时社会上几乎没有补习班存在。

第二阶段（个别人上补习班）：

突然，有同学利用周末时间补课，或者上补习班，或者找一对一的家教，短时间内提升了自己的成绩排名，引发了其他家长的效仿。

第三阶段（大部分人上补习班）：

于是，竞争愈演愈烈，别人上补习班成绩提升了，你不上补习班就相对落后。班级里几乎所有同学都上了补习班。结果大家的成绩排序又回到了起始状态。

第四阶段（追求名牌补习班和名校老师）：

上补习班已经不够给力了，需要上名牌补习班，找名校老师补习。"你家孩子报的哪个补习班？"已经成了很多家长聊天的中心话题。某些"名牌补习班"一位难求，一些"名校老师"更是炙手可热。更有补习班或老师违规宣传，拉大旗扯虎皮者有之，李鬼冒充李逵有之，坑蒙拐骗者也不乏其人。

过去是学习差的上补习班，现在是学习好的上补习班。为什么好学生也上补习班？因为别的好学生正在补习，正在变得更好，你不努力就会落后。至于学习差的，甚至连补习班也不收。

笔者就见过这样的补习班广告：

"您来，我们培养您的孩子；您不来，我们培养您孩子的竞争对手。"

好多补习班，要报名需要先考试，掏钱还不一定让你来上。全国各地校外补习班如雨后春笋，茁壮成长。长沙也不例外，在"双减"政策出台前，长沙市培训机构数量高达 1 860 家（下表）。

区县市	数量（个）	统计截止时间
芙蓉区	116	2021 年 7 月 5 日
天心区	125	2021 年 6 月 30 日
岳麓区	340	2021 年 6 月 30 日
开福区	137	2021 年 7 月 12 日
雨花区	177	2021 年 7 月 2 日
望城区	105	2021 年 7 月 5 日
长沙县	251	2021 年 6 月 30 日
浏阳市	296	2021 年 1 月 14 日
宁乡市	292	2021 年 7 月 3 日
高新区	21	2021 年 1 月 15 日
合计	1860	

高德地图显示，笔者所居住的长沙燕子岭小区附近方圆 500 米的范围内，就有 15 家药店（房），有些街道平均 50 米就有一家药店（房）。笔者去过美英德法俄等 18 个国家，觉得中国城市药店（房）的密度在世界上是数一数二的。而校外培训机构的密度比起药店（房）来，有过之而无不及。笔者调查过，每一所中小学周边都有不少的培训机构，越是有名气的中小学，周边培训机构的密度就越高。长沙市岳麓区八方小区楼盘学区房价格，在"双减"政策后，缩水三分之一以上。

如此愈演愈烈，道理都明白：如果大家都想通了，给孩子们减负，给家长们松绑，也给老师减负不好吗？

但，谁也回不去了。因为谁也不敢也不愿先停下来，谁先停下来谁脑袋僵化、吃亏啊。《中国教育报》2021 年 3 月 8 日第 1 版报道：中国教育报微信公众号就"校外培训机构"话题开展了专项调查，结果显示，近 4 000 名参与调查的家长中，有 92% 给孩子报了校外培训班，其中，超半数孩子就读小学阶段，半数家庭每年为孩子校外培训班花费超过 1 万元，25% 的家长选择校外培训班的渠道是广告宣传，调查中 49% 的家长认为孩子参加校外培训班收获甚微（见下图）。

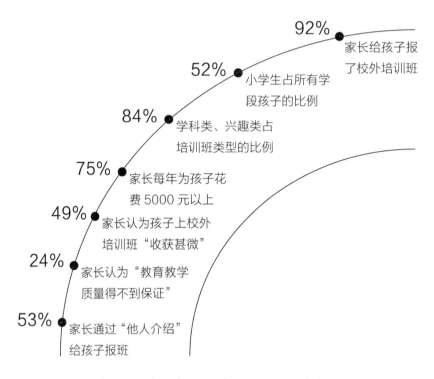

92% 家长给孩子报了校外培训班

52% 小学生占所有学段孩子的比例

84% 学科类、兴趣类占培训班类型的比例

75% 家长每年为孩子花费 5000 元以上

49% 家长认为孩子上校外培训班"收获甚微"

24% 家长认为"教育教学质量得不到保证"

53% 家长通过"他人介绍"给孩子报班

《中国教育报》对校外培训班的调查数据

做法 3　疯狂的作业

"床前明月光，疑是地上霜，举头望明月，低头写作业。""飞流直下三千尺，疑是作业落九天。""姑苏城外寒山寺，夜班作业到客船。""洛阳亲友如相问，就说我在写作业。""衣带渐宽终不悔，作业消得人憔悴。"……关于作业的吐槽已经太多太多。

前段时间陪孩子写作业的必读书目一度刷屏：第一阶段《亲密育儿百科》《孩子你慢慢来》《让孩子做主》，第二阶段《莫生气》《佛经》《老子》《论持久战》，第三阶段《心脏病的预防与防治》《高血压降压宝典》《强迫症的自我恢复》，第四阶段《活着》……

作业，又是如何理直气壮地在蹂躏学生的同时又折磨着家长呢？同样，可以在"剧场效应"中找到答案。

第一阶段（作业不多）：

20 世纪 80 年代，那时科目少，作业也少且简单，放学也早。完成作业都不是问题，写完作业还能愉快地玩耍。课余男生上树掏鸟窝、下河捉鱼鳖，女生跳皮筋、做手工，都是学生时代的常态。

第二阶段（作业变多）：

某些科目或老师增加了作业，这门科目成绩立竿见影地提升，迫于考评的压力，其他各科纷纷跟进。

第三阶段（作业变态）：

只增加作业数量已经过时了，作业的种类和形态也与时俱进。除了老师改的作业，还有家长改的作业，除了课内作业，还有课外作业、展示作业、探究作业、网络教育作业、全程签字改错、微信打卡、拍照上传……作业已经成了家庭和谐的头等大事。

第四阶段（作业发疯）：

作业，重在落实；落实，关键在家长。写作业成了衡量学生学习态度和家长对学校支持力度的最重要维度。不写作业要罚站，甚至停课，在许多学校已成为常态；监督作业不力的家长被请到学校面谈也屡见不鲜。同样悲剧的是，当每个学生和每个学校都多写了这么多作业后，他们成绩排序与作业少时并不会有显著变化。只是，所有的老师、学生、家长都更加疲惫不堪，日益心力交瘁。

而更深层次的问题在于：多写了这么多作业后，学生们对学习这件事充满了厌恶，教师因工作量越来越大而越来越疲惫。学校成了一个集中学生强制性过关验收、机械惩罚作业的地方而已。尤为要命的是：谁也停不下来了，谁也不敢少布置作业，谁也不敢不布置作业。否则，谁抵触，谁就会困难重重。

君不见，高堂明镜写作业，朝如青丝暮成雪。

君不见，车辚辚，马萧萧，行人作业各在腰。

君不见，望长城内外，唯余作业；大河上下，作业滔滔。

君不见，作业正在侵蚀休息，驱赶娱乐，摧毁健康，破坏亲情，奴役未来。

孩子们未必能赢在所谓的起跑线，可能要先累死在作业本中。

疯狂的恶性竞争不但鲸吞着学生和家长，也蹂躏着教师，甚至使课堂生态发生逆向淘汰。

一位有近 20 年教龄的优秀政治教师，教学成绩一贯优秀，课堂有趣有料，深受学生欢迎，也在各类公开课竞赛中名列前茅。然而，这位公认的爱岗敬业的资深优秀教师却尴尬又无奈地成了学校考评体系中的"后进教师"。

究竟是发生了什么呢？

事情是这样的，这所中学师资不够，学校让一个职员（完全没有任何教学经验，学的是体育专业，不是政治专业）代理几个班的政治课。

这位代理老师缺乏政治课的理论和专业素养，所以也谈不上什么课堂技巧，更没有什么情景化、探究化教学。

上课先用 10 分钟时间让学生划一下重点，剩余 30 分钟采取各种手段让学生背，人人过关的背诵。背不熟的同学下课后就到办公室接着背诵，完不成背诵任务的约谈家长。

一学期后，这个老师带的成绩遥遥领先。

学校领导对代课的"外行教师"刮目相看，赞誉有加。批评政治学科其他老师是"假内行"，要向这位代课老师学习提高成绩的"先进经验"。

于是，这个学校的课堂也呈现出类似的"剧场效应"，老师们放下了启发诱导的教学方法，课堂不再采取信息技术，不再拓展课外资源，不再讨论展示，不再钻研教材教法，也无心学习什么课改经验，全部变成了背书＋默写的教学方式。

于是，课堂生态彻底沦陷。

当所有课堂都沦为背背背、练练练后，学生的成绩又回到了原来的排序，所有的老师业绩也回到了原来的位置。

只是，学生们更累了，更厌学了，因为课堂变得"没意思"了。

只是，老师们更傻了，更倦怠了，因为教学变成了体力劳动。

你看，本应该读书、思考、讨论、滋养灵魂，激发思想，孕育智慧的学校正沦为制造背书机器，批量生产文盲，摧毁文化血脉，扼杀创造力的集中营。

天天只讲做题，月月都看成绩，一生寄望高考。如果书读呆了、读傻了、读病了、读得不孝敬父母了、读得不尊重他人了；更有甚者，读得不珍惜自己的生命了，还能叫作是好的教育？这就是"剧场效应"泛滥的恶果。这就是劣币驱逐良币的逆向淘汰。

谁是"剧场效应"的受害者？"剧场效应"覆盖之下，人人皆是受害者。

孩子们是首当其冲的受害者，本来他们不必写这么多作业，上这么多补习班，熬这么多夜。他们本来可以有充足的睡眠，有愉快的游戏，有郊游，有闲暇，可以发呆，可以跑步，可以读书，可以写诗，可以交友……

可是现在的孩子们真是太苦太累了。熬夜到十一二点的小学生并不罕见，通宵写作业的中学生也不乏其人。至于传说中的双休，不是在作业中度过，就是在补习班之间穿梭。可他们如此辛苦，得到的不过是和原来几乎一样的结果。

成功者永远是少数，大多数家长们望子成龙、望女成凤的希望也陆续破灭。为了孩子的未来透支了孩子的成长，为了所谓的分数摧毁了家庭的和谐，结果到头来才发现，所谓的高分并不能带来传说中的成功。当孩子身心破坏，当亲情残破不堪，即使少数孩子出人头地功成名就，这样的成功又有何意义呢？

从本质上看，"剧场效应"绑架了教育。在恶性竞争中，教育实现了自我异化。学校在制造满脑子只装文字、数字、字母等视野狭隘、综合素养低下的学生，教育在一步步摧残文明。往大了说，几代人全部沉浸在考试中不能自拔，如此成长起来的人才，其创新能力不容乐观。

1978 年改革开放到现在，中国的大部分工业品产量已跃居世界第一了，可是，人才培养水平又位居世界第几呢？

谁制造了"剧场效应"？

是学生吗？可是努力学习、出人头地并不是错啊。

是家长吗？可是望子成龙、望女成凤也不算错啊？

是教师吗？提升考试分数，就是教师的责任啊。

是学校吗？学校在种种压力下，要生存啊。

秩序的破坏是评价体系的制定者和执行者。

谁是秩序失衡的破坏者，谁又是秩序失衡的受害者？

谁既是凶手，又是受害者？

每个孩子生下来都是天使，带小翅膀的那种。后来有的天使翅膀被父母剪去了一只，后来翅膀又被学校剪去一只，再后来这些天使就变成了只会读书考试的机器。

当雪崩到来时，每一片雪花都说和自己无关。正是无数片自认无辜的雪花合谋了雪崩；当洪灾袭来时，每一条小溪都说和自己无关，正是数条小溪合谋了洪水。只要灾难的链条足够长，参与的人足够多，每个人都可以用"没办法""和我无关"来推脱责任。

是评价尺度的单一，是过度恶性的竞争，是监管的缺位，是相对匮乏的资源，是生存的焦虑，是下一代不能输的恐惧，绑架着家长、孩子和老师们。

除了写作业，除了考试，学习还有别的含义吗？

除了刷试题，除了上课，学校还有别的教育吗？

让孩子们少写点作业，多读读书，多看看生活的色彩、外面的世界。没准，他们能学得更轻松，更高效，更愉快。

看到有人描述，在未来，有这么一所学校。

上午上文化课，下午上兴趣课和社团活动，包括体育、音乐、美术、手工、舞蹈、话剧、诗歌、哲学、游戏、科技制作……

晚上，读本书，写文章，看电影，散步，开晚会，或者发呆。

周末，是郊游、体育比赛、社会实践或参观博物馆。

这样的学校，教师能挤出时间做自主研修，学生有开阔的视野和社会实践经验……教育的多元化评价体系促成了整个社会百花齐放的鼎盛局面，国民的综合素养得到了空前提升。

期待，这一天并不遥远，这未来即将到来。

2. 催熟恶果

家教补课择校为什么这样火？有竞争压力、有家长焦虑、有攀比心理、有从众心理、有面子作祟、有不懂教育、有急功近利、有病急乱投医……

人的大脑分为 3 个系统，分别是脑核系统、脑缘系统和皮质层。其中脑核部分是掌管人类日常基本生活的处理，包括呼吸、心跳、觉醒、运动、睡眠、平衡系统等。脑缘系统则负责行动、情绪、记忆处理等功能。另外，它还负责体温、血压、血糖以及其他生理活动。大脑皮质分为左右两个半球，左半球称为左脑，右半球称为右脑，其中判断和自我控制主要由额前叶皮质控制。这 3 个系统是分阶段先后发育的，其中大脑皮质层是最后发育的系统，在青春期才进入高速发育期。

小学阶段的 6 ~ 12 岁，是脑缘系统发育的关键期，与人的情绪、运动、血压、血糖相关的神经系统主要在此期间发育。如果此期间，孩子承受的压力太大，脑缘发育不充分，就会导致一个人成年后情绪不稳定、敏感自卑、运动能力差、血压血糖高等问题。

很显然，中国小学阶段惨烈的分数淘汰、过量的作业、差生等侮辱性命名，对脑缘系统的发育造成了干扰。在极端的情况下，脑缘系统的发育会被"提前"终止，直接启动第三阶段的皮质层发育，因为皮质层主导自控力和分析判断力，它的成熟有助于提升孩子的存活率。这是人的一种生理本能，也是一种进化机制，有助于提升人类在极端环境下的存活率。

对人类来说，繁衍是生理机制的最高原则，如果身体（潜意识）感觉到自己生存受到威胁，它就会选择加速成熟，尽快繁衍后代。如果下一代能在更安全的环境下成长，再去完成充分的发育，自己这一代就选择"残缺模式"度过一生了。这是一种生理机制，自动运行的。

中国小学教育的惨烈竞争和淘汰压力，不但让家长们感到恐惧，更是远远超过了孩子们的心理承受能力。当孩子们总是被老师批评和威胁，说你成绩不好就要被淘汰，你是差生，给全班丢脸了……父母也经常因为成绩和作业对孩子大吼大叫，孩子就会感觉到非常恐惧。

如果这些信号长期持续地存在，不断地形成刺激，大脑就会作出误判：情况已经非常危险，我的生存遭遇了威胁，必须放弃充分发育，提前成熟。大脑就会发出指令，停止脑缘系统发育，提前启动大脑皮质层发育。于是孩子迅速变得"懂事""听话""很乖"，心理上出现早熟的特点。家教补课、超前学习的后果也会使残缺模式被迫启动。

这是以情感发育（脑缘系统发育）终止为代价的，它将给孩子成年后的心理健康埋下巨大隐患。

脑神经科学领域的研究发现，掌管情绪的脑缘系统在青少年期间发育不完全，像一辆发动机已经完备但刹车还没装好的车。所以，我们对比中西方的小学生，就会发现中国的小学生明显要"懂事""乖巧"，他们听话，课堂纪律好，数学等知识性的学习比较快等。因为额前叶皮质的提前发育会带动整个大脑皮层的发育，使得孩子在思维发育上提前进入青春期。但中国孩子为此付出的巨大代价，却不为人所知。到了青春期之后，特别是大学阶段，中国学生的这种脑缘神经发育不足的特点就开始暴露了。

中国大学生在情绪稳定、独立思考、专注力、自控能力、创造力、诚实勇敢等方面都远远落后于西方大学生。我们最顶尖的北大清华的学生，放到欧美国家，综合个人能力可能只相当于二流大学的普通学生。至于中国的二本大学生，在心理品质和分析思维能力方面很多达不到欧美国家的高中生水平。所以我们会看到这么一个吊诡现象，就是西方的小学生不少都"傻乎乎的"、无组织无纪律、一问三不知，成天就知道瞎玩。而一旦青春期过后，他们就像换了一个人一样，各方面达到较高的水平，特别是在情绪稳定和注意力集中方面，和中国学生完全不在一个水平之上。反倒是中国的大学生群体，这个阶段出现了大幅度的自制力倒退，很多人的自制力退化到小学生水平。这就是我们不尊重科学规律的恶果，更是创新能力不足的原因之一。

如果我们把人的精神发育也当作一个身体结构来看，则大部分国人在情绪能力方面接近"侏儒"，因为我们情感发育的黄金期（6 ~ 12 岁）大都被提前中断了。所以我们普遍具有易怒、焦虑、自卑、内疚、烦躁等糟糕的情绪，这种先天不足导致我们成年后在情绪波动方面消耗了大量的精力。

中国人普遍在 40 岁以后就逐渐丧失工作的激情，因为我们的身体早就做出了"残缺模式"的人生选择，完成生育孩子的任务之后，身心就"自动"进入放弃状态。

我们必须尊重心理学和教育学的科学规律，在小学阶段以安全感、被爱、被接纳、被尊重等情感内容作为教育目的。控制小学功课的难度，取消分数排名，认认真真地向先进国家学习。否则，我们就是在人为地给孩子们"创造出了"生存危机，迫使他们在脑神经系统发育方面选择"残缺模式"，造成整个民族出现普遍性的情绪障碍和人格障碍。我们如此庞大的一个民族，却培养不出来杰出人才，这个原因不得不查。

选好园择名校，生怕孩子怕输在起跑线上。家教补课超前学习，起跑线上提前抢跑，让孩子成为复读生，干预人脑正常发育，这样停止脑缘系统发育、提前启动皮质层发育，使得孩子在思维发育上提前进入青春期。

家教补课、超前超纲学习有没有用？答案是肯定的。《论语·为政篇》说："温故而知新，可以为师矣。"意思是说，温习旧知识从而得知新的理解与体会，凭借这一点就可以成为老师了。《论语·学而篇》说："学而时习之，不亦说乎。"意思是说，学了又时常温习和练习，不也很愉快吗？（另外解读为，学到后时时身体力行，不也很快乐吗？）现在的高中造就一个个"复读生"，因为高中 3 年并做两年学，腾出一年来复习，复习刷题肯定会对考试有帮助。有没有恶果（负面作用）？答案也是肯定。家长都怕孩子七八岁就进入青春期，大多数却不知道违背思维正常顺序发育规律提前进入青春期的严重后果，这方面科普缺失。

笔者旗帜鲜明地反对把孩子送进各种补习班。家长不焦虑，孩子才能更自律，不是盲目地勒紧神经，更不是一味地放任不管。

五、赢在起跑线，可能会输

赢在起跑线，是中国人对教育非常迷信的一件事。毫不夸张地说，"起跑线恐慌"症，比新冠病毒更具"传染性"。"早学、多学"就是"早慧"，"抢跑起点就能赢得人生"等灵丹妙方，在家长群、朋友圈甚嚣尘上。很多孩子，过着"婴幼或幼小或小初衔接班""兴趣班"和"辅导班"的生活。这种所谓"鸡娃式教育"，上至一线城市，下至广袤农村，不仅在中产家庭，甚至已蔓延到普通家庭，几乎所有的家长都会主动或被动地跟风，趋之若鹜。教育焦虑症已是目前社会一种"流行病"，且迟迟看不到治病"疫苗"研发的曙光。孩子是家庭未来的希望，对孩子进行早期合理的教育和培养，自是人之常情。但现实并非如此，家长的出发点往往是功利性的，违背教育规律的，为了抢跑起点而疯狂，目的就是孩子"不输在起跑线"。

人生没有一条明确的起跑线。天地万物，各有其主。人一出生起点千差万别，生在城市还是乡村，发达还是落后，地方教育水平不同；生在达贵还是寒门，父母素养高还是低，基因好还是差，家庭教育氛围不同；生在不同宗教、信仰和民族背景，教育观念也不同。当然不是说出身决定论，但是出身在哪，起点差异客观存在。有的人，用一生追赶也望尘莫及；有的人，用正常力气就可以超越。

1. 想象力和知识是天敌

爱因斯坦说："想象力比知识重要。"有想象力的人才能进行创造性劳动。想象力和知识是天敌。人在获得知识的过程中，想象力会消失。因为知识符合逻辑，而想象力无章可循。换句话说，知识的本质是科学，想象力的特征是荒诞。

人的大脑一山不容二虎：在学龄前，想象力独占鳌头，脑子被想象力占据。上学后，大多数人的想象力将被知识驱逐出境，成为知识渊博但丧失想象力终身只能重复前人发现的知识的人。很少有人能让知识和想象力在自己的大脑里共存，一旦共存，此人就是能进行创造性劳动的成功人士了。在孩子童年时，让其晚接触知识，有利于想象力在孩子的大脑里安营扎寨，倘若孩子成为想象力和知识并存的人，您就能给大师当爹当娘了。

请让孩子输在起跑线上。输在起跑线上，可能赢得人生。赢在起跑线上，可能输掉人生。将欲取之必先与之是大智慧。

每每笔者跟别人这样说，总会有人问笔者："现在输在起跑线上，进不了好的幼儿园，进不了好的小学、初中，就进不了好的高中和好的大学。"现实是这样的，可是笔者也没有通过高考，一样成为全日制的研究生，一样成为著名学府的教授。当年那些一次就高考成功的同班同学，没有几个比笔者现在过得好。

2. 赢在起跑线不一定好

过度"鸡娃"虽然给了孩子好的起点，但未必就是好的未来。

过度"鸡娃"必然导致抑郁症发生。近年来无论是身边还是社会上优秀的人，抑郁的、跳楼的、放弃努力的比比皆是。很多人觉得这是一种社会现象，感叹一声便也忘记了，但从社会学和心理学的角度，这是过去长期积累的恶果，以前还没有现在这么成熟的培训体系，"鸡娃"的方式大多还是靠一盆又一盆的精神鸡血，你得考去北上广，在北上广工作买房，这才叫出人头地，你得努力学习啊，考得全校最好才对得起你爸妈，你得时时刻刻比别人优秀，比别人还厉害，年轻就得拼命，要超过同龄人，做到最好，别人都能得第一，你怎么就不能，怎么样……这些话听起来是不是代入感很强，已经开始窒息了。但其实"鸡娃"真正的影响已经淋漓尽致地表现在我们身上了，错误的自我认知无法接受大千世界比我厉害的人多太多，这个简单的事实无法正面面对失败，甚至认为自己就不可能失败，而一旦失败就会造成毁灭性自我打击，我是垃圾、我是废物的想法就会充满自己的脑海，无法建立健全的自我评价体系，一切以别人为前提，做任何事情都有比较，一定要做到最好，而一旦做不好，后果不是没完成，而是对不起。而且对不起的不是自己，而是对不起爸妈，对不起朋友，对不起整个世界。除此之外，还有极度不自信、极度完美主义无法正确归因、缺少决策力等。而这一切的根源都在于从小被"鸡"。"鸡娃"会对孩子产生恶劣影响，孩子一生都会形成一个潜意识，小时候被当作工具对待，所以我长大后要完美得像个机器，我是没有资格不完美的小孩，但实际上孩子也是一个独立的个体，家长没有任何权利决定他成为工具。

2017 年大连某高校教授刘女士，参加工作不久的独生女跳楼身亡。

刘女士两口子都高智商、高学历，丈夫是公务员，身居高位，自己 35 岁就晋升为高校教授，夫妇俩可谓事业有成，得风顺水。但是优秀的他们偏偏生了一个智力很一般的女儿：一岁 7 个月时还不会走路，"爸妈、阿姨"之类的话还说不清，智力明显比同龄孩子矮一截。但要强的妈妈不服输，认为夫妇俩都是高智商、高学历的优秀人才，生的孩子怎么会"弱智"呢？不愿承认这个不利的现实。

看看他们养育孩子过程中沉重的"付出"及女儿"艰难"成长的几个镜头：

从幼儿园到小学母亲就不断给女儿吃各种"健脑品"，结果女儿不仅没"吃""智"，身体却早熟起来，4 年级时身体就来"初潮"；

初中开始就为孩子请各科最优秀的家教老师进行高价一对一全程辅导，母亲坚信"钱和优越的外部条件能改变命运"；

女儿有幸考上了高中，开始分在普通班，跟不上班，班主任怀疑该生升学分数有假，气得母亲要告班主任，一怒之下妈妈通过关系把女儿调到了重点班，为女儿"出了气"；

女儿虽然考上了大学但与同学比木讷自卑得很，经常"痛不欲生"；

大学毕业后妈妈开后门把女儿安排在辽宁一家知名律师事务所工作，然而女儿"力不从心"，因为自己不善于合作、动手能力差等原因，被单位冷落，结果"自卑厌世"的女儿写下对不起父母的遗书从 21 楼跳下，结束了自己年仅 24 岁的年轻生命。

一个 20 多年来一直被父母包办长大的年轻生命就这样悲哀地离开了人世，着实令人惋惜和深思。

生活中，家长大都有"望子成龙，望女成凤"的心理，如果家长本身是要强的"凤妈妈""龙爸爸"，这种期盼心理可能就会更强烈，刘女士的悲剧就属这种类型。刘女士夫妇都很优秀，他们"强强联合"，骨子里就认为他们的孩子将来一定会比自己更好，要强和不服输的心理在养育孩子的过程中一直占上风。如果夫妇俩能及时丢下"面子"，正视现实，也许孩子也能成长得不错，可悲的是他们不顾实际"强逼霸王硬上弓"，揠苗助长，结果造成了令人痛惜的损失。

父母忽略自己孩子的客观条件和接受能力，硬把自己"一切为了孩子"的向好思想盲目片面地强加给孩子，孩子"被成长"，成为父母荣辱和利益的工具。把一个女儿被变成学霸，送进全国知名学府，再让她进入辽宁知名律师事务所，母亲付出了多少心血，而作为"鸡娃"体会到的是一直活在不属于自己的圈子里，用别人的优秀来凸显自己的愚笨，这些家长们都把娃当鸡当牛，唯独没有当人。这些年家长们大规模"鸡娃"，不出所料，20 年，30 年后，这群被"鸡"的娃会集体出现精神问题，抑郁症、空心病、对人生无欲都会大规模集中性暴发。

有人会问，我想要给孩子一个好的起点，我错了吗？没有错，但需要责任为先。笔者不否认优质教育给孩子带来的优势，但人的成长更重要的是心性的成长，孩子需要用自己的成长历程塑造自己的品格和心态，这样才能面对生活中的各种问题。很多父母不愿意承认的一个事实就是，自己的孩子大概率会是一个极其平凡极其普通的人，即便从内心隐约意识到这一点，也定要排除万难，创造条件把孩子培养成天才，但人生的 3 个阶段就是承认父母平凡，承认自己平凡，承认孩子平凡。毕竟对于让孩子付出精神抑郁、人格缺失，后半生沉沦的代价去换取对人生影响微乎其微的好大学，实在是得不偿失。

使人疲惫的往往不是远方的高山，而是你鞋里的一粒沙子。生命的长度应该是在有限的人生旅途里，走更远的路，看更多的风景。人的一生，不过就是 3 万天，真的特别短暂。有许多人，一辈子都活在别人的眼光里，活在了自己编织的牢笼里，总是太看重。我们曾如此渴望命运的波澜，如少年渴望轰轰烈烈的人生历练，犹如烈日下渴望风雨的来临一般。而真置身于风雨中时，才发现，内心的淡定与从容才是真正渴望的晴天。我们曾如此期盼外界的认可，到最后才知道：世界是自己的，与他人毫无关系！

来到这个世界上的每个孩子，先天素质是参差不齐的，父母以自己是"龙"是"凤"或别人家孩子优秀作为标准，要求自己孩子就得如何如何，是不客观不科学的"武断"自私行为，这样做的结果往往都是欲速不达，甚至造成重大悲剧。

报道中的女儿，先天智力确实存在"问题"，个人兴趣爱好与母亲的要求也不一致，她成长的每一步都体现着母亲"逼"的成分。女儿不能自主，从小到大都是母亲为自己设计好行动路线图，孩子只能严格踩着线走。女儿一路走来，都是被动压抑的，都是替母亲"长"的，丝毫没有自己的快乐和自由可言，这种情况，发展到一定时候，物极而反，悲剧必然发生。

女儿其实是很有自知之明的。高中时她在日记中写道："妈妈，我笨，我成绩不好，我想上职高，将来到养老院工作"；大学毕业同学聚会女儿发言说："你们毕业意味着你们快乐地走向社会，我毕业就是结束痛苦的学习，这些年来我都是替别人学习。"大学毕业后，被妈妈通过关系安排到妈妈认为理想的工作单位，在一次单位组织的交谊合作活动中，别人都阳光灿烂，才艺丰富，自由交流，她登台却木讷无语，不知所措，最后给大家背了首唐诗无地自容地下了台。

女儿活成这样，短暂的生命过程多悲催无奈和可怜，如果女儿多次发出的"务实生活信号"，父母能正视和尊重一次的话，悲剧可能也不会发生。父母把孩子当成自己荣誉和利益的工具对待，不"优秀"的孩子就难免成为"不争气"的牺牲品。

另外一个问题也值得人们思考：大学生毕业往往只是"理论"的毕业，离符合服务社会实践要求还有相当距离，要成为真正人才还需要大量的吃苦耐劳的实践锻炼。

刚毕业的大学生，如果没有健康和谐的心理、合作探究的精神、吃苦耐劳的品质，即使踏入社会了，也难免出现这样那样的问题。眼高手低无人聘用，要求过高辞职频繁，埋怨社会不思进取，悲观厌世造成悲剧，这些是刚离开学校的大学生的几种常见情况。

这起悲剧有一定的特殊性。在父母的高压逼迫下，虽然女儿考上了大学，但通观其成长过程，她几乎就是一个被封闭起来成长的"傀儡孩子"，没有实践能力，没有社交能力，没有合作能力，一定意义上讲，她"毕业"就是"碰壁"的开始，"自杀"最终成了被迫选择。

所以，教育子女"因材施教"绝对不仅仅是学校的事，家长更应牢记。父母还应该认真过好每一天，不焦虑，平平淡淡才是真。

3. 截然不同的两个学生

"五道杠少年"和"不屑弟"同时走红网络，引发了网友们热议。其实，在这两个头衔背后，是两个小学生截然不同的生活。

只要一听到五道杠，心中潜意识就会觉得这个人特别厉害，这种称谓是荣耀的象征，也是对一个人能力的肯定。黄□□，作为前中国少先队武汉市副总队长，确实是实至名归的"五道杠少年"。他与其他同龄小朋友相比，的确有着截然不同的表现，而且收获了很多荣誉。黄□□从小就是家长口中"别人家的孩子"，曾是武汉市华师一寄宿学校的学生。2011 年，他正好 13 岁，已经获得了"湖北省优秀少年""全国百名优秀好少年"以及"武汉市十大孝子"等荣誉称号。之所以会有这样的成就，那是因为本该玩耍的年纪已经和大人的生活完美衔接，黄□□两三岁开始看《新闻联播》，7 岁开始坚持每天读《人民日报》《参考消息》。这样的生活风格与他的实际年龄形成了巨大的反差，按道理讲，这个时候的孩子应该对游戏和玩耍特别感兴趣，而这些成人世界里的繁杂世俗，小孩子还难以理解，也不应该过早陷入其中的。但黄□□不一样，他小小年纪不仅对时事有着浓厚的兴趣，还对历史很有研究，从一两岁开始，黄□□就从母亲和外婆那里熟知了许多历史故事，并将《上下五千年》《资治通鉴》白话版的许多历史书找来全看了。与同龄孩子不同，黄□□从小就很成熟，说话办事都是一副大人做派，且自带官威。

【镜头 13】"不屑弟"孙童是黄□□的同学，他之所以会走红网络，是因为他的一个不屑的表情。2011 年，上海东方卫视《时事新闻》栏目曾经报道过黄□□的事情，孙童在镜头里是斜眼咧嘴看着黄□□的，一副不屑的表情看着他，所以被称为"不屑弟"。黄□□成人化的表情和行为，引发网友热议，与之形成鲜明对比的就是孙童。因为这个孩子很真实，他的表情太经典了，网友说：这才是孩子时代的表情，天真而真实。确实，真实的孩子其实更令人喜爱（易中天强调过孩子"真实"的重要性）。从当时的画面上来看，不免想要多说几句，特别是一些细节上的刻意安排。首先，整个教室里只有黄□□一个人戴着红领巾和"五道杠"，只要注意看一看就会发现，他的红领巾大得离谱，明显是"成人版"。其次，教室里所有同学的椅子都是木靠背，黄□□却似乎坐了一把办公椅。也正是这些细节上的刻意，才会有孙童的不屑吧。

两人的结局，真可谓是天差地别。黄□□和孙童的童年有着太大的差别，如果按照在学校里的表现来看，孙童肯定难以超越黄□□。但实际却令人大跌眼镜，在几年后的高考中，两人步入了完全不同的两所高校。2016年，黄□□通过自主招生进入了武汉大学马克思主义学院的公示名单，尽管武汉大学早早地抛了橄榄枝，但是因他高考只考了477分，连一本线都没过，最终只上了一所武汉民办三本院校武汉学院。孙童虽然最开始很一般，贪玩且对游戏情有独钟，但他有一个完整的童年，在经历了很多事情之后，该学习时也毫不含糊，远比黄□□差的孙童则出乎所有人预料，平凡的人生发生翻天覆地的变化，高考发挥出色考上了华中科技大学，后来又继续求学之路，最终凭借实力进入了哈佛大学深造。由此看来，两人往后的人生，已经有了很大的区别。

孩子的天性是天真烂漫，贪玩，这些都是必经的人生阶段。作为家长，不应该刻意地去磨灭他们的童真，而应该在孩子们成长的道路上起到领路人的作用，在将要走弯路的时候，给他们讲道理，树立正确的人生观、价值观，在应该大力汲取知识的时候，给予孩子们最大限度的帮助。只有这样，孩子的人生才是完整的。黄□□也是很优秀的，但他过早进入了成年人的世界，失去了本该有的童年生活。最终因为自己的头衔太多，"工作"太忙，荒废了学业，在人生关键的转折点，只进入了一所普通的大学学习。

4. 先赢后输的其他例子

少年班大学生曾经风靡神州大地，现在为什么"吹"的少了，因为少年班不少人都出了问题，宁□出家，谢□□患了被害妄想症等。

北京大学原子核物理女博士王□□考取北京朝阳区酒仙桥街道的城管执法岗位，当城管。在香港大学获得了分子生物学博士学位，之后成了中科院成都生物研究所和四川省医院联合培养的博士后的缪□□，考入成都市公安局高新区分局辅警。虽然个人的选择自由是社会的进步，但还是引发社会热议。在笔者看来，当城管或者辅警是不需要这么高的专业深造的，如果说生物学博士缪□□辅警从事的 DNA 分析研究跟专业有点关系的话，那么核物理博士王□□干城管就跟专业风马牛不相及。这样的结局未免让人惋惜，也只能理解可能是生活所迫，每家都有一本难念的经，谁都不容易。

北京市海淀区一向被奉为"教育的青藏高原"，海淀黄庄则被奉为"宇宙补习中心"。"海淀妈妈"们不断地给孩子安排学习和活动，同时她们本人也热爱学习，热衷于交流"鸡娃秘籍"。甚至在她们的带领下，越来越多不甘落后或不敢落后的家长正在走进"鸡娃"的队伍。

据统计，截止到 2019 年，在美华人大约 550 万，51% 华人从事专业技术、管理等工作；中国 985 高校毕业校友 20 多万在美国高科技企业或高校机构工作。在美国的加州，华人聚集最密集的区域之一，也有一条美版华裔孩子扎堆的"海淀黄庄"补习班街道：Cupertino 的 De Anza Blvd（另外两条 Palo Alto 的 EL Camino Real 和 MSJ 的 Mission Blvd 可以作为补充），这里的补习班包括：Kwan Academy、Mathnasium Of Cupertino、Insight Education、Youth Education Success School、Leadership Academy、Polygon Academy、Spider Smart writing Cupertino⋯⋯琴棋书画、听说读写、数理化编程应有尽有，满足家长"鸡娃"的所有需求。其中，像 RSM（The Russian School of Mathematics）这类数学补习班最受华人家长追捧。

补习班向来是中国、日本、韩国等东亚家长最喜闻乐见的"鸡娃"场所，家长们不惜一掷千金、搭上自己的时间和精力，希望通过补习班让孩子们捷足先登、弯道超车。即使亚裔家长们到了以宽松和快乐教育著称的美国公立小学，也能刮起补习班的旋风，让大家一起内卷。华裔家长被周围的补习班卷到内伤。尽管家长们都知道一个道理："牛娃"不用补，给本书自学就搞定。"熊娃"补也没用，是不可能靠补习变身"牛娃"的。如果补习班真有效，那遍地都是"牛娃"了。本来无意给孩子抢跑、刷题，但架不住周围的家长都在催娃往前学。加之补习班督促家长赶超私校、贩卖焦虑。身处推娃中心的家长们都知道，就算你有一颗想躺平的心，大环境也会拎着你支棱起来。在美国，其他种族的孩子可能会有快乐教育，但是华裔（亚裔）的孩子"不配"拥有这份快乐。

在华裔家长看来，报不报补习班从来不是一个问题，报几个才是问题。曾经，宇宙补习班的尽头在海淀黄庄，那里开了挂的家长，为了让自己的孩子"不输在起跑线"、能提前"抢跑"、挤进"快车道"，他们携带着孩子奔波于各种辅导班、课外班。在外人看来疯狂甚至妖魔化的补习班、培训班，却是孩子在学龄期的家长们不可或缺的"武器"。既有内部的需求、又有外部的"糖衣炮弹"，难怪华人家长会在补习班这条路上泥牛入海。即使不为了"爬藤"、上名校，华人家长对补习班依然情有独钟。

据说，华裔"鸡娃"的家长们总结出的名校标配公式是：名校标配 = 好成绩 +1 项体育 +1 门艺术 +10 项社会活动。无论是从这些条件里找安全感，还是跳出安全感想提升"软实力"，补习班都是华人家长望子成龙路上不可或缺的关键。

被补习班"喂"大的华裔孩子，后来都怎么样了？我们先看几组数据：

2022 年国际奥林匹克数学竞赛（IMO）中，代表美国队获得金牌的几乎全是华裔：麻省理工学院（MIT）录取的 2022 届本科新生里，亚裔占 40%。

华裔家长会想尽办法让孩子们考入好大学。所以培养孩子不遗余力，送各类复习班，PSAT（Preliminary Scholastic Aptitude Test，初级学业能力倾向测验，美国中学生为备考学业能力倾向测验而参加的考试）、SAT（Scholistic Assessment Test，美国高中毕业生学术能力水平考试）、ACT（American College Test，美国大学入学考试）、英语写作、论文写作……只要对考大学有用的班，家长都愿意送孩子去上。而且在上补习班之余，华人家长们也不忘在家里敦促孩子学习，并因此而诞生了华裔家长的专属名词"虎妈"。所以，大部分华裔孩子的功课都非常好，大学需要的考试也都考得很好。

但"高光时刻"似乎也仅仅止步于进入好大学的那一刻，之后大家总有点后劲不足的感觉。

诸多华人家长对自己的孩子倾注所有时，很多人求的无非是希望孩子有一个安稳、快乐、稍微不错一点的生活。只是不知道，当初那些奋力"鸡娃"的家长们对孩子将来的"结果"是不是满意。

作为新一代移民，华裔家长自己吃了考试和学历的红利，上升到了一个更好的平台，大家自然希望把这一套本领"言传身教"给下一代，但很多家长留给下一代的也仅此而已。吴军博士在《大学之路》一书中写道："教育是一辈子的事情，我们不必担心输在起跑线上，因为世界上的大部分人跑到一半就不会再跑了，只要你在自我教育的道路上坚持足够久，一定能够成为那个笑到最后的人。"

也许，我们的家长就是过于看重"起跑线"了，反而忘记了人生其实是一场马拉松。如果在起跑线上抢到了更好的位置，但却过早放弃了人生的马拉松，这种努力拼搏意义究竟几何，值得我们深思。

5. 孩子拼刷题失去活力

2012年的中国文化界有一件大事，那就是作家莫言为中国人捧回了第一个诺贝尔文学奖。有媒体披露说，其实这位农民出身的乡土作家，连小学都没有读完。反之有另外一些极端的例子是一些用人单位频频抱怨，说现在的很多大学毕业生，其实连一封最简单的介绍信都写不出来。这些现象不禁让一些学者产生了疑问：是不是我们现在的语文教育出了问题呢？是不是在小孩子们最需要汲取人类文明精华的时候，我们却给了他们一些糟粕？

在语言文学领域游刃有余的《收获》杂志编辑部主任叶开，却在女儿廖小乔的小学语文课上马失前蹄。老师说廖小乔有"阅读理解障碍"。廖小乔一向喜欢读书，老师的评价让叶开深感意外。当时，廖小乔的功课由妈妈辅导，这位古典文学博士常被女儿的语文作业弄得手足无措。例如，学到《智烧敌舰》时，作业要求回答，三国时期最足智多谋的人是谁？因为刚看过《三国演义》彩图本，廖小乔自信地写下了自己的答案：孔明和庞统。这个答案也得到了妈妈的认可。然而，老师却给了一个大红叉，因为标准答案是：诸葛亮。答"诸葛亮"为对、答"孔明或庞统"为错的"标准答案"，或许统一了学生思想，形成整齐划一步调，然而却极大地束缚了学生的思维能力，迫使他们思考与应答题目按背记的标准答案做，不敢放飞思想翅膀，不能越雷池一步，只会绞尽脑汁琢磨何为"标准答案"抑或"唯一答案"。

升入四年级后，廖小乔的语文多了一项内容：划好词好句。老师说："这种训练有助于快速提高作文能力。"这又难倒了她的父母，每次帮女儿划好词好句，叶开都很紧张。这位作家兼现代文学博士分不出哪个词比哪个词更高级，他把划好词好句比作揪树叶，即便你揪下所有的树叶，也体会不到一棵大树的美。

有一个语文测试的卷子是作家周国平的一篇文章，题目是《人的高贵在于灵魂》。周国平自己做下来以后，按照标准答案打分：69 分。周国平说：这个东西非常荒唐的，就是段落大意，主题思想，某一句话的含义是什么，这个词的用意是什么，作者自己写的时候，他有这些想法吗？而且，哪怕作者自己有他的一个想法，他的想法能够作为标准答案吗？

这段话振聋发聩，因为我们都是在这样的教育下长大的。

回答不出或者说回答不好他自己写的一篇文章的有关问题等匪夷所思的尴尬，凸显语文教育教学已经步入严重误区。而周国平回答不出自己所写文章的有关问题，剑指"标准答案"机械僵化程度之深，连作家本人都没有想到自己的文章竟然具有如此内涵，没有想到文章主题内容或者某段文字可以这样解读，足以见证教学参考书赫然书写、教师向学生灌输的"标准答案"，不免离谱，大有"为赋新词强说愁"之意，有的甚至是强加于人的穿凿附会之说。

黑板上画一个"点"，高三的学生可能就只有两个答案，点和圆心。可是你要是问问幼儿，他/她的答案却可能是五花八门，是一粒花生米、是一颗纽扣，是玻璃弹子、水墨点、露珠、句号……甚至还可以是天上的一颗星星。为什么幼儿对"点"的美好想象力到了高三就变成了"点和圆心"了，就是标准答案不断强化下的结果，孩子的创新能力就这样慢慢被消磨。

北京有个小学的语文老师组织期中测验，有一道填空题是这样的，"冰融化了以后是什么？"绝大多数学生都填上了"水"，这也是测验的标准答案，只有一个学生填了两个字"春天"，老师却因不符合标准答案，打叉扣分。这件事情传出去了，引起了北京语文界的普遍热议。有人在北京报纸上发来文章问这位语文老师，你教的是什么课？假如你教的是自然常识课，标准答案是水，没错，因为这个填空题是在讲物态的变化，从固态到液态的。但是，你教的是语文课，当这个学生填了"春天"二字的时候，你要知道你这位同学可能是未来文学家的种子？

"正确答案只有一个"这种思维模式，在我们头脑中已不知不觉地根深蒂固。事实上，若是某种数学问题的话，说正确答案只有一个是对的。麻烦的是，生活中大部分事物并不像某种数学问题那样。

最难被改变的，是那些脑子里被灌输了标准答案的人。

"标准答案"是一种思维固化，会误导人生，会阻止我们去接纳新的知识和新的观点，也会限制我们的想象力和创造力。除了老师、学校、专家以及那些权威机构，最早也是影响最大的给我们灌输"标准答案"的是原生家庭。

一个人的观念是否容易被改变，跟他职位高低、学历高低、财富多少等关系都不大，而是跟他固有的价值体系有关。固有的价值体系就是一个人最初建立起的信仰。简单来说就是从小就被原生家庭灌输了哪些人、哪些事是绝对正确的，是不能够质疑的。

很多人从小就被教育要听父母的话，父母和家里其他长辈说的话都是对的。以至于后面在学习和生活中，选择性地接受了与固有价值体系相符的知识和观点。原生家庭灌输给孩子的很多"标准答案"，就成了孩子将来价值体系的主干部分，后面添加的枝叶都是与这个主干部分相符的内容。

为人父母，不要轻易地教孩子听从父母的话。尤其是那些本来就处于社会底层的父母，更加不应该灌输太多错误的"标准答案"给孩子，否则以后孩子"排毒过程"太漫长，摸索半生依旧处于社会底层。

往孩子的大脑里强塞标准答案，最终固化了他们的思维，消灭了独立思考能力。如果不能寄希望于学校教育，家长就更必须培养孩子自由思考的能力，这是留给孩子一生最好的礼物。发展孩子独立思考和独立判断的一般能力，应当始终放在首位，而不应当把获得专业知识放在首位。

家长只不过是比孩子早来到这个世界一些年而已，也不是特别优秀的人；以家长有限的知识和社会阅历，根本没有资格说要让孩子绝对听从家长的意见和安排。家长也会经常犯错，家长也有很多缺点，也有很多不懂的地方，所以希望孩子将来能通过不断的学习和实践，逐渐形成自己的思考和判断。

给你灌输标准答案，固化你思想的人，只是教书匠。启迪你独立思考，唤醒你的灵魂，提升你认知层次的人，才是你真正的老师!

六、催熟的孩子，丧失创新

父母要注重早期教育，但早教不等于揠苗助长。人一生需要很多知识和能力，只能分阶段地学习和培养，不可能一蹴而就。初中之前，孩子最需掌握的，并不是超前的课本知识，也不是很多的门类技艺，而是"生存、生活和生命"的基本常识。早期的教育，可侧重从穿衣、吃饭、睡觉和家务等入手，从小练就独立的生活能力；从如何与同学相处、如何待人接物入手，从小培养有礼貌的言行举止；从防火、防灾害和防溺水等入手，从小树立生命安全意识；从读书和玩乐时间的安排入手，从小养成良好的专注力和自控力等，克服孩子常见的好动、依赖、胆小、磨蹭、任性、自私等顽症。对习惯和教养方面的强化训练，比学习那些知识性内容，显得更为重要，更为迫切。有了良好的习惯和教养，孩子将终身受益，不成才都很难。相比于学龄前盲打"鸡血"，这样的早教显得更有智慧。所谓三岁看老，就是这个意思，这是早教正确的出发点，不可本末倒置。

目前教育焦虑体现在家长操心、老师费心、学生烦心上。在家教补课超前学习盛行的当下，笔者想说，**家教补课超前学习有点像服用思维发育激素，孩子服用思维发育激素相当于运动员使用兴奋剂，运动员使用兴奋剂会使得其在大考中取得好成绩。一旦孩子考上好大学，家长解脱（高兴），老师欣慰（满意），孩子烦心消散（扔掉课本放飞，"躺"过大学时光），"催熟"的孩子在大学却往往没有了创新能力。**

每年都有高三毕业生撕书的视频流出，弃书达到人类历史的顶峰，既是对高中学习压抑的宣泄，也是对书本的旷古空前、举世无双的仇恨。毕业后，还有谁再读教材？当然，也可以这样理解，高中毕业撕书学生的知识都装进大脑了，自信不需要读高四（复读）了，书本和资料都可以见鬼去了。现在的教育是把人最珍贵的年华付之死背硬记的学习内容和重复训练的大小考试上，而不舍得花费一点点时间去讨论和思考更有意义和价值的事情。记忆成了学习的唯一方法，高压成了教育的唯一手段，保护成了成长的唯一措施。这种负成长的教育模式其实是对人性的一种摧残。

1. 超前学习催熟危害

（1）从教育规律上看

①违背孩子生理特点

孩子的发展是有一个整体规律在里面的，对于 5 ~ 10 岁的孩子来说，他们的逻辑思维能力和抽象思维能力还未完全建立。七八岁孩子的思维还比较直观形象，我们会发现他们在做数学题的时候有数手指头的习惯。这个时候就算提前对他们进行教育，孩子的思维能力未达到，他们根本不能理解家教补课超前所教的内容。并且 6 ~ 12 岁是脑缘系统发育的关键期，孩子应该在什么年龄就干什么年龄的事情。

②扼杀孩子学习兴趣

兴趣是孩子最好的老师，孩子对于自己所感兴趣的内容，会特别努力地学习。对于学龄前儿童来说，他们主要的学习方式就是通过游戏，而家教补课超前教育就是提前让他们学习以后所要学的知识，孩子学不会，在学习中，经常遭受失败，因此也就会丧失对学习的兴趣，反而会起到一个相反的效果。如果孩子学会了，到了学校还得重新学，这个时候孩子对学习内容已经没有新鲜感，没有好奇心，可能还会适得其反。

③影响孩子身心健康

当孩子在接受家教补课超前教育的时候，他们会经常记不住或者不理解所教的内容，而花了辛苦钱的家长如果知道这种情况，一着急，可能会对孩子进行谩骂和批评，甚至会有肢体上的暴力行为产生。这种教育方式会让孩子对学习越来越恐惧和抵触，甚至也会养成用暴力解决问题的习惯。

（2）从发展眼光上看

暴力催熟会对孩子会造成什么后果？

①孩子日后的学习会受影响

这种提前教育，的确让孩子提前学习到了很多知识，但造成的后果却是很严重的。可能在一开始，家长看不到影响，但是这种影响是潜移默化的，在孩子 10 年、20 年以后，影响就会变大，孩子依然难有出息。

②孩子心态可能会发生变化

对孩子来说，他们的童年应该是无忧无虑，单纯快乐的。家长的暴力催熟，让他们过早地进入成年人的世界，他们和周围小伙伴的差距会越来越大，除了性格上变得更加孤僻，心态上也会很有压力，慢慢地就会展现出自己叛逆的一面。

③孩子和父母关系会受影响

要说受影响最大的就是亲子关系了，父母过于极端的教育方式，会让孩子表面上顺从，内心则非常叛逆，甚至怨恨父母，亲子关系也因此受到影响，不利于良好亲子关系的建立。

2. 催熟的孩子未成人

催熟的孩子一般有这样一些特点：有理想没方向，有个性没主见，有学历没学问，有模仿没创新，有知识没文化，成年人未成人。

笔者是 1989 年考取的全日制硕士研究生，那一年全国研究生计划招收 39 296 人，其中博士生 4 482 人，硕士生 33 542 人，研究生班 1 272 人。而实际只招收 2.9 万人，宁缺毋滥。2023 年 2 月 28 日，国家统计局《2022 年国民经济和社会发展统计公报》发布，全年研究生教育招生 124.2 万人。3 月 23 日，教育部召开新闻发布会，介绍 2022 年我国共招收研究生 124.25 万人，其中，招收博士生 13.9 万人，硕士生 110.35 万人。不谦虚地说，笔者那时硕士的含金量就远比今天博士的含金量高。殊不知，美国授予博士最多的年度是 2019 年，也只有 55 703 个博士。

以前大学毕业包分配，现在大学生不找工作就要被人说啃老，不能只想着毕业生为社会考虑，社会有没有为毕业生考虑？站在道德高地去批判现在的大学生，这对解决大学生实际的生存问题一点帮助都没有。

中国教科院（原中央教科所）2011 年的调查显示：恢复高考以来的 3 300 名高考状元，没有一位成为行业领袖。（见《上海教育》2011 年 12A 期第 34 页）"状元"毕业后多从事高薪职业，成才率低于社会预期。应试教育虽然可以生产出一流的技术人才，却无从培养出真正的科学精神，无法造就创造未来的天才。知识不如能力，能力不如品质。当学生离开学校时，带走的不仅是知识，更重要的是对理想的追求。学校要让孩子天性有展现的空间，智慧有表达的机会，美德在学习中扎根，梦想在勤奋中实现。

有的孩子天分很高，但到了大学却失去了奋斗目标，以为达到了人生顶峰，从而没有了努力的动力，笔者在母校北大看到不少没有眼光和文化的家庭毁了不少优秀的孩子。笔者觉得大学期间和大学后的人生理想和目标教育更重要，有很多家长简单地理解为直接上一个挣大钱的专业，找一个挣大钱的工作就 OK 了，笔者觉得很悲哀。上北大清华仅仅直接冲着钱来的，真遗憾！

3. 要给孩子有机教育

美国教育家泰曼·约翰逊是进步主义教育协会的创始人之一。她创办了费尔霍普学校，该校以"有机教育学校"而闻名。约翰·杜威（John Dewey，1859 年 10 月 20 日 – 1952 年 6 月 1 日）把约翰逊的教育实验称作"教育即自然发展的一个实验"。约翰逊认为，教育方法是"有机的"，它遵循学生的自然生长。学校的目的在于为儿童提供每个发展阶段所必需的作业和活动。根据学生的年龄来分班，称作"生活班"而不是年级。有机教育学校的课程计划以活动为主。她重视社会意识的培养，反对放纵儿童，主张纪律对人的成长很有必要。

上海社会科学院杨雄在 2014 年 5 月的《解放日报》发表文章表示，勿催熟！给孩子"有机教育"。

现在大家都喜欢有机食品、有机蔬菜，因为它们是天然的、自然生长、无污染、不反季节、符合四季成长规律的。教育孩子的过程，也应该是有机的过程，而不是拔苗助长、反季节、催熟的过程。而当下流行的一些教育观念，比如"不要输在起跑线上"，实际上都是在"催熟"孩子，是有违教育规律的。杨雄所说的有机教育，就是针对笔者所说的"催熟"的孩子的。

（1）让孩子缓慢成长

首先，孩子的成长是一个缓慢的过程。就像种蔬菜、种玉米，它都有一个自然生长周期。想必大家都不喜欢吃用化肥催熟的蔬菜吧？教育也是同样的道理。如果你过多地期待、过早地开发，过度保护和过度教育，就会给孩子带来巨大的心理压力，反而不利于他的成长。都市人喜欢散养鸡，觉得山沟里散养的鸡一定是好的。养鸡场的鸡，有巨大的标准化车间，灯光一打开，合成的喂料一放，鸡就去吃，吃饱，灯关掉，睡觉。过两个小时，继续开灯，让它们继续去吃，吃完再睡觉，几个月就养成熟了。如果我们的孩子也是这样，关在屋里长大，不给他散养，不让他见阳光，不让他到农田玩，在野地撒欢，这样的孩子就会逐渐丧失自主能力。

现在的孩子，由于大多是独生子女，父母给他的照顾无微不至，最后衣服都不会穿，甚至到美国留学还要陪读，现实生活中这种"悲剧"很多。培养孩子不能"催熟"，不能"反季节"，不能让孩子过早地失去童真和快乐。现在市场流行的观点太多，0岁要学游泳，3岁要学什么，好像过了3岁没有学，孩子就完蛋了。除了睡觉外，孩子24小时全部安排满，包括周末。学了钢琴有舞蹈，学了舞蹈有音乐，孩子弄得很辛苦。家庭教育中这种保姆式的喂养，甚至扩展到了国外。在国外经常能看到这样的场景：星期天，一些中国妈妈背着小提琴，孩子背着大书包，东赶西赶。美国孩子在踢球、在玩的时候，中国家长则陪着孩子去补课了，成为一道独特的"风景"。结果只要有"中国妈妈"居住的社区里，美国妈妈逃走了，日本妈妈逃走了，台湾地区来的妈妈也逃走了，表示："这样吃不消的，你们太厉害了；这样开发孩子，我们怎么活？"

其次，勿"催熟"孩子。不要让孩子过早地失去快乐、自由的童年。现在大城市里大多数孩子是怎样过日子的？曾有一位摄影记者抓拍了100张"中国式童年"照片，照片中的所有儿童，几乎都是房间里一堆玩具，但只能"自己和自己玩"，物质丰富，但不快乐。我们的基础教育被公认是世界上最好的，但为什么仍有不少中国妈妈要送孩子到国外上学？我看主要是因为孩子上学不快乐。孩子的成长有自然的规律，就像大自然的四季变化，当孩子的身心还没有发展到可以吸收某些知识或技能的阶段时，提早学习往往没有效果，甚至伤害孩子的心智。任何催熟、拔苗助长，其实后果都是不好的。很长一段时期来，我们的教育理念和社会流行的教育观念出现一些认识偏差，最典型的就是所谓"不输在起跑线上"这一口号。这实际上是在提前催熟孩子，让他们过早地学这、学那，过早开发孩子智力，事实上却是帮倒忙，甚至是摧残孩子，使得大多数孩子过早失去了童真、幸福与自由。

最后，孩子培养是一个陪伴与"发现"的过程。什么叫发现？父母在陪伴孩子成长的过程中，会逐渐发现孩子在某一领域的天赋、特性和兴趣，因势利导加以开发。在这过程中，切忌盲目跟风，别人家长带孩子学英语，你也带孩子学英语，不管孩子喜欢不喜欢。教育培养孩子需要有一个耐心等待、陪伴发现的过程，这也是有机教育的核心理念。要"有机育儿"、个性发展。目的是恢复教育的本质，让孩子缓慢地成长，这是因为每个孩子的发展，存在着先后、个别的差异性。

对于每个孩子来说，发育不同。有的孩子开窍早一些，有的孩子晚一些，一定存在着差异性。因此，家庭教育只能借鉴，不能完全拷贝、复制。邻居家长培养孩子成功的范例，完全拷贝到自己孩子身上，却不一定成功。因为每个孩子的特性、发展潜力都不一样。

为何中国女孩比男孩成熟、功课成绩更好？主要是女生更加适合我们"应试"教育体制，因为女孩比男孩更听话、更专心、更仔细、更认真，不像男孩子调皮，喜欢玩，心智成熟比较晚。因此，男孩和女孩的教育方法也应有所区别。你看看现在幼儿园里，女孩子受表扬多，小学当班长的是女孩，初中、高中更不要说。过去文科状元大多是女孩，现在理工科、计算机专业也出现了不少女"学霸"。男孩则往往受到"压迫"，家里一个男孩，被一群女人包围着，奶奶、外婆、妈妈，到幼儿园是阿姨、到小学是女教师，连班长也常常是女生。女孩生理发育要比男孩早差不多一到两年，这两年差距是不得了的。因为等男生"醒"过来，中考过去了，高考也过去了。

还有就是，将男孩子弄得像女孩一样，在学校里不能跑、不能跳，男孩子"娘娘腔"，还叫男孩吗？虽然在网络时代，男女生在职场上的性别差异大为减弱，但男孩教育与女孩教育应有所区别。因为男女生理发育阶段是有差异的，做家长、当老师的，一定要依据儿童心理发展节律来施教，尤其是一定要给男孩子缓慢成长的机会，不要着急。

（2）人类都是早产儿

从生物学角度说，婴儿从出生到能够站立说话行走，至少一年。就这一意义上说，人类都是"早产儿"。因为人类婴幼儿期比动物幼崽需要更多父母的照料与养育。这证明人类在孩子早期教育上，需要花费的时间更长、精力更多。

人类和动物界相比，社会化和成长过程要缓慢得多，需要父母有更多的时间照料、早教。从"动物世界"栏目里可以看到，小象一出生，很短时间内就得直立行走，就得睁开大眼、自己找母象的乳房，然后跟象群出发，不然有被猛兽袭击之虑。相反，若是一个婴儿一出生，自己就会站立、就找妈妈吃奶，人们一定会被吓坏了。

大概要一周、几周之后才会慢慢寻找声音，然后再会看到母亲的笑容。所以，母亲得给婴儿喂奶，把他放在心脏边上，聆听母亲的心脏脉动，给他依偎感、安全感。正因为人类都是"早产儿"，所以需要父母花更多时间专心照料。这也反证了孩子的成长是个缓慢的过程。而正是人与生俱来的未分化性、未特异性，使得人比动物具有更好的发展选择性。

家长期待过高，孩子反而会发挥不好。学习压力太大、心理负担过重，孩子就会丧失自信，因为只有在较为宽松的环境中，身体才会分泌出一种"多巴胺"（快乐、年轻荷尔蒙）。当今中国似乎进入"早教、开发"时代。按照独生子女教育的"智力汇合"理论，独生子女得到父母在时间、精力与金钱上的更多倾注。这对于孩子来说，既是好事，也是一件坏事。因为这样，父母往往把唯一的孩子作为对下一代人（过去通常是几个孩子）的精神寄托，这不仅强化父母对子女的高期望值和心理依恋，也加重了其抚养子女的忧虑感，这对孩子的成长也会造成不利的影响。更严重的是，现在不少年轻家长，把孩子培养限定在一个特别狭小的范围之内。对孩子们来说，考高分、成绩好就是标准；孩子五六岁会弹钢琴，就会得到奖赏等。这导致很多孩子被迫提早结束无忧无虑的童年，这其实是一个很大的观念误区。

（3）成长是分阶段的

人类成长是分阶段的，某些大脑功用只是配备给某个具体阶段，一旦顺利度过了，大脑就会自动弃除这些功用，保存有用的链接。这是为了让人能够更集中精力、更加具体细致地运作生活。某个孩子3岁就识2 000个汉字，其实这是训练出来的短时记忆，对大脑思考进步并无多大益处。心理学研究发现，儿童的成长过程有规律，不主张过早地开发孩子，让儿童太早去练什么"珠心算"、认识很多汉字。事实上，如果一个月不训练，大半都会忘记。其实这正是儿童发展过程中大脑在自我保护，这也是天生的一种自我保护。

为什么有的孩子对父母给他补课、加课很反感？并不是说大脑不要开发、不要用它。关键是怎么科学开发？如何使用？应根据孩子的天性、本性、特质来因势利导。其实孩子注意力很容易集中，只要他喜欢。如果一个孩子喜欢画画，真的很喜欢，你让他画，他一天坐在那里不动也不会累，因为他是在做一件喜欢的事情。比如他喜欢积木玩具，他去拼装，注意力非常集中，吃饭都忘记。所以，要研究孩子发展的差异性、分化性、性别优势等。每个儿童，每个成长阶段，都有特定优势和劣势，一方面儿童具有完成任务的典型能力，另一方面又具有典型犯错的特性。做父母经常会遭遇如下尴尬场景：去参加家长会，老师说你的儿子坐不定，上课不专心，你一定脸红。回家将孩子骂一通。其实这是孩子的天性。

现代教育研究证明，任何碎片化的知识必须被理性梳理并建构起系统化的秩序，才能显示出知识的力量。**中国孩子被要求大量记忆碎片化"知识"，只会成为大脑沉重的负担，使人成为"书呆子""记忆棒"。**任何人要成为自己大脑的主人，都必须建构属于自己的逻辑思维体系。要提倡少学一些"知识"，提高动手实践能力，加强合作分享教育。

尤其在大数据时代，由于信息爆炸，学校课程、知识教育重要性已逐渐下降。全世界每天产生的信息、知识超出你的想象力，而且不断更新。所以学习变成是终身的事情。从这个意义上说，相比单纯灌输知识，学校训练学生获取知识、整合知识的能力就显得更为重要。因此，对孩子的教育、培养必须有所选择，而不是靠苦逼、硬塞、催熟或者"提前抢跑道"。

要将更多精力放在研究儿童成长分化规律上面。儿童成长分化大概有 3 个重要时期：一是 3 岁左右，大脑急剧成长；二是幼小衔接的阶段； 三是考高中阶段，这三个关键期要抓住。要把握好"应试教育"和"非应试教育"的关系。这两者之间是有弹性和节奏的，要让孩子在交替过程中、在自由和限制过程中发展，这是一个教育孩子、培养孩子的策略。中国家长最容易出现问题的地方，一方面是从来不给孩子独立生活、磨炼意志的机会，都是越俎代庖，另一方面又处处让孩子和别人竞争。还有不少家长，把培养孩子的目标限定在一个特别狭小的范围，就是成绩。成绩好就"一好顶三好"，其他方面差一点没有关系。中国的父母是世界上最重视教育，也最舍得投入的。但是中国的父母，也往往是最容易出错的。

"有机教育"：一是孩子自然成长，而不是拔苗助长、反季节、催熟的过程；二是家庭全体成员共同成长。正常的家庭关系应该是这样的：夫妻俩手拉手，孩子站在父母的前面中间位置，这样位序，孩子既有独立性、又有安全感。在家庭教育上，"方向比努力更重要"。若方向搞错了，培养的路径、方法搞错了，一切将适得其反。"有机育儿、健康成长"，就是恢复教育的本原，让孩子缓慢地成长，甚至让他们更加野蛮、自由自在地成长。

（4）需要阳光和沃土

"有机教育"要大力提倡"慢教育"。教育过程就好像看足球比赛，原本都坐在体育场里，好好地看球赛，大家都看得清楚。突然有一个观众（家长）着急地站起来，影响了别人，结果是所有人都站起来，到头来，观赛效果会受到影响。所以，"有机教育"就是要大力提倡"慢教育"，提倡日常生活式的教育，提倡润物细无声的教育，要变主要考知识为主要考见识，不要追求一节课里让学生强制性地记忆多少东西，而是启发他们的思维。让孩子们从学习做人开始学习文化知识。有家长说，我慢了，人家快了，人家抢"跑道"怎么办？这就有赖于政府、媒体、学校、社区、家长形成合力，在社会形成舆论场，形成一种新的教育观念。

"零基础"入学不等于"零准备"。小学一年级要"零基础"教学、严禁幼儿园提前教授小学教育内容、要求取消统考统测，减轻孩子学习压力。当然，零基础入学，不等于零准备。准备什么？一是学会做人，二是学习做事，三是身心健康，四是社会适应。今后无论入学，还是进入社会，个性"颜值"越来越重要，综合品质要求会越来越高。家长就好比施肥者，在什么时间、怎么施肥，非常重要。小学前是培养孩子学习能力、生活习惯以及性格的关键时期，家长应该把精力放在这些方面，不要让孩子超前学习。老师要严格按照各学科课程标准开展教学，从"一张白纸"教起，而不是以班上识字量多的学生为教学依据。相对知识技能而言，更重要的准备是在学龄前阶段养成良好的行为习惯。以吃饭为例，孩子在学校须自己取餐、自己吃、自己整理，在餐厅里不大声喧哗。如果一味灌输孩子知识，忽略了品质、生活习惯等的培养，那才会"输在起跑线"上。

有机教育的核心不在于给孩子灌输一堆知识，而在于能够支持孩子、帮助孩子，让孩子自然地发展，完整地成长，多元化地发展，准许孩子成为最好的而非完美的自己。

4. 创新需要质疑精神

2005 年 7 月 29 日，时任国务院总理温家宝在看望钱学森的时候，钱老感慨说："这么多年培养的学生，还没有哪一个的学术成就，能够跟民国时期培养的大师相比。"钱老又发问："为什么我们的学校总是培养不出杰出的科技创新人才？""钱学森之问"成了中国教育事业发展的一道艰深命题。

"钱学森之问"，既是一个"科学之问""教育之问"，实际上，更是一个"体制之问""历史之问"。它的科学求解，确实关乎国家未来长远的兴衰发展。

科学与自由、科学与民主是不可分割的。"分割"恰是"钱学森之问"产生的生发之源，"融合"也恰是"钱学森之问"最终的求解之宗、之路。

2014 年 5 月 2 日《中国青年报》第 3 版《科技导报》原常务副社长、副主编（实际主编）蔡德诚发表一篇文章《科学与民主不可分割——也答"钱学森之问"》。

在一次专题研讨"钱学森之问"的小型学术会上，3 位并列而坐的老学者，各用了一个关键词，来表达自己对"钱学森之问"出路的见解。84 岁的北京大学资深教授陈耀松说"要靠民主"；紧接着，88 岁的力学家郑哲敏院士说"要有自由"（之后不久，即 2013 年 1 月，他获得了 2012 年度国家最高科学技术奖。）；接着，备享盛名的 95 岁的中国科技大学李佩教授说"要能争论"。此情此景，真是美妙极了。3 位白发苍苍，却言简意赅，"科学与民主""科学与自由""科学与争论"之间的关系，一目了然！可见神州大地上的仁人志士、各方学者，大势之观察，可谓不约而同；症结之判断，亦所见略同。

中国小孩没有玩，不允许玩，被别人"玩"。被爷爷奶奶"玩"，被爸爸妈妈"玩"，被社会"玩"，被老师"玩"。玩的结果就是伤害：超强灌输知识，极大地挫伤了孩子们探求知识的动力；超前挖掘潜力，极大地伤害了孩子们探求未来的渴望。读书读到高中就读腻了，还指望终身读书？如果我们教育的孩子遇苦退却，遇难胆怯，遇敌畏战，遇战怕死，这是我们教育最大的失败和可悲。孩子的天性、野性，是后天勇敢创造的本源。孩子要心存幻想、梦想、敢想，要保持萌动、冲动、敢动。别把成熟、老练、不出头等丑恶文化拿来教给孩子。孩子要培养独立之人格，自由之思想，养成拼搏精神、冒险精神、吃苦精神、质疑精神、探索精神、团队精神。这些都是创新性杰出人才的必备精神。

教育不是一场自上而下、充满结论的告知，而是一场充满问号的引导和探索。敢于质疑才是一个人最了不起的能力。17 世纪法国文学家布鲁叶说："好的判断是世界上最稀有的东西，比钻石珠宝还要稀有。"

英国一位教育家曾说过类似的话：英国的教科书说英国最伟大，法国的教科书说法国最伟大，应该让学生读到这两本教科书。

有人疑问道：那学生到底信谁呢？这位教育家回答说：学生谁也不信了，教育便成功了。

在这位教育家看来，学生"谁也不信了"，教育便成功了。当然，这里所指的"信"，是"迷信"的意思，"谁也不信"，就是不迷信别人，不迷信书本，不迷信权威，让学生不断增强分析能力、辨别能力和判断能力，让学生越来越相信自己，越来越懂得用自己的眼光来审视世界，用自己的心灵来感知世界，用自己的思想来思考世界，这才是教育的成功所在。好的判断不是人云亦云，而是根据事物的特性，有自己的独立思考。

正如诺贝尔经济学奖得主阿玛蒂亚·森（Amartya Sen）认为的那样："考察一个人的判断力，主要考察他信息来源的多样性。有无数可怜人，长期生活在单一信息里，而且是一种完全被扭曲颠倒的信息。这是导致人们愚昧且自信的最大原因。"每个人都将自身所感知的范围，当作这个世界。可是殊不知，更大的世界存在于你的感知之外。即便你有一双健康的眼睛，若是没有光，依然什么都看不见。很多人没有世界观，因为没有关于世界的信息源源不断地供给他们，他们因接受有限信息所形成的只能是"圈内观"。信息渠道偏狭，导致观点偏狭，思想偏狭，易受蛊惑，容易从众，且非常顽固，没有比较，没有鉴别，自我感觉良好，但内心空缺。千万别被单一的信息渠道蒙蔽了双眼，很多信息断章取义、以偏概全、混淆视听。很多人就如盲人摸象，自以为是，实为坐井观天的井底之蛙。单一视角的人往往愚昧又自信，多重视角的人往往智慧且谦卑。

机床是一个国家工业能力的骨骼，而电子元器件则是维生素。在工业数控机床、集成电路、电子元器件和配套产品领域以及碳纤维材料，中国几乎压倒性地依赖日本。83% 的关键零部件，85% 的核心元器件，87% 的数控机床，97% 的高端检测检验设备都依赖进口，缺乏产业核心竞争力，在这个意义上来说，创新是关系到民族生死存亡的事情。要想验证自己的判断力，批判性思维才是关键。和成功相比，敢于疑问，才是一个人最了不起的能力。

伽利略从小就表现出了独特的个性。在学校，相对于老师告诉他的道理，他更喜欢独立思考，并且提出疑问。教授们都信奉：所有科学上的问题都最后而且一劳永逸地被亚里士多德解决了。

伽利略不信，经过仔细地观察和研究，他大胆地向亚里士多德的理论提出疑问。1590 年，在比萨铁塔，伽利略用两个不同重量的铁球同时落地的实验，证明了自己的观点：物体下落的速度与物体的重量无关。

很多时候，存在的不一定是合理的。当然，质疑的前提是有调查，才有质疑权。

美国作家乔尔·贝斯特认为，所有做教育的人，都应该对批判性思维推崇备至。不要怕被批判，因为，有批判才有真理。贝斯特从社会学角度出发，提出了自己对批判性思维的建议，对于所谓的真理（道理），我们要敢于质疑。

我们曾经听说过很多真理，却很少去想，那些真理中的断言是不是真的。

批判性思维不是简单假定我们已经知道了什么是真的，而是要求我们思考我们的假定是否有可能错误。生活中，有的人信仰权威，比如医生、比如专家。但是世界上并不存在绝对的方法正确。任何一种科学和学术都是在推翻和重建中不断完善的。

人们用望远镜观察行星，得以证明地球围绕太阳而转。从此，推翻了神学家的"地心说"。人们又用显微镜观察到可能令人类生病的微生物，所以推翻了亚里士多德的病理模型（疾病是由 4 种体液的失衡引起的）。

批判性思维讲究证据，证据可以帮助我们评判断言是否是真的信息。同时，批判性思维还要求我们对支撑断言的证据进行检验并判断其是否可信。

质疑是批判的前提，证据才是批判的结果。批判思维包括独立自主、自信、思考、不迷信权威、头脑开放、尊重他人等关键要素。

批判性思维是一项技能，而且是一项极为重要的技能。

独立的思维，决定个体的差异。批判性思维可以让你先于获得机会和真理。

人与人之间真正的差距，不在于出身和环境。最大的差距来自思维。成就不同领域的优秀，除了专业技能，还有他们思想中的批判性思维。

从个体角度出发，贝斯特在书中分享了一个普遍存在的现象。他发现，教育程度与收入水平之间出现的差距，体现在他们是否学会了批判性思维。比如，一般情况下，高中生比初中生有更多的就业机会，而大学生比高中生，又多一些就业机会。当然，研究生又会比大学生选择多一些。究其原因，大学的教育不再是单纯的知识学习，大学会建立学生的辩证思维。当你通过不同的信息，能够提出、组织、呈现个人观点的时候，你就是在掌握和完善自己的批判性思维。从而你会对自己要做的事情，有一个价值的对比和预测。最终，你有机会比其他人获得更多的回报。

批判性思维是一种有根据的思考，也是一种深度思考。

人生大多事，只有通过思考，才能改变生活中需要改变的部分，才能主宰自己的未来。生活中，有很多人乐于接受被人接受的观点，而不是停下来思考是否有理由支持该观点。

苏格拉底曾经在课堂上教大家怎样保持独立思考。他拿出一个苹果，在课堂缓缓穿行。他让同学们集中注意力，注意嗅到空气中的气味。一边说一边摇晃手中的苹果。当他对同学发出提问，问大家有没有闻到苹果的味道，有的同学开始举手，说苹果很香。这时候苏格拉底重复提问，还有没有其他同学也闻到了苹果的味道，大家面面相觑。在他不断地提醒下，慢慢地又有很多同学举起了手，承认自己闻到了苹果的味道。

最后，只有一个同学说没有闻到任何味道。同学们回头看了看，那位同学是柏拉图。苏格拉底对同学们笑了笑说："这是一个假苹果，它没有任何味道。"

正视自己的判断，坚持说实话，是对独立思考和保持自我的唯一方法。批判性思维，就是在某一种观点和理论面前，保持说实话的底线，让真相被更多的人看见。

先哲提醒我们，警惕被环境驯化，不要让别人给你的大脑和行为套上镣铐。

独立思考是建立批判性思维的基础。正如叔本华说的那样："莫让自己的头脑成为别人思想的跑马场。"

一个人从课堂和生活中学习到知识很容易，学习到方法就不是太容易了。要是再想学习到一种能力，就更难了。

保持独立思考，培养自己有意识的辨别信息的真伪，坚持关注自己的感受和判断，并愿意为自己的判断做出实践的验证，就是逐渐建立自己的批判性思维的过程。

思维，可以改变一个人的命运。批判性思维，可以为你赢得更多的机会，让你的人生收获更多，走得更远。

5. 创新需要培养自主

笔者在讲授"创新思维与现代管理"时讲道："说别人没说过的话叫创新，做别人没做过的事叫创新，想别人没想的东西叫创新。"创新就是和别人看同样的东西却能想出不同的事情。这都离不开自主。要培养创新型人才，这不仅对家长，对学校教师也提出了更高的要求。

校外补习班培养不出孩子的独立思考能力，反而让孩子有依赖感，缺乏自主性。要具备这种独立思考的能力，家长必须减少对孩子的干预。很多孩子为什么学习不是很理想，作为家长仔细地去思考一下，重要的原因是在他们的认知思维里，学习真就不是为自己而学的，是为家长而学的。这种家长的过度干预就影响了学生自己对学习的正确认识，他们会认为家长对分数的关注多于自己，那么他们有时候会"恶作剧"般故意不去好好学习，内心里有跟家长"顶牛"的意识。造成这种状况，其实是家长没有让孩子养成独立思考的能力。最基本的独立思考是要让孩子知道父母只能是父母，不能替代他们去生活，每个人都是独立的个体，都要为自己的事情负责。在生活中，家长要有意识地帮助孩子区分什么是他自己分内的事情，然后分内的事情就完全由他自己负责，做得好就奖赏，做得不对就惩罚。自己的事情自己负责，独立意识的培养才能让孩子去思考学习对于他们自身的意义，才能为枯燥的学习提供持久的动力和能量。

在对儿童的教育中，无论是教师，还是家长，往往把"听话""守规矩"和"文静"作为"好孩子"的标准，而把"好提问或好提不同意见""好动"

和"顽皮"作为"坏孩子"的标准。在这种根深蒂固的服从意识的熏陶下，孩子都被修剪成一棵棵"冬青树"，看上去整整齐齐、文文静静，但缺乏独特性。要培养学生的自主性，就应改变传统观念，让孩子拥有充分的自主、做事和思考的权利，同时家长还应努力创设一种宽松、民主、自由的家庭气氛，以利于孩子自主性的确立和培养。

6. 创新需要思想自由

人类文明的进步不是器物层面的征服，而是追求心灵的自由和每个人的尊严。任何原创的科技创新都必须来自一颗颗的人脑，来自不受权力制约的思想。自由奔放的思想是科技创新发明的源泉，离开了思想的自由，人只会唯唯诺诺、按部就班地工作、干活。这样的人，怎么会有想象力呢？传统固执的人往往最看不惯那些天马行空、异想天开的人。但可惜的是，人类的进步，靠的就是这帮有着基因突变般思维的人。缺乏创新意识的社会状态，没有思想自由的空间就没有创新的源泉。

思想自由的时代，才是文化繁荣的时代。无论是春秋战国的百家争鸣，还是欧洲的文艺复兴，每次社会制度大变革必定有一场深刻的思想解放、个人解放。创新说到底就是自由，首先要胡思乱想，然后才会有创新，什么时候有创新？那就是思想最自由的时候，比如我们现在的生活，如果没有 1978 年至今的思想解放，后来所有的改革都是不可能的。

自由是创造力培养的早期土壤，这样的土壤能保持鲜活的创新思维之河的流动。如果没有自由精神的教育，采用僵硬的体制死板的教材，并且大人或老师的结论语言永远不可侵犯，那么孩子就没有一点自由思考和批判的空间了。

没有天性自由的教育，没有自由的成长空间，没有自由的思想活力，就不可能有创新的能力。在功利的环境里，只会有依赖、模仿和恶性竞争，把整个社会引入歧途。

与浩瀚的宇宙相比，人类的家园地球有如一粒浮尘，但是大到征服宇宙，小到家庭幸福，我们都必须仰仗于人脑的无穷智慧。人类社会发展到一定程度，或许最终连国家、种族都会消亡，但我们应该懂得：在这个地球村之内，所有和平、幸福、文明的生活，都必须仰仗于个体的自由。**自然是孩子的天性，自**

由是孩子的本性，扼杀天性和本性，就是扼杀成长的活力和动力，如此教育不可能培养出创造性人才。所以，提高学生的创造能力要在鲜明展现正确价值观的前提下，给学生一点权利，让他们自己去选择；给学生一些机会，让他们自己去体验；给学生一点困难，让他们自己去解决；给学生一些问题，让他们自己去思考；给学生一种条件，让他们自己去锻炼；给学生一个舞台，让他们自己去表现。

七、不争起跑线，需要定力

不争所谓的起跑线，家长需要定力。因为大多数人都喜欢不输在起跑线上，甚至喜欢抢跑，但是真理往往掌握在少数人手中，可是为什么家长一定要少数服从多数呢？为什么不能淡定一点，有点定力呢？

1.忘掉所谓起跑线，跑出一片天

北宋"神童"方仲永，5 岁就会写诗，他的起跑线绝对是一骑绝尘，但成年后却毫不出彩。当今社会上也有不少神童、童星，小时候成名，长大后却异常平凡。反之，不少名人，虽一开始输在起跑线上，后来却大放异彩。沈从文、莫言、郑渊洁，都是小学毕业或肄业，他们都输在了学历的起跑线。但他们饱读诗书，出笔成文，经过自己的不懈努力，最终成了大作家。别让所谓的"起跑线"，成为孩子人生的绊脚石。

每个人都可能在某个方面具有自己的才能生长点，蒲松龄屡试不第，写作《聊斋志异》却身手不凡；柯南道尔行医无所作为，创作《福尔摩斯》却让世界上最高级的侦探叹为观止；陈景润笨嘴拙舌，却摘取了数学皇冠上的明珠……问题是一个人找准自己的才能生长点绝非易事。

美国女孩塔拉·韦斯特弗（Tara Westover），出生于 1986 年。和我们相同的是，她与我们生活在同一个世界、同一个时代。而不同的是，她直到 9 岁才有出生证明，17 岁前，她像小兽一样生活在大山里的破铜烂铁垃圾堆旁，一天学校都没上过，一开始就输在了起跑线上，她生病的时候从来没有去医院看过病，因为父亲说所有青霉素等药品里面都掺杂着撒旦的毒药水，他们只能用母亲的草药来治病；也从来没有用过香皂洗澡，她甚至一直跟着父亲在废料场打工。她通过自学考上大学，成绩优异。2014 年取得剑桥大学历史学博士学位。2018 年，出版自传体小说《你当像鸟飞往你的山》。2019 年，被《时代周刊》评为"年度影响力人物"。

美国艺术家摩西奶奶（Anna Mary Robertson，1860 年 9 月 7 日 -1961 年 12 月 13 日）至暮年才发现自己是惊人的艺术天才，75 岁以后开始作画，80 岁举行首次女画家个人画展，100 岁时她启蒙了日本作家渡边淳一。美国学者称这种现象为"摩西奶奶效应"。他们还认为一个人如果不去唤醒自己的潜在能力，它就会转化或自行泯灭，这就是所谓"短路理论"。"摩西奶奶效应"昭示人们认识自己，选择自己，因为每个人都拥有一份独特的天赋和才能，它们可能隐藏在日常的琐事中，也可能沉睡在心灵的深处。正如摩西奶奶所展现的那样，即使是在人生的晚年，只要拥有决心和勇气，依然能够唤醒这些潜能，让它们在生活中闪耀。正确地认识自己是一件困难的事情，但千万别让才能"短路"。摩西奶奶从未受过正规绘画训练，可以说她在画画上是完全输在起跑线上的，但是她却不这么想，她说，人生永远没有太晚的开始，最好的时机就是现在。

可见，所有的成功，都离不开后天的努力。

赢在"起跑线"还是输在"起跑线"，并不那么重要，真正重要的是要忘掉"起跑线"，努力地奔跑起来。

文化巨匠胡适先生在《进一寸有一寸的欢喜：胡适谈读书》中说："怕什么真理无穷，进一寸有一寸的欢喜。"意思是：世界上的真理是无穷无尽的，可能没有人能到达终点，但总不能因此止步，向前一点便是有向前一点的喜悦。不怕起点低，怕的是起点低还不努力。每个人的起点都不同，只有甩开膀子，迈开步子，才能跑出一片天。

2. 别让起跑线夺走孩子快乐童年

现在的父母总担心自己的孩子输在起跑线上，孩子满一周岁刚会走，就被送去各种早教班和兴趣班，生怕自己的孩子落在别人娃的后头。

孩子的父母要上班，早教的事大都落在长辈身上，他们按照子女的要求把孩子定点送读，陪伴和照顾两代人似乎成了他们晚年生活的全部。一个好不容易上了幼儿园或小学，二孩出生了，老两口只好兵分两路，马不停蹄，甚至双方的4位老人协商轮值，可谓全家总动员。

起跑线在哪儿？早些年，3岁后6岁前，在幼儿园这段时间，家长喜欢双休日把孩子送到兴趣班或文化补习班，怕输在起跑线上，增加孩子艺术修养或提早进入学习状态，一旦上小学，孩子会很快适应学生生活。随着各种早教班、启蒙班、兴趣班如雨后春笋般越来越多，看到别人家的娃都在培优，自己家的娃还在家里玩，心慌呀，不甘心呀，在攀比中急着抢跑。有的父母根据自己的喜好给孩子报班，也有的家长看同事的娃学什么，朋友的娃学什么，好吧，做个伴，说咱们一起接送，还能交流心得，谁让咱们是为人父母呢，所有苦和累是值得的。

家长选择培优确实存在盲目性，也花费不少钱和精力。结果有的孩子上幼儿园了还不会自己穿衣服，不能大小便自理，吃饭靠大人追着喂。家长说平时爷爷奶奶照顾的多，又要赶这个班、上那个课的，没工夫刻意锻炼孩子自理能力，孩子上了幼儿园各种不适应，不是输在智力上而是输在能力上。

父母要当好孩子的第一任启蒙老师，言传身教，3岁前培养孩子的自理能力、认知能力以及良好人格。失去了亲子时间，把一切都交给培优机构在笔者看来不是明智的选择。要给孩子自由发挥的空间，不要无情剥夺他们快乐的童年。

很多"狼爸虎妈"恨不得孩子整天连轴转学习，说是为孩子好，倒不如说是为自己的焦虑和心理安慰折腾孩子。越是对自然人的生长规律缺乏认知，越是对庸俗攀比随波逐流，越是热衷"抢跑"迷恋狭隘的成功，越是可能把自己的主观简单意志强加给孩子。有些家长不知怎么陪伴教育孩子，主观认为"钱能解决一切问题"，于是给孩子报辅导班"寻求心理安慰"，却很少问孩子究竟需要什么，更不真正关心"究竟什么适合自己的孩子"。家庭教育的缺失和迷恋速成的思想理念，让众多孩子成了"培训班陪伴童年"的小白鼠。"双减"政策后，这些家长更焦虑了，以前还可以用钱来解决问题，用钱来给孩子砸出个"重点大学"，现在要么不知道怎么使劲，要么私自把老师请到家里私教，花更多的钱。

焦虑，或许人人都有，但现如今，面对教育，家长们的焦虑更胜一筹。不少家长为孩子的学习、成长、未来担忧，他们不遗余力、想方设法不让孩子输在"起跑线"上。对此，有家长说，现在孩子不努力多学点，以后就没法找到好工作，就不可能过上他想要的生活。还有家长说，现在就是这个形势，人家的孩子都在学，我的孩子不学就会落后。家长们的说法越来越多，各种应对措施也随之增多，不少家长，已经被这种"起跑线"焦虑绑架了。有的家长不管孩子喜欢不喜欢，强迫孩子去各种兴趣班，有的家长一个劲地给孩子压学习任务，学完课内的还要学课外的，有的孩子产生了厌学情绪，有的孩子甚至累倒在了"起跑线"上，得不偿失。

快乐童年是一生幸福的源头。一个成年社会人是否幸福自信，很大程度上取决于是否拥有一个快乐、父母常陪伴的童年。中国现代漫画事业的先驱丰子恺画了那么多童趣的漫画，总是少不了儿童，其实也是在传输一种理念，对孩子要顺其天性、因势利导，而不是人为干扰他们的自然生长，更深层的意思是"向儿童学习"。给我们带来感动的书写童年的歌曲《听妈妈讲那过去的事情》《外婆的澎湖湾》，温暖了一代代人，不得不让我们担心的是，以后的孩子，会因为忙于学习、疏于玩耍户外运动，再也收获不了这样快乐的童年。

为所谓的"起跑线焦虑"剥夺孩子的童年，甚至会动摇下一代人的人生幸福指数和竞争力根基。人在童年时期，需要到大自然里去和同龄人玩耍，需要家庭的温暖陪伴，从中汲取与人协作、认知自己和社会的成长营养，未来在社会上生存发展必备的非智力因素，如兴趣、意志力、同情心，以及创造力、人文素养等也需要从美好的童年时代开始培养。若只关注知识教育、技能教育，让经验代替探索，让机械代替兴趣，那下一代的创造力、活力、感知力、洞察力就极有可能部分缺失。

18 世纪法国启蒙思想家让 - 雅克·卢梭（Jean-Jacques Rousseau，1712年 6 月 28 日 —1778 年 7 月 2 日）说过，让孩子像孩子一样生长，这就是儿童之福，这就是成功的希望。儿童的自然成长规律需要被敬畏，这是人类文明发展形成的铁律。尊重人的成长规律，这恐怕是被"起跑线"焦虑绑架的家长们最容易忽视的一点。家长的焦虑感一部分源自攀比。殊不知，每个孩子的性格特点不尽相同，几乎不存在可比性，尊重孩子的年龄、心智、爱好，根据孩子的不同特点去培养、去引导，才是家长们的正确选择，过早地揠苗助长，或者盲目地去和别人家的孩子比较，既违背孩子的成长规律，更不利于孩子的身心健康。"起跑线焦虑"本就是伪命题，它违背了教育规律，家长别被自己生出的幻影吓倒，更别被功利培训班的营销话语迷惑，需要多一些理念定力。我们还要补上"怎样促孩子自然生长"这一家庭教育课。儿童教育是一门艺术，但首先是一门科学，家长要读懂孩子这本书：发现儿童，解放儿童，发展儿童，还孩子一个快乐斑斓的童年。

教育就是生长，其过程就是发掘人的天性、潜能以及潜在价值的过程。不可否认，每个家长都会面临孩子入园、升学、就业的压力，但是请保持理智，别被"起跑线"焦虑绑架，如此，才能从容面对孩子的成长、才能静候这些可爱的小花如期绽放。

3. 聪明的父母从不"催熟"孩子

教育家泰曼·约翰逊说："成功的家教造就成功的孩子，失败的家教造就失败的孩子。"家庭教育的成功与否，很大程度上决定了孩子的未来。父母是因，孩子是果，种什么因，便得什么果。孩子的成长需要好的教育，也需要爱、陪伴和鼓励，聪明的父母从不"催熟"孩子。

首先，父母要改变心态。父母不要给自己太大压力，也不要给孩子定太高的目标，拼尽全力在自己能力范围做到最好，就是最理想的结果。这个世界上并不是每个孩子都是天才，天才非常少，大部分的孩子只是一个普通人，这里的普通并不是贬低孩子的意思，所以父母要做的，首先就是要接受孩子的普通，对他们的要求简单一些，不要尝试用对待天才的方法去对待孩子。笔者一直主张把孩子培养成为普通健康人。

其次，不要给孩子太大压力。每个孩子都是一颗种子，每颗种子都有自己的特点，它们开花时间的早晚是不一样的，家长不要看见别的孩子表现得很优秀，自己内心就开始焦虑，要给孩子一些时间，静静等待，你的孩子终有会开花的一天。所以家长们不要太过焦虑，也不要给孩子过大的压力，相信孩子，耐心等待。笔者在后面还会详谈。

科学的教育方式对于孩子来说非常重要，家长要根据孩子每个阶段的发展规律来进行教育，让他们能够更好地享受成长的过程，千万不要急功近利，揠苗助长对于孩子来说，一点好处也没有。况且，通往成功的路也不止一条，所有的孩子在成功之前都是有无限可能的。在这个过程中，学习是基础，但并不是决定孩子通向成功的充分条件。家长不要光顾着去培养孩子的学习，而忽略了他们其他方面的成长。

父母不再焦虑，用平和心态看待孩子，才能避免着急上火。做不焦虑的父母，孩子才能不焦虑。

中国人民公安大学李玫瑾教授说："孩子的问题，往往是成年人造就的。"诚然，孩子的每一种心理或行为问题，都能从父母的言行与教育方式中找到答案。

家庭教育确实应该从小抓起，对于孩子既不能放任，也不能什么都要管。

在教育孩子的过程中，我们总喜欢以过来人的姿态，去打压孩子。既要孩子听话，又要孩子争气。所以，很多家长以教育出一个乖孩子为荣，打着为孩子好的旗号去催熟孩子们，把孩子逼成了小大人。这样的孩子，表面懂事，内心却极其脆弱，同时也是缺乏创造力的。

我们未来需要的是有创造力的孩子，而那些只会做题不会思考的孩子，在未来注定会被淘汰。培养出有独立思想，有创造力的孩子，家教才算成功。

在爱和鼓励中长大的孩子，会更勇敢，更自信。在教育孩子的过程中，不要忘了他只是个孩子。不要用你的成人思维，去评价他的行为。不要妄想让一个幼稚的孩子，一夜之间长大。

例如，我们总要求孩子要勇敢，要坚强，但却不知道如何让他们勇敢。

你越质疑孩子，孩子就会越来越敏感，越来越胆小。但是，父母如果能放下成年人的架子，放低姿态"蹲下来"和孩子真诚地沟通，给予他们足够的理解和无条件的信任，那么孩子必将学会勇敢。

又如，引导孩子绘制人生蓝图，而不是让他去走你给他铺好的路。

3岁左右的孩子，脑子里装满着好奇。他们会用感官去探索这个世界，所以他们经常会"搞破坏"。你家的白墙被涂过吗？遥控器被拆过吗？茶杯被小孩垒起来摔碎过吗？茶几上的东西被丢得满地都是……也许，孩子的这些行为，在你眼中是瞎胡闹。但是，在他们自己的认知里，他们只是在探索这个未知的世界。

很多时候，孩子的创造力，就是在这些"捣乱活动"中完成的。

与其让孩子按照家长规划的路线去长大，不如帮孩子打开那扇通往未来世界的窗户，让他看见那个五光十色的未来。让他自己决定要往哪里走，而不是告诉他终点在哪里。

不要束缚孩子的思想，孩子有疑问、有困惑是好事。家长要善于引导孩子，鼓励孩子，让孩子养成积极思考、大胆动手的习惯，才能让他养成极具创造力的思维模式。

4. 家长要有定力，是需要历练的

很多家长没有定力，很可能跟不懂教育有关，也跟历练有关。所以笔者经常说，要给家长普及家庭教育知识，给家长"洗脑"，缓解焦虑，学校开的家长会就应该开成给家长"洗脑"的会。遗憾的是，可能相当一部分班主任老师也未必懂教育，也没有能力和水平开个成功的家长会。

【镜头14】《和文化》第二季，太原理工大学党委书记郑强与电视节目主持人杨澜对话中国教育，值得读者思考。

郑强：中国的孩子不是输在起跑线上的，中国的孩子实际上是累倒在起跑线上的。中国全民的注意力、社会的注意力都是从幼儿园开始的，（然后）小学、中学，实际上，当我们走入大学以后，中国的孩子对科学的渴望已经比较惨淡了。

杨澜：已经被累坏了。

郑强：对！

杨澜：过去那种积压的压力一下子释放。

郑强：对！

杨澜：他实在是没有学习的热情了。

郑强：对！以前把他榨干了，那是强迫的，所以到了大学，他出个什么问题呢？要知道大学职责跟中学是完全不一样的，大学是自主学习，所以他们完了，他们现在没人看了，没人管了。

杨澜：突然就是失去了依靠。

郑强：全部的放纵，放纵自己的情绪，放纵自己的精神，放纵自己的目标，以前有目标是为了考大学，可是进了大学没目标了，最直接的体现就是学业。

杨澜：明白！

郑强：跟不上啊！

杨澜：我的确是知道，很多学生上了大学以后就放羊了。

……

郑强：不指望本科一定要读最拔尖的学校，人生真不是起跑决定的。不太懂教育的人很看重初速度，起跑就是初速度，我们觉得我们比较懂教育的，我们看重的是途中的加速度，我是要教他在途中持续地跑，跑得远、跑得久，比起跑、抢跑重要得多。

杨澜：对，最近其实有一个调查的数据就是中国的中小学生当中，这个数字很让我惊讶，就是有高达 24% 左右的孩子是有某种程度的情绪和心理的问题的。那么，抑郁症也正在成为学校标准体检的一个规定项目。

郑强：对，我们就是一定要求测试。

郑强：是为什么呢？就是（因为）读书已经不是快乐了，就我经常讲一个大学校长看学生，你去看他的一年级，你到大学今后去采访，我希望你采访一下一年级，再到 4 年级去看看，你一下就看得出来这个学校怎么样。如果 4 年级的人读书读了 4 年，眼睛也目呆了，这个学校教育基本失败了，它把人性最可爱的朝气，尤其学生对未来的向往教得没了，读了这么多课本，把人性读得没有了。

杨澜：眼睛里没有光了。

郑强：没有光了，没有光了，然后对任何人都显示出冷漠。

杨澜：你很痛心吧？

郑强：非常痛心的一件事，痛心，痛心，确实痛心……

郑强：你们去追求那些学区房。著名幼儿园高档的小学，重点中学考上，好不容易一辈子把爹妈所有的热情和家当赔尽，后面失去的是生命，没有任何幸福，让一家人能在一起生活更幸福的，所以我真的要说一句，要改了。

杨澜：我们知道"双减"的目的一个是给学生减负，同时也减少家长的焦虑，增进教育的公平。那也有人分析说，如果说中考高考的这个指挥棒没有变，也就是说需求还在那里，那么，仅仅是管住了供给方，并不能直接解决大家的这个焦虑问题，您是怎么看待的？

郑强：实际上中国的家长把孩子送到培训班，并不知道孩子学了多少，学得怎么样，他是觉得心里踏实。

杨澜：对呀。

郑强：以前，在几十年前妈妈都在下面打毛线衣，现在是（外面）下面玩微信，她觉得只要孩子进去了，她心里也踏实，实际上孩子学了多少、多少有用，她也未必就知道。现在没有了以后她恐惧，所以我既理解，但是我真的要说一句话，这就是全民的幸福观、生活观的一种固有的错误的观念，就是真正好的教育，不是让人具有头衔，不是让人觉得有财富的富有才是幸福的人生。当让一个国家所有的人都想出人头地的时候，你还能指望百姓的心态正常吗？

"急功近利"是这个时代的主题词，从家长到孩子，内心都很难静息下来。教育是顺其自然的，讲究因材施教，每个孩子都有不一样的特质，保护好孩子的好奇心和探索欲，他未来才会有更多可能性。我们最好就是允许孩子自己去发现他喜欢什么、擅长什么。孩子们都能认同自己、比较早意识到自己喜欢什么，并且一直享受做喜欢的事情的过程，将来躺平的人就会少一点。

教育者不凭借想当然去干扰孩子、限制孩子，孩子才能保持自我认同和内心热爱，过上从容又积极的人生。这是需要不断历练，从而形成定力的。

下　篇

孩子应该放养但不放任

笔者前面列举了大量输在起跑线上的案例，既有切身的体会，也有亲身的实践，还叙述了为什么可以输在起跑线上的道理。旗帜鲜明地反对把孩子送进各种补习班，鼓励孩子输在起跑线上，把孩子培养成为普通健康人。估计绝大多数家长并不认可，认可了也不敢实践。这一部分，来谈谈孩子应该放养，但放养不等于放任。

　　"别让孩子输在起跑线"这样的说法，无非是课外培训机构的噱头，目的是吓唬家长，让更多家庭把孩子送到课外机构参加培训。遗憾的是很多中国家长认同并支持这样的说法。

　　诚然，在激烈的社会竞争面前，不让孩子输掉，这样的心情可以理解，但起跑线设定过早，会造成拔苗助长的问题。有的家长恨不得在幼儿园阶段就给孩子灌输知识，从而使自己的孩子在幼儿园阶段就完成了识字和基础的数学教育。

　　这可不是个别家长的想法。当一个个家长这样做的时候，其他家长不得不跟风。如果不这样做，自己的孩子无疑会落后甚至吃亏，因为到了小学阶段，有些老师可能认为孩子在幼儿园已经学了基础知识，从而一带而过，甚至直接跳到更高阶的课程。如此一来，幼儿园成了小学，小学成了初中。之后，初中成了高中，高中成了大学，最后到了大学，只要智商正常，一般都能毕业。压力得到释放，突然轻松了，于是大学变成了幼儿园。

一些社会现象有时候很吊诡：

孩子们该好好玩的时候，却在拼命学习；

青年人该学习的时候，却在拼命玩游戏；

中年人该顾惜身体之时，却在拼命赚钱；

老年人该颐养天年时，却开始拼命健身。

中国教育的普遍现状是：孩子在最该无忧无虑玩的幼儿阶段被学这学那；在最该一门心思读书的大学阶段却三心二意。

这样的教育正常吗？对创新思维有利吗？对国家长远发展有利吗？

一、德国儿童快乐放养

"德国制造"领先世界。自诺贝尔奖设立以来，德国人（含移民美国、加拿大等国的德裔）获得诺贝尔奖的人数将近总数的一半。换句话说，8 300 万德国人分享了一半的诺贝尔奖，而全球另外 80 亿人口只获得了剩下的一半。德国小学只上半天课，写家庭作业不能超过 45 分钟，不留寒暑假作业，没考试，4 年级毕业，只有 1/3 学生上大学，其他入职校……德国不过早过度开发儿童智力，甚至故意让孩子"输"在起跑线上。

1. 德国幼儿园学什么

在德国的《基本法》（即宪法）中，第七条第六款明确规定，禁止设立先修学校，也就是学前班。

在德国，学前教育是被禁止的，孩子在幼儿园期间不允许教授专业知识，社会上也没有类似的培训班。在老师看来，孩子智力被过度开发并不是一件好事情，过多的知识会使孩子的大脑变成了计算机硬盘，长此下去，孩子的大脑就慢慢地变成了储存器，不会主动思考了。

德国孩子在小学前"唯一的任务"就是快乐成长。教育专家认为孩子的天性是玩耍，所以要做符合孩子天性的事情，不应该违背孩子的成长规律。

德国教育强调让孩子在游戏中学习知识，因此幼儿园并不进行分科教学。儿童在未进入小学之前，不会被强制学习写字和计算，孩子回家后也没有必须要做的作业。德国人注重孩子兴趣的培养以及孩子在玩耍中所表现出来的动手能力和观察能力的锻炼。德国的幼儿园里没有大、中、小班，全部采用混龄编班，其理念是，让孩子熟悉各种社会行为，培养互助友爱的品质。

德国教育顺从人的天性和成长规律。在幼儿园阶段，孩子最重要的任务就是玩，并且还要玩好，玩得开心。当然，玩的方式很有讲究，也有寓教于乐的功能，比如：人与人如何相处、如何具备团队精神、如何珍爱生命、如何尊重社会规则和道德伦理等，让孩子从小就具备基本的人文素养和社会知识。

对于一个德国孩子而言，他们要在幼儿园里度过将近 4 000 个小时。在这期间，德国孩子都学到了些什么呢？

3 年中，孩子们参观了警察局，学习了如何报警，如何处理遇到坏人的情形，了解警察是做什么的；参观了消防警察局，跟消防警察们一起学习灭火知识、躲避火灾的常识；参观了邮局，看看一封信是如何从家里到达邮局，又被投递出去的；参观了市政府，认识市长，看看这个为他们服务的市长是什么样子的。

他们去自由市场，拿着钱，学习怎样买东西，区别自由市场跟商店的不同。

他们去花圃，参观花圃的种植，学习分辨花草植物。

他们去看马戏、儿童歌剧和魔术。

他们参观图书馆，学会了如何借书、还书。

他们去坐有轨电车，学会记住回家的路线。

他们每周都跟老师去超市买东西，学习付钱，选择货物。

樱桃收获的时节，孩子们跟老师去采摘樱桃。

南瓜收获的时节，孩子们跟老师一起做南瓜汤。

圣诞节，这是最激动的日子，他们焦急地等待圣诞老人的来临以及那份神秘的礼物。

圣马丁节，要跟老师一起糊纸灯，游街来纪念这位骑士圣人……

3 年过去了，孩子学会了自己修理玩具，自己管理时间，自己约会，自己制订计划，自己搭配衣服，自己整理东西，自己找警察。一个 6 岁的孩子，生活能力很强。

2. 德国小学生也放养

在德国，抛开幼儿园，就算小学低年级，学生的基本任务也是玩。刚刚来德国的中国家长对这样的教学进度通常会有点诧异，一年就学 26 个字母也并不稀奇。如果家长在家里给小朋友"开小灶"，老师还会数落，"超前教育"并不被学校所看好。

在德国的小学，中午 12 点就基本结束了学习，下午的时间也很少会有课外班、补习班之类的，除非是游泳、艺术之类小朋友自己感兴趣的内容，才会额外学习。整个下午的时间，小朋友们都会在家里度过。

小学阶段才开始基本的学习，但步伐还是很慢。德国教育者清楚知道，小学阶段的孩子依然还是孩子，他们有童心，有爱玩的天性。因此，小学教育方式很灵活，经常组织课外活动，带孩子做手工，走进大自然，到其他地方走走看看，扩大孩子的视野。德国孩子在幼儿园和小学阶段，就是从全玩到半玩中成长起来的。

2017 年 12 月 10 日《生命时报》报道："德国：不让孩子争起跑线。"

（1）入学第一课和迎新生

对孩子来说，入学第一课非常重要，但在德国小学，第一课却是从教堂开始：当天，小朋友穿着崭新的衣裳，背着漂亮的书包，里面除糖果外，还有文具、童书、小玩偶等各种小礼物。由牧师给全体新生进行一个以人生为主题的演讲，提醒孩子们已进入人生的新阶段，将面临新的生活，也会遇到各种困难。

德国的小学设施、教育质量都差不多。孩子也不允许择校，完全以社区划分。入学时，没有知识测试。也就是说，在幼儿园不必让孩子学会写字或算术，只需安静听讲、有条理地表达自己的想法和意见，能够生活自理。

在学校礼堂还有一个欢迎活动。每位新生在班主任的带领下回到各自的教室，去熟悉环境、相互认识。老师也特别对学生讲授"小学生守则"，却不鼓励孩子要努力学习。孩子在小学，能自主自信地学习很重要。

（2）留寒假暑假作业违法

寒暑假，德国小学从不布置作业。"这是德国各州教育法的规定。"笔者 2002 年深秋第一次去德国的时候，去过巴伐利亚州州府慕尼黑，巴伐利亚州的教育法规定，假期（暑假、寒假和国家规定假日）学校不能布置作业，否则就是违法行为。

代替"暑假（寒假）作业本"的是每个城市的"暑假（寒假）活动册"。像慕尼黑的"暑假活动册"一般多达 200 多页，里面包含数百项活动。有平时孩子们喜欢的足球、游戏、舞蹈、网络游戏、骑马、糕点制作、登山等活动，还有参观奥迪汽车公司、消防队、发电风车、听作家讲故事等新奇的活动。布梅斯特尔小学的学生，只需花 10 多欧元买张"暑假活动卡"就可参加活动册中的所有活动。此外，许多父母还会把孩子送到童子军磨难训练营。在训练营中，他们自己背着帐篷、睡袋、食品、炊具、餐具和衣服等生活必需品行军，还要进行爬山、划船和游泳等锻炼意志力的活动。

（3）孩子有个"小工厂"

下课早、作业少，所以德国小学生下午时间充裕。老师经常组织他们参观博物馆、图书馆、警察局、消防局、公交学校等社会机构，让孩子学会生活。家长也会给孩子安排丰富多彩的课外生活，比如音乐、舞蹈，但最多的还是体育活动，尤其男孩，一般是踢足球。

像许多学校一样，布梅斯特尔小学也有一个"小工厂"。在手工教室的工具柜里，整齐地摆放着各种工具，还有台钻、车床等设备。除了手工教室，还有厨房教室、缝纫室等。孩子们在这里练习动手能力。学生通过下午的活动，掌握了课本上学不到的知识。

为锻炼孩子独立生活的能力，德国有一条不成文的规定：从 6 岁起要帮家长做家务，通过洗碗、扫地、剪草坪等来赚零花钱。为帮孩子养成健康的作息习惯，德国还设有"法定睡觉时间"（晚上 7 点，最晚不得超过晚上 8 点）和"法定起床时间"（早上 6 点，最晚不得超过 7 点）。

（4）课程慢得像蜗牛爬行

德国小学上午 8 点上课，中午 1 点放学。全部是小班授课，每班在 25 人左右。教室的布置非常温馨，像"家"的模样，有花草、地毯，还有"生日角"等。上课时，学生成 U 字形环绕老师而坐，便于师生交流。学生一边上课，一边吃零食，老师也不干涉。课堂教学是讨论式，老师提问题，师生共同讨论，气氛活跃。

在德国，小学老师学历基本在硕士以上，不少还拥有博士学位。但他们教授的内容却极其简单。以小学一年级第一天的课程为例，第一节课写自己的名字并涂颜色，第二节课彼此认识。后面的课程则围绕同学名字复习字母。一位中国移民的家长说："一年级第一个学期就学 26 个字母，加 20 以内的加减法，比蜗牛都慢。"而二年级也不过是教 100 以内的加减法。

此外，课堂上经常会看到优秀生遭到"冷遇"。讲课时，老师更多地着力于提高中下等级学生的成绩。如果有必要，还会重复授课，直到他们理解为止。

对于家庭作业，德国各州有严格规定，一年级应在 15 分钟内完成；二年级半小时内；三、四年级不超过 45 分钟，周末不能布置家庭作业。

（5）四年级规划未来职业

德国小学一般只有四年级，少数为六年级。经过 4 年的学习之后，孩子必须作出选择：是升入以进入大学为方向的文理中学，还是上职业教育为主的中学。

与中国不同，很多德国孩子更偏爱某种职业，如修理汽车、泥瓦匠等。如果进入职业为主的中学后发现并不适合自己，可在初中毕业后，转入文理中学。顺利毕业的学生则开始边在学校培训，边在企业实习，成为"德国制造"的生产者。

德国的小学教育遵循孩子自身的成长规律。德国教育界普遍认为，在不同的阶段要做相应的事情，要让孩子快乐地学习，发挥孩子的主动性。如果让孩子被动地接受知识而疏于主动思考，会破坏孩子的想象力和思考能力。孩子无法成为未来的创新人才。

3. 四年级结束就分流

四年级小学毕业之后，如果孩子对理论学习感兴趣，而且学习成绩良好，那就进入文理中学学习。如果孩子对动手能力有一定的兴趣，可以送到实科中学。如果孩子的兴趣主要集中在动手方面，没有兴趣学习理论，那就接受职业教育。这就是德国的教育分流制度。

郑也夫专门考察了德国的教育体制，发现德国孩子在 10 岁就开始"分流"：少量顶尖的学生进入文科中学，通过国家认可的文理中学毕业证书 Abitur 考试毕业直升大学；普通学生进入主体中学，进行职业培训；另有一类实科中学，处于文科中学和主体中学之间，让一时决定不了的学生脚踩两只船，但要想升入大学还要进入另外的学校并在毕业时通过 Abitur 考试。这一传统模式，如今已经有所变化，比如所谓综合中学，海纳抱有各种目标的学生，并不像上述的中学那样必须通过严格的考试来筛选。另外也有主体与实科一体化的中学。这样，在 10 岁，即大致相当于中国"小升初"这个阶段，德国孩子已经分流到三到五类学校中了。

当然，后面的事情也许更复杂：到 16 岁左右，这三到五类学校的孩子会升入六类不同的学校，大致相当于中国的"初升高"了。毕业后的高等教育阶段，则有七类学校可读。这么复杂的体系，使外人眼花缭乱，一时摸不着头脑。但其基本原则很简单：因材施教。功课好的孩子走大学轨，没有那么优秀的，则走技工轨。两种之间有些灰色地带，比如工程师和高级技工之间，也许界限划不清楚。大体而言，轨道确定后，就有着相当的稳定性，中间转轨的并非没有，但非常少。

这样的体系，似乎等级森严，和现代民主社会的平等精神大相抵触。有研究指出，在这种分轨制度中，劳动阶层的子弟大多早早选了技工轨，中高产子弟则多进入大学轨，教育把社会阶层固化了。但是，至少在理论上，这种分轨制的基础是学生的能力。德国是一个以复杂的证书体系组织起来的社会。从教授、医生到普通的工匠，都必须有专业证书，并以此获得相当优裕、稳定的收入。否则就沦为低技术劳工，生活和职业都缺乏保证。德国这套技工轨，把平庸的学生也都培养得有一技之长。这一方面使年轻人的失业率大大降低，另一方面也使德国有了高素养的劳动力。德国制造业在"中国崛起"面前岿然不动，也和其庞大的技工实力密切相关。

中国企业国际化倡导者杨佩昌先后就读于德国莱比锡大学、北京大学，他认为，德国教育是一个加速度的过程，也顺应了人的成长和发展规律。德国的文理中学相当于中国的普通中学，课程不仅多且复杂，而且课外需要阅读的书籍令人望而却步。可以说，到了中学阶段，激烈的竞争才真正到来，而大学阶段的竞争简直就是白热化：从一个教室奔跑到另外一个教室、图书馆里挑灯夜战、回到家还不能马上休息，需要预习明天的课程。

为什么德国教育把起跑线设定得这么晚呢？很简单：尊重人性，让人每个阶段做每个阶段应做的事情。只有到了十几岁，孩子的大脑才逐渐发育成熟。

在德国人看来，过早让孩子接受专业知识，等于把孩子的脑袋变成复读机和储存器。如果一个孩子从小习惯于接受知识的灌输，其大脑容量哪能做其他处理信息、分析信息的工作？尤其是大脑有记忆功能，如果从小就被灌输知识，大脑只知道存储信息，从而丧失了思考能力。于是，人的思想僵化由此造成。

德国家长为何不相信"别让孩子输在起跑线"这样的谎言呢？首先是法律的规范。在德国，不让孩子读书是违法，让孩子过早接受教育也是不合法的。孩子不是家长的私人产品，而是社会未来的人才和国家公民，因此家长不能随心所欲教育孩子，必须根据教育法规来进行培养。其次是整个社会的理性。试想一下，整个社会有了循序渐进的教育共识，如果其中一个或部分家长提前给孩子灌输知识，等孩子到了学校，老师教的内容都懂，他还有兴趣学习吗？如果想要达到知识同步，就必须跳级，让小孩子到更高的年级学习。

德国家长知道，孩子在学校除了学习，还有另外一个重要的事情，那就是与同龄孩子一起成长。只有这样，孩子的心理才会得到正常发育。如果孩子到了更高的年级，与比自己大的同学在一起读书，会发生什么呢？有几种可能性：一是早慧，也就是过早发育，提前进入成人阶段，从而失去了童年的乐趣。二是永远长不大。由于年龄小，经常被大孩子照顾，从而养成了被照顾的心理。这样的孩子即便到了成人阶段，依然还是小孩心理，处处需要他人照顾。三是最糟糕的情况，由于年龄小，经常被大孩子欺负，内心受到伤害，从而造成了受害心理。

那么，德国社会为何有这样的理性认识呢？除了必须遵纪守法之外，德国人对学校有信心、对整个教育体系有信心。他们非常清楚，孩子到了学校一定能得到完整的教育和高质量的教育，没有必要过度忧虑。再不济，德国教育条条大路通罗马，即便进入职业教育之路，今后还有一扇又一扇的大门通往高等教育。

中国有一个著名的"钱学森之问"：为什么我们的学校总是培养不出杰出的科技创新人才？其他不说，也不方便说。但是，中国家长必须记住这句话：别让孩子大脑从小变成储存器。

4. 孩子放养问题思考

孩子不会做的事，老师只在必要时给予言语或者行为上的鼓励和暗示，大人不要强迫他们做什么，也不包揽，因为那样可能会抑制孩子独立行为的发展。帮他完成某些事，日后他就只会做那些别人做过的事，而缺乏创造性。

家长必须善于控制自己的情绪，给予孩子尽量多的爱而不是宠溺，尊重孩子的自尊心。因此，家长要常把"对不起""请原谅"和"谢谢"之类的词挂在嘴边。

德国人把孩子看成一粒种子，他们需要自然的生长环境，不可过于控制，给孩子留下尽量多的自由发展空间。德国人抱孩子方法奇特：孩子跨坐在爸爸的一只胳膊上，红扑扑的小脸朝外，后背贴着爸爸的胸口，小胳膊小腿向外伸着，样子好像浮在水面上的小青蛙。在瑟瑟的寒风中，"狠心"的家长不给小孩过多的遮盖，还不慌不忙地走出幼儿园。孩子的脸朝外，眼睛和大人的视野基本一样，小手小腿可以自由地活动，全身能充分地与阳光和空气接触，有利于他们适应自然环境，茁壮成长。

如果说在上学前对孩子非要进行"教育"的话，那"教育"的重点只有三个方面：一是基本的社会常识，比如不允许暴力、不大声说话等。二是孩子的动手能力。在幼儿园期间孩子会根据自己的兴趣参与手工制作，让他们从小就主动做具体的事情。三是保护孩子情感胚胎，培养非智力因素，培养领导力。其实，欧洲有关国家对待孩子的做法基本上大同小异。即便上小学的孩子也不能学习额外的课程，即使这个孩子的智商超过同龄人。

郑也夫在《吾国教育病理》一书指出，素质教育是逻辑不通的昏话，高校扩招是通吃社会各阶层的障眼法，独子政策是高考热无法降温的根源，过度复习是摧毁创造力的利器，意志力的缺乏是当代社会的精神癌变。

教育摧毁了潜在的诺贝尔奖获得者的想象力，靠的什么：复习。复习是沉闷的，超过两遍就不是好事，高三整整一年在复习。拉过一年磨，终生无缘千里马。教育的学历通货膨胀比真正的通货膨胀还要坏，它浪费了年轻一代的时间和精力。

在基础教育领域，远未形成尊重学生自身志愿、培育学生兴趣的非应试教育；而在高等教育阶段，大学校长的治学理念、管理能力也多落后于世界。改革现行的教育制度，防止更多的天才被扼杀在摇篮中，当是教育部门乃至全社会亟须推动的事情。

我们的中等教育不但没有激发，相反挫伤了学生的读书兴趣。学的东西太狭窄了，学生没有选择的自由，只有被动地去重复，去记忆。而且，在这个过于狭窄的领域中又逼迫同学们用力过猛。狭窄、单调而且用力过猛，最后造成学生们厌学。

郑也夫把中国中等教育（小学教育之后、大学教育之前）的现状比作压缩饼干，"学生的天赋和能力参差不齐，教育机构的做法往往是上压下提。即成绩好的学生会被限制，而成绩较差的学生会被逼迫去学习，出现了伺候分数的现象"。中小学教育把人修理成考试机器。

我们的社会氛围太过功利，不重视自身乐趣。没有养成对读书的热爱是很遗憾的，人生中少了很多乐趣。要开发大家读书的乐趣就要让大家有选择的自由，能接触各种类型、风格的图书，在宽泛的阅读当中，一个人才能发现自己的兴趣、培养起自己的读书兴趣。

2013年，郑也夫指出，获得自然科学奖的华人诺贝尔奖获得者中没有一个在大陆受过中小学教育。他认为，中国的中等教育将学生变成考试机器。在中国受过12年中小学教育的人，即使进入哈佛耶鲁等世界名校也不会获诺贝尔奖，因为12年的中小学教育把人修理得已没有了想象力和创造力，只是一个考试机器。

中国人"社会性"太强，打压了"自我"，使我们每每逢迎他人。缺少独处就缺少自我，而无个性的人组成的社会是缺少美感的。

郑也夫还有一个观点，在考试这根指挥棒下，无论考什么、定多少分值，最后都会异化为"应试"，从而偏离了初衷。正是因为应试教育的荼毒，导致学生体育锻炼时间减少，体质下降，为了解决这个问题，又采用应试教育的思维、手法，可怜的孩子尚未脱离文化考试的"虎口"，又落入体育考试的"狼窝"。为了体育考试，学生文化课减负的空当被体育培训替代，孩子的负担真的减轻了吗？近年来，中考体测中，拉关系走后门、搞突击走过场、弄虚作假、冒名替考时有发生，甚至还有考生使用兴奋剂事件。这些乱象使体育考试陷入了非正常"应激状态"，是体育过度"应试化"所致。

应试教育剥夺了孩子们最宝贵的命根子——创造力，故而可称之为去势教育：去肉体化（体魄的全面衰退）、去人文素养（人文精神的迷失）、去个性化（千人一面千篇一律）、去多元化（单一评价标准）、去性别化（为防男女学生交往过密，把校服设计得不男不女）、去平民化（迷恋精英教育，鼓吹淘汰教育）……摧残下一代的成年人其实自己先已被去势。

在郑也夫看来，中国教育的恶性竞争之所以成为几十年的痼疾，最大的原因就是教育目标的单一。几乎所有中小学的学生都奔着大学这一目标。那些中职生，72% 是因为没有考上普通高中不得已而求其次。技工教育的沦落，已经严重影响了中国的竞争力。

大学盲目扩招，忽视的恰恰是制造业亟需的技工教育。目前中国教育体系头重脚轻、对大学投资过度、对基础教育的投资不足、技工教育短缺等问题，可谓一目了然。然而，怎么治理这些病症？这比起诊断来恐怕要复杂得多。

美国波士顿萨福克大学历史系副教授薛涌 2014 年 3 月 26 日在《中华读书报》第 9 版撰文《吾国教育有什么病》，在评价郑也夫的两部力作《吾国教育病理》和《科场现形记》时指出，德国的这种技工轨，在欧洲是一个非常普遍的制度。看看 2013-14 年国家竞争力排名，排在美国前面的 4 个国家是瑞士、新加坡、芬兰、德国。其中欧洲这 3 个国家，都有强大的技工教育体系。《华尔街日报》曾刊登一篇文章指出，瑞士 15 ～ 19 岁的年轻人中，有 70% 在数百个行业中当学徒，德国的比例是 65%，奥地利是 55%。而这 3 个国家年轻人的失业率，还不及美国 16% 水平的一半。2013 年，希腊、意大利、立陶宛、葡萄牙、斯洛伐克、西班牙都纷纷向德国求助，希望引进类似制度。英国则早在 1997 年就开始模仿德国模式建立了"现代学徒制"。如今在英国当学徒的年轻人有将近 86 万。美国的人口大致是英国的 5 倍左右，但学徒仅有 33 万人。美国企业界近年来一直在大声疾呼：许多制造业的外包，其实是因为在美国找不到足够的技术工人。

在中国，最近几年媒体不停地报道：大学毕业生从就业率到薪酬都赶不上技工。大学毕业生当洗脚工、屠夫、抬尸工、掏粪工等的"耸人听闻"的标题也司空见惯。薛涌并不是说这些职业低贱、大学毕业生不该干。事实是：这些职业，并不需要大学教育。上 4 年大学，烧了 4 年学费不说，也丧失了 4 年的工作收入，最后毕业薪酬赶不上不上大学的，干的工作也是不需要大学教育的，那么上大学就无理性可言。中国是个制造业大国，还没有完成向高技术的白领社会的转型。

薛涌还指出，说美国的学校是儿童乐园、不用读书、整天玩儿等，是以讹传讹。美国好学校中的好学生，并不比中国的孩子轻松。薛涌的女儿14岁时，刚上高一，上学时一天就睡6个小时，累得要死要活。不过，这是青春期的孩子，开始有了成人的责任和压力。小学生则还属于儿童，仍要保证有足够的空间沉浸在孩子的世界中。儿童和青春期是非常不同的成长阶段，心理构造十分不同。把孩子那么早赶到科场，无疑是对儿童的摧残，闹不好日后会引发各种成长障碍。

二、放养不是放任自流

我们普通家庭到底应该"鸡娃"，还是放养呢？参考教育回报率的概念，简单来说就是博士、硕士、本科比没有上过大学的收入高多少。华为300万元招应届的博士生，就是教育回报率最好的证明。上最好的小学，以增加上最好的初中的概率；上最好的初中，以增加上最好的高中的概率；上最好的高中，以增加上最好的大学的概率；上最好的大学，以增加找到"最好"的工作的概率——一条"鸡娃"战线由此形成，环环相扣，丝毫不容懈怠。今天中国社会收入水平的差距和教育的回报率已经越来越大，所以"鸡娃"可能是理性的选择，而放养似乎是逆时代潮流而动，不可取。就算真正懂教育的家长，也未必敢放养孩子，何况更多的家长不懂。笔者要强调的是，放养不等于是放任自流。

1. 德国孩子不放任

德国的孩子并不是在上学前天天傻头傻脑的就是玩，而德国人对"学"前教育有自己的理解，孩子们也会学一些东西。

在德国有一本有关儿童教育的书，十分流行——《蓬头垢面的男孩》（Struwwelpeter）：以荒诞诙谐的故事，告诉孩子们什么是对的，什么是错的。他们最注重孩子的性格、品德培养，很多好习惯也是因为从小家庭教育的结果。

比如自理能力：如饮食、睡眠、排泄安排、自理能力训练。

比如规则意识：盛入自己盘中的食物一定要吃光；必须先吃完饭菜，才能吃零食。

比如爱心：很多家庭会在家中养小动物，如小狗、小猫，让孩子在亲自照料小动物的过程中，懂得体贴入微地照顾弱小生命。

比如坚强：孩子摔倒后，只要不是很严重，父母不会马上去帮忙，而是让他们学会自己站起来。

比如尊重：告诉孩子要尊重别人的隐私。德国父母大多数不会在未经过孩子同意时去翻阅孩子的东西。

比如礼貌：德国父母在寻求孩子帮忙时会说 bitte（请），之后会说 danke（谢谢）。

比如理财：德国父母会非常严格地控制零用钱数量，会让孩子做些简单的家务以获得零用钱，避免不劳而获。

比如承担后果：有一个德国母亲对自己总是起晚的儿子说"很遗憾，我不能开车送你去学校。这得怪你自己，你可以选择是放弃早餐，还是迟到"。

比如承担责任：有严厉的德国家庭，如果孩子忘了把脏衣服放进洗衣袋，他还得继续穿脏衣服。

比如诚信：德国家长首先会以身作则，并告诉孩子要遵守约定，不能轻易誓言，答应过的事情，要在规定的时间内做到。

比如自信：德国家长非常重视自己孩子的自信培养，哪怕是一点点的进步，家长都会给予更多的鼓励和赞赏，因为他们知道孩子从小的自信来源是父母。他们也绝不以成绩的不理想去否认自己孩子在其他方面的优秀。

比如合作：在德国无论是家里还是学校，都会有意地去为孩子们组织一些集体活动。因为在德国有这么一句话，"Wer alleine arbeitet，addiert.Wer zusammen arbeitet，multipliziert."（一个人的努力是加法，一个团队的努力是乘法）。

来看看他们长大后的好习惯：

看书：德国人经常手里拿着一本书，在地铁上，玩手机的人少，看书的人多。在德国如果你留心能看到各种大小的书店，而书店里永远都有不少的读者。纸质书籍在这个电子社会当中，似乎在德国仍然流行。

准时：大多数德国人都能遵守规定好的时间，这里说的准时并不单单指德国人，还指德国的公共交通，在没有意外的情况下，每辆地铁、公交车都能按照时刻表的时间准时到达车站。

注重家庭：德国人与注重工作相比更注重家庭，他们会在下班后回家与家庭团聚，很少因为应酬而不回家，在节假日更是会把时间花在自己家庭身上。

遵守交通规则：德国人十分遵守交通规则（不是全部，当然也有闯红灯的行人），尤其是司机，因为这关乎自己和他人的生命安全。在德国开车基本都会打开日间行车灯，而他们在变道时不仅要看后视镜，还要扭头去看盲点区是否有车（考驾照时必学的）。

注重生活质量：在德国，他们宁可把钱花在品质生活上去享受，尽管他们能造出世界顶级汽车。比如他们会花 200 欧元去买一个保温壶，而不是一个 Gucci 钱包，他们会花 500 欧元去买一个厨房用具，而不是一个 LV 包，他们会花上千欧元去维护自己的花园，而不是一件 Burberry 大衣。因为他们知道真正的奢侈品是自己的生活品质，而不是一个包或一件大衣。

注重环保：德国人很少乱扔垃圾，因为他们知道环境的重要性，即便身在外国，他们也多数如此。一个德国人在中国爬山，由于没找到垃圾箱，这个德国人可以拿着自己的冰糕棍一路走下山，找到了一个垃圾桶后才扔掉。

契约精神：在我们看来很多德国人非常死板，甚至是不会变通，但这是因为文化和从小养成的一种"契约精神"造成的，他们不轻易作出承诺，但承诺过的事情一定会做到。有了保证，才有了德国品牌质量的承诺。

不屈不挠：为什么德国汽车比普通汽车贵出许多？为什么德国的锅比普通锅贵出几十甚至几百倍？为什么德国的美诺洗衣机很贵？为什么 Made in Germany 是高品质象征？其实百年前的德国产品是被英国人嘲笑的疵品，但就是因为专注和坚持，才有了今天质量上的保证。

遵守社会秩序：每一个德国人几乎都会遵守社会秩序，比如排队，无论是人在排队，还是汽车堵车排队，很少有插队现象。

公共道德：如果你留心，你会发现大多数时候德国的公共场所（除了球赛期间）都十分安静，大家都是窃窃私语的状态，很少有大声喧哗的（除了球迷和醉鬼）。

同情心：多数德国人会主动帮助弱者、残疾人或老人。老人摔倒这种事也会在德国发生，但一定会有人上来帮忙，而且不止一个。当遇到残疾人时，也会有人主动上前帮忙。

爱国：德国人很少嘴上去说自己多爱自己的国家，甚至经常讽刺自己国家不合理的地方。但从他们坚持使用自己国家生产的产品，不难看出他们的爱国精神，当然也是他们对自己产品的信心。如果遇到国际球赛，那么你肯定更能感受他们的强烈爱国情怀。

尊重生命：当遇到特殊车辆时（拉着警报的警车、救火车、救护车等），民用车会主动靠边相让。

2. 快乐教育的误区

"快乐教育"，很多人习惯性地顾名思义理解，认为就是让孩子感到快乐的教育，只要孩子快乐，没必要追求一些学习、补习之类的增加孩子的负担。很多"理智"家长都纷纷表示支持，但是否想过，这种看似先进的理念是否适合自己的孩子。

复旦大学历史系教授钱文忠曾经对这种教育理念表达过质问："教育这件事，本身就注定要蕴含一些痛苦的成分，任何事情从无到有都需要经历痛苦，何况是让人受益一生的教育。如果家长以'快乐之名'，不断地进行让步，那完全是放任自流，是在毁娃。"

实际上，"快乐教育"的快乐二字，它应该得到正确的理解，它并不是指让孩子为所欲为，而是在兴趣的基础上，家长采取适合的辅助措施，让孩子体会到学习的乐趣。也就是说当孩子不想学钢琴的时候如果顺从地停下，这种方式虽然轻松，但并不能获得能力，也就是说"快乐教育"的"快乐"应该是作为教育内容而不是教育的形式。

2002年，日本推行了"宽松教育"大量减负，但结果却导致家庭条件成为学习教育的主导因素，反而加重了阶级分化的问题。"快乐教育"并不会让大家回到一起跑线，而会导致家庭好的越来越抢占教育资源，而寒门学子更加难以出头。很多家庭既心疼自己的孩子，又找不到真正帮助孩子"快乐学习"的方法，反而一再选择错的方法害了孩子的成长。

3. 放养不等于放任

放养让孩子更健康，但放养不等于放任不管，不要曲解放养式教育！

【镜头15】公交车上，一个小孩大吵大闹时不时踢前面的座位，往别人座位上挤，而他的父母只顾着看手机，没有想要管的念头，乘客问家长："请问能不能管一下看一下你家孩子，太闹了！"家长说："哦，小孩子嘛，都这样。"

【镜头16】两位家长在谈论孩子。

"你家娃最近报了几个补习班啊？"

"我们家的最近刚报了钢琴和游泳呢，过段时间再看看围棋。"

"嗬，你们家孩子才多大啊，报这么多班，我们家的就崇尚放养，童年就应该好好玩，学校都提倡减负了。"

"对对对，我之前就听人说放养才对孩子好，娃不想学，就不要硬逼了。"

……

如今，越来越多的中国父母开始推崇"放养式德国教育"，并简单认为"放养"教育就是"释放孩子的天性"，却没有抓住"放养"的实质，从而导致孩子一步步堕落下去。

其实，所谓"放养式德国教育"，其实是一种"形散而神不散"的更高级别的教育理念。在德国的教育环境中，放养中的"放"存在时间及多样化的约束，绝对不是放任不管，任其自由生长。

随着生活水平的提高，很多家长对孩子舍不得放手，怕孩子有什么闪失，怕孩子做不好，包办代替得比较多；还有一些家长又过于放手，对孩子的教育不管不问，对孩子的行为听之任之。真正的放养教育，放的是孩子的思维，养的是孩子的习惯，但却被很多父母理解为，对孩子的放任不管，冠冕堂皇地在孩子的教育上偷懒。那么，怎么做到不放任呢？

（1）遵循孩子发展规律，让其按规律有制约地成长发展

"放任"就是不加约束，任凭其自然发展。"放养"是教育的一种模式，它有别于严厉的、教条的应试教育，是在遵循孩子发展规律的基础上，让孩子有规矩、有制约地成长和发展。每一个孩子都有成长的关键期，如果在关键期施以正确的教育，就可以收到事半功倍的效果，一旦错过关键期，就需要花费

更多倍努力才能弥补，甚至可能无法弥补。

要了解孩子身心成长发展的规律，做到有的放矢。比如 0 ~ 6 岁是儿童动作发展的关键期，家长就要借助孩子好奇好动的特点，鼓励孩子，放手让他们自己去尝试，在体验的基础上获得经验和成就感，建立起自信。比如 3 ~ 4 岁的孩子用筷子、勺子练习进餐，家长不要因为孩子吃得慢或者撒得满地都是，而阻断孩子的练习。比如 2.5 ~ 6 岁，是秩序和社会规范的关键期，这个时期儿童需要有秩序的环境来帮助他们认识事物、熟悉环境，建立良好的生活习惯和明确的生活规范、日常礼节等，是为以后遵守社会规范和自律意识打基础。所以幼儿园阶段很重要，是孩子走向社会的第一步，第一步开始适应生活规范、社会规范礼节等。

有的孩子很不习惯在幼儿园的午休，不习惯课堂秩序，随意走动，写字姿势也不端正。有的家长就误解了"放养"孩子的概念而不以为意，认为"孩子不睡就不睡呗，让他看书或自己玩也行""孩子趴地上写字也可以，只要完成任务就好"。那就是家长对孩子的放任，放任孩子无视规矩和规则的束缚。在孩子的关键期没有形成良好行为习惯和社会规范，对孩子将来的人生观、世界观、价值观都会产生负面影响。所以说放任会让孩子不懂自律、不合群，甚至成为"另类"，势必造成孩子的人际关系紧张，孩子将来的社会生活也就难免困难重重。

任何一个人，离不开社会群体，而社交是双向的，尊重是相互的。不尊重别人，自然也得不到别人的尊重，不被接纳、不被认可，自身的价值就无法在社会体系里实现。可也有一部分家长走向了另一个极端，对孩子不肯放手。这就导致了孩子动手能力差，依赖性强，还会不懂得感恩，不知道尊重，以为别人的付出都是理所当然，也就是为什么有越来越多的"啃老一族"出现。

（2）要信任孩子，适时适度放手才能培养孩子的自信心

不放手意味着对孩子不信任，这也会极大地挫伤孩子的自信心。很多家长不想看到孩子跌倒而痛哭，总是抱着孩子不撒手，不允许孩子爬高，但孩子恰恰喜欢爬高和冒险；家长不想看到孩子失败，只想让孩子成功，所以每次孩子练习，家长都会替孩子降低难度，或避免难题，当每一次孩子都轻而易举地成功，孩子就容易变得自负。也就为将来的发展埋下了隐患，一旦有挫折和困难

出现，孩子就容易畏难。家长对孩子的不信任，可能是怕孩子做不好。其实犯错是孩子的权利，孩子是在犯错中长大的。家长总幻想孩子一学就会，甚至不学就会，这是不可能的。所以家长不要怕孩子失败，不能怕孩子出错，而是要给孩子信心，适时多鼓励孩子克服困难，迎接适度挑战。

（3）要培养孩子的自理能力，并且接受可能遇到的挫折

现在很多家长总是怕这怕那，怕营养跟不上，怕出去玩危险，怕和小伙伴玩被欺负等。家长有时候就是不能承受孩子受到伤害，这也是家长不能放手的原因。家长的承受能力差，孩子的承受能力只会更差。不放手，孩子永远得不到锻炼，放手可能会有伤害，但得到了锻炼，发展了各种能力，孩子的抗挫力就有了。

当然，也有越来越多家长选择给孩子较大的空间，让他们决定自己想做的事，提早培养孩子的自理能力，趁早培养孩子独立性，所以他们不把小孩看小了，而是把他们当作独立的个体，让他们依自己的喜好穿衣服、自己选择吃什么、拥有独立的房间，训练他们自己处理力所能及的生活琐事。

孩子失败了，受挫折了，家长要有坦然和自然的心，并和孩子一起面对困难。家长要有勇气放手让孩子去探索、接受挫折，让孩子学会从失败中站起来，从失败中吸取教训，不过有些时候基于安全考量，并不适合放手让孩子尝试，你明知道会有被热汤洒到，或是有接近火源的危险，却为了尊重孩子自主权，让他随心所欲，这样绝对不是尊重孩子，而是在毁孩子。

（4）要教会孩子懂得并理解规则，培养他们的敬畏之心

规则教育是培养敬畏之心的教育。让孩子理解规则，是教孩子认识世界的第一步，也是教会他们保护自己的重要一步。如果不教会孩子敬畏生活、敬畏生命，释放天性的放养教育，很可能会让孩子变成"熊孩子"。

自由是建立在规则和规矩的基础上的，自由要有度。幼儿教育有两个至关重要的因素，一是家长树立权威，二是善于对孩子的"任性"说"不"。小孩子并不知道对他们来说什么是最好的，教导他们分辨是非是父母的责任。2.5 ~ 3岁，是人生的第一个反抗期，有了自主性，好奇好动，但他们的辨别能力尚未成熟，家长就不能为了保护孩子的好奇心而放任不管。要让孩子知道分寸，知道界限，知道哪些事能做，哪些事不能做，哪些事情危险必须坚决制

止。如果我们只强调"尊重孩子的天性"而不给孩子立规矩，结果就会造成一个不尊重权威、没规矩、没教养、自私自利的孩子。这样的孩子，以后在学校和职场都容易遭受更大更多的打击。家长可以倾听孩子的意见，允许他们提出自己的合理要求，在某些事情上给予他们适当选择的权利，但是不必事事与他们商量，听他们的意见。即家长给孩子的选择必须与孩子的智力、非智力发展水平相适宜。在生活当中，任性并不是孩子的错，任性是家长对孩子放任的结果，比如过分娇纵、对孩子没有原则和耐心等。

每个孩子都爱玩，天生排斥好习惯，可是一旦好习惯养成，对于孩子来说，将是毕生可用的财富。学会长久地坚持和认定目标做事情，对孩子来说无比重要。孩子天性洒脱好动，很多时候确实需要适当地放松一下，但完全放任自流也不可取。正确的放养应该是从兴趣出发，帮助孩子建立持久的动力，"兴趣是最好的老师"，是套话但也是绝对的实话。要帮助孩子养成好习惯，懂得分寸感和界限感。

（5）要给孩子一定时间，耐心等待孩子一步步成长发展

在孩子教育问题上，家长普遍很心急，比如看到孩子吃饭，一次次送不到嘴里，就会着急，会拿着孩子的小手准确地把饭护送到嘴里。还一边告诉孩子怎么拿勺，怎么往嘴里送。其实，孩子的学习是一个通过自身反复体验的过程。孩子不仅在体验的过程中协调大脑和身体的关系，促进了动作发展，而且在体验中经历了失败和挫折，磨炼了意志，也获得了喜悦和成就感。所以说家长要有足够的耐心，耐心不仅能给孩子自我成长的机会，更会给孩子以自我激励。这方面笔者在后面还会有详细阐述。

（6）教孩子尊重自己的隐私，学会自己保护好自己身体

何时该让孩子接受性教育，一直是家长担心的问题。不少专家都指出，其实性教育应该从小做起，对年纪较小的孩子，首先要应该学会尊重自己的身体，不受陌生人伤害，3～6岁的孩子需要有"身体隐私权"的观念，学会如何保护自己，并注意身体清洁与卫生，适时及早通过相关绘图和孩子讨论，因为社会上"涉孩事件"的罪犯，永远不会嫌孩子小。

三、注重要素品质培养

有些家长总是逼孩子好好听话，逼孩子读这个背那个，逼孩子做作业写作文，逼孩子泡在题海里，逼孩子参加这样那样的课外辅导班。当孩子没能百分百按其意志行事时，便轻则责骂，重则家暴。这样做的结果是，从近处看，孩子在重压下学习，多半的情况是会越来越糟；从远处看，家长的一言一行很可能会给孩子一生留下阴影。

还有一种家长，对孩子学习采取任其自然的态度。孩子在家里不做家庭作业不管，孩子沉溺于网络游戏也不管，孩子学习注意力不集中不在意。这样做的结果可想而知。

一方面不是所有的孩子都会越逼越优秀，很多时候，家长逼得越急只会毁了孩子。另一方面，对孩子学习不闻不问、放任自流同样会毁了孩子。

孩子要放养，但又不放任自流，就得有办法，就得注重孩子一些要素品质的培养。

1. 教育四个基本原则

随着社会的发展，未来竞争的关键在于培养具有良好品质的创新型人才。如果脱离现实生活，而仅仅局限于书本的知识，特别是只局限于教科书，难以从真正意义上去触动和影响孩子心灵深处。国际 21 世纪教育委员会向联合国教科文组织提交的报告——《教育——财富蕴藏其中》（教育科学出版社2001 年 4 月版）提出新的教学理念：学会求知，学会做事，学会共处，学会生存（做人）。这既是教育的四个基本原则，也是教育的四大支柱。

（1）学会求知

学会求知的能力（learning to know），也就是学会学习的能力。要掌握认识世界的工具，要学会最迅速、最有效地获取信息、处理信息和运用信息的能力，要学会广博与专精相结合，由博返约的学习方法。这是终身教育的根本。

学会认知更多是掌握认知的手段，而不是获得经过分类的系统化知识。它包括 2 个层次：一是使每个人学会了解其周围的世界，这是作为人生手段的层次；二是要乐于理解、认识和发现，这是作为人生目的的层次。

学会认知的过程是永无止境的，随着工作性质和内容的变化，学习过程与工作经历的结合越来越紧密。如果最初的教育提供了有助于终身继续在工作之中和之外的学习动力，这才是成功的教育。

"知"在这里不只是指"知识"，而且是指广义上的"认识"，这种认识的对象包括人类自身及其主观世界，也包括自然、社会的外部世界。"求知"则是一个只有起点而无终点、在实践和认识的无限往复中探索未知追求真理的过程。而"求知"的手段，从口头传授到文字印刷，从广播电视等声像技术到"信息高速公路"，已发生了多次革命性的变化。"求知"的环境，则从家庭、学校扩展到整个社会，继之以"网上一代"痴迷的"虚拟学习环境"。

（2）学会做事

学会做事的能力（learning to do），也就是学会在一定环境中工作的能力。要求善于应对各种可能出现的情况。学会做事的能力，不仅要学会实际动手操作的技能，更重要的是具备一种综合能力，它包括如何处理人际关系的能力，社会行为、集体合作的态度，主观能动性，管理能力和解决矛盾的能力，以及敢于承担风险的精神。

由于未来的工作难以预料，所以学会做事并不是学会某些固定不变的实践方法。学会做事不仅仅是获得一种资格，而是发展起相应的能力。在未来高技术化的组织里，需要的是基于行为表现而非基于知识的新型资格。交往能力、与他人共事的能力、管理和解决冲突的能力越来越重要。

（3）学会共处

学会共处的能力（learning to live together），也就是在人类活动中，要学会与他人一起参与。现代社会既充满竞争，也离不开合作。要学会在合作中竞争，在竞争中合作。既要尊重多样化的现实，又要尊重价值观的平等，增进相互了解、理解和谅解，加强对相互依存关系的认识。

鉴于迄今为止的人类历史始终是一部冲突史，教育应该重新设计，使人们通过扩大对其他人及其文化和精神价值的认识来避免冲突，或以和平的方式来解决冲突。应留出足够的时间和机会，让学生们以合作的方式来达成一些共同目标。使学生本着尊重多元性、相互了解的态度以及和平和平等的价值观，在开展共同项目和学习管理冲突的过程中，增进对他人的了解和对相互依存问题的认识。

要做到以上这些，教育教学形式本身不应与"承认他人"的原则相违背。以教条压制学生的做法应该被抛弃，而"通过对话而各自阐述自己的理由进行争论，这是21世纪教育需要的一种手段"。

首先要了解自身，发现他人，尊重他人。教育的任务之一就是要使学生了解人类本身的多样性、共同性及相互之间的依赖性。了解自己是认识他人的起点和基础，所谓"设身处地"，就是讲的"由己及人""己所不欲，勿施于人"。同时，教育作为个体社会化的过程，也注重从了解他人、他国、他民族的过程中更深切地认识自己，认识本国、本民族。这种了解和认识，始自家庭，及于学校，延至社会，推而广之于国际社会和各国国民及其历史、社会、经济、政治、文化、价值观念、风俗习惯、生活方式等，并从这种深入了解之中，培养人类的尊严感、责任心、同情心和对于祖国、同胞和人类的爱心。

（4）学会生存

学会发展的能力（learning to be），也就是学会生存、学会做人的能力。要学会适应环境以求生存，改造环境以求发展的能力。每个人若要求得有价值地生存和发展，更有效地改造自然、改造社会，就必须充分开发潜能，发展个性，提高素养，增强自主性、能动性、创造性和责任感。

"生存"（to be），也可译作"存在"，或者"做人"。"学会生存"作为前三个"学会"的总结，指教育应当促进每个人的全面发展，即身心、智力、敏感性、审美意识、个人责任感、精神价值等方面的发展。应该使每个人（尤其）借助于青年时代的教育，形成一种独立自主的、富有批判精神的思想意识，以及培养自己的判断力，以便由他自己确定在人生各种不同的情况下他认为应该做的事情。

教育的基本作用在于使人们具有思想、判断、情感和想象方面的自由，从而保证人人充分发挥自己的才能和尽可能地掌握自己的命运。所以，要向青少年提供一切可能的美学、艺术、体育、科学、文化和社会方面的发现和实验机会。教育要尊重每一独立个体的选择和创造性，而不能忽视人的任何一种潜力。

要深切理解和把握这四种学习的有机联系，有赖于对教育的重新思考。面对21世纪的挑战，必须改革教育的体制、结构、内容和方法，也要改变人们对教育纯功利主义的期望。教育应被看作是激发学习的过程，是一种终生的整体经验。

每个人都是终身学习者，而这种学习不再只是完成某种功利目的、实现经济回报的手段，它同时将成为人自身发展和社会发展的目标，成为高质量生活的有机部分。这四种学习也是建立未来终身学习社会的四大支柱。

中小学生正处在身心迅速发展又极具可塑性的人生阶段，是施教的最佳期。要紧紧把握住这个最佳培养期。

2. 陈美龄的教育经验

陈美龄是20世纪70年代当红的香港歌手，曾与邓丽君齐名，演唱的歌曲有《爱的咒语》《原野牧歌》《欲断难断》等，斯坦福大学教育学博士，她的3个儿子相继被斯坦福大学录取。

（1）凤凰卫视的专访

凤凰卫视驻日记者李淼对香港女歌手、随笔家、小说家、大学教授陈美龄进行过采访。

李淼：怎样培养孩子？怎样培养出一个优秀的孩子，我相信对于中国很多家庭、很多父母来说，都是非常关心的事情。今天我们要采访的这位母亲，她是一位非常成功的歌手、非常成功的艺人。可是今天我们要聊的却不是这个，而是教育。她同时也是一位教育家，教育出了三个非常优秀的孩子。

李淼：我不知道你有没有听说过，中国有个词叫作"虎妈"？您有3个儿子都非常优秀，都考上斯坦福大学，可不可以请您介绍一下，您（育儿）这方面的经验？

【镜头17】电视连续剧《虎妈猫爸》片段：

妈妈：茜茜，我们今天的事情一定要今天完成，要不然制订计划干什么呢？把作业都做完，好不好？我们现在起来。

茜茜：我不，我不，我不！

妈妈：必须起来！

茜茜：妈，我不起！

陈美龄：因为我是虎妈的相反，他们就觉得，原来不是一定要做学霸才可以进到最好的大学。我是鼓励妈妈对小孩子用爱、用关心，用快乐的时光，用美好的童年去培养孩子，因为这样的话，小孩子就可以寻找他们最喜欢的自己。因为成功不是要赚很多钱，读一个什么大学，这不是成功。成功就是他能够自立，能够爱自己、爱人。每天都找到有意义的生活，这就是成功嘛。

李淼：实际上，我相信做起来很多妈妈、很多父母都觉得非常非常难。那您在教育3个这么优秀的孩子的过程当中，您觉得最主要的体验是哪些呢？有没有遇到什么样的一些困难？

陈美龄：在我的书里面也写得很清楚，要培养他们的自我肯定力，让他们喜欢自己，觉得自己是一个有价值的人。那怎么去培养这个自我肯定力？就是无条件地去爱你的小孩子，不是他读书读得好，你才爱他多一点，他听话就是好孩子，不听话就是坏孩子。不是的，生下来都是好孩子的。因为现在竞争很强，所以很多父母都是去比较小孩子，拿自己的小孩子跟别人比较。不要比较他，无条件地去爱他，不是纵（容）他而是爱他。他做的不对的时候，好好坐下来跟他说清楚，可是不要说，人家做的那么好，为什么你做的不好？那他看到比他做的差的人，他就有一点自大了，然后看到比他做的好的人，他又自卑了。这都是不好的。

【镜头 18】电视连续剧《小喜欢》片段：

妈妈吼孩子：磊磊考第一名？

男孩：对。

妈妈继续吼：你什么情况啊？分班考，考最好一名，要不要脸啊？

【镜头 19】电影《谁的青春不迷茫》片段：

女孩：我想学天文。

妈妈吼：有病！天上的石头有什么好研究的？

李淼：那包括您自己在内，还有您的3个儿子，您觉得他们在遇到困难的时候，就是要怎么样去面对呢？

陈美龄：教育就是教小孩子去梦想，先给他们打开窗子打开门，看看外面，你看（有）很多可能性，你可以做什么都可以，你喜欢做什么呢？让他去想一想，知道世界是很旷（的），可以找到很多不同的梦想的，要是他决定之后，我们要给他们一点道具，比如说给他上学呀，给他学习他喜欢学的东西，然后要教他有勇气，跨出第一步。然后我教他们要坚强，有困难的时候要站起来，继续去。然后他们成功之后，我们要教他们有谦虚，就是不要自大，还有要分享，跟人家分享他的成功。要是我们能教小孩子这样去追求梦想的话，我觉得教育就是成功的了。

李淼：您觉得中国现在的那种填鸭式的教育，就是要拼命学习，要考上好的大学，这样的这种虎妈式的教育，您觉得最不好的地方、最要不得的地方是什么？

【镜头20】电视连续剧《小喜欢》片段：

女孩：这好不容易考完了，您不让我松快一下，高兴一天吗？

妈妈：都考第二了，还有什么可高兴的？

陈美龄：就是我希望我的小孩子是个快乐的人，能做一个有意义的（事）、有一个有梦想的一个人生，光亮的人生。不是旁边的妈妈说，一定要考第一，一定要读那个大学才是最快乐、最成功、最幸福的。不要这样想。观察你的小孩子，他喜欢做什么呢？行行出状元，每一个职业都可以成功，要是他真的做他喜欢的事的话，小孩子学习的那个热情会不同的。

……

李淼：我记得您也在书里面说，尽量少买花钱买来的玩具，而是和他们一起动手去做一些东西，去培养他们对知识的好奇心。

陈美龄：我是从小就是跟小孩子玩，就是不用工具的，就是用喉来玩，就是唱歌、跳舞什么的，很多可以玩的东西，比如说带他们去散步，每到一个路口，我们就拿一个（片）叶子，然后就，噗，我先吹（树叶）指向那边，我们就从那边走，到另外一个路口，又老大吹，噗，我们又跟他走，走来走去很好玩的，就是走来走去半个小时，我们高兴得不得了。

……

李淼：每个人都很希望自己的孩子将来望子成龙，将来能有出息，您觉得中国大陆的父母，应该怎么样教育孩子？

陈美龄：成龙成凤，万人万路，就是有很多方法，让你的孩子去成龙的，让你的女儿去成凤的，不一定是现在社会上最容易看的到的道路，每一个小孩子都是，好像一个光亮的星星，你用心去看，他一定有一个地方是比（别）人强的，他最喜欢做的，那你就去鼓励他，我觉得现在父母，每一个父母不一定是中国了，应该是这样做。

......

李淼：给自己的孩子提供一个最好的环境，去帮助他们实现梦想，和陈美龄女士对谈之后，给我最大的一个印象就是，对于父母来说，教育并不是一天两天就可以实现的事情，每一天都非常的关键，父母不仅仅对孩子要有爱心，还要有细心和耐心。

（节选，有删减）

从这段采访中，我们知道，陈美龄对孩子的成功教育，有这样一些要素：用爱、用关心、用快乐的时光，培养孩子的自立，让孩子爱自己也爱他人，培养孩子的自我肯定力，在迷茫的时候要不畏艰险，要让孩子快乐，要让孩子有梦想，尊重孩子的兴趣，行行出状元，对孩子一定要有耐心，要鼓励孩子提问，要保护好孩子的好奇心，要把学习变成开心的事情，要根据孩子成长不同年龄阶段的特点来教育孩子，把握好教育关键期等。

（2）教育的10个原则

陈美龄在教育孩子时有自己的10个原则，就是父母不要做的10件事。

第一，不要和别人家的孩子比较。

第二，不要用物质奖励孩子。

第三，不要制定每天的时刻表。

第四，不要给孩子报课外班。

第五，不要替孩子做选择。

第六，不要反对高中谈恋爱。

第七，不要打骂孩子。

第八，不要对孩子撒谎。

第九，不要因为工作忽略孩子。

第十，孩子发问时，永远不要让孩子"等一等"。

笔者仅仅谈一点，那就是陈美龄说的，不要用物质奖励孩子。学习本是件艰辛的事情，需要孩子的自律性和意志力，如果孩子靠外在的物质来驱动自己学习，体会不到学习中的自主感、胜任感和归属感，再遇到困难的时候，孩子会很轻易就放弃了，并且用物质奖励孩子，如果孩子打开物质欲望，容易造成孩子欲壑难填，这个度是不好把握的。相比陈美龄，有过之而无不及，笔者在教育女儿的过程中，做了很决绝的事情，不允许女儿接受任何人的"压岁钱"，也劝说别人别给女儿"压岁钱"，因为亲生父母也不会给。虽然这个做法，不近人情，一般人也无法理解，但是事实上笔者这样或多或少促成了女儿的吃苦、独立、自主和自律。

（3）教育的 15 个要素

陈美龄在《50 个教育法，我把三个孩子送入了斯坦福》中，提出了 15 个帮助孩子提高学习能力的教育法方法，也就是 15 个要素或品质，即脑力（Watch, listen, touch, and meet），阅读理解能力（Read lots and lots of books），集中力（Train to concentrate），想象力（Original stories for our sons），跨国界理解力（Celebrate all the festivals），学习能力（Feel the happiness of learning），健身·强心力（Teach your child to eat healthily），判断力（Think with your own head），提问能力（Always ask questions），倾听、陈述意见的能力（Let children join in conversations），觉察力（Mutual report of daily activities），笑的能力（Humor makes life richer and happier），自制力（No games and manga until high school），随机应变能力（Do something different everyday）和质疑能力（Be skeptical, always look for the truth）。这 15 个要素，也是品质，恰恰是笔者拙著《学生心理健康与社会适应（第 2 版）》里所涉及的内容，集中力就是专注（注意）力，它与觉察力、脑力、跨国界理解力、阅读理解能力、判断力、提问能力、质疑能力、想象力同属人的认知能力，笔者拙著里都有阐述。学习能力和自制力拙著也有专门章节，倾听及陈述意见的能力、笑的能力在拙著中的人际适应部分也有体现。感兴趣的读者，可以查阅。只是健身·强心力和随机应变能力要素拙著中没有涉及。英雄所见略同，只不过，笔者阐述这些要素品质更为详尽。

3. 朱清时的教育观点

中国科学院院士、南方科技大学创校校长、中国科技大学前校长朱清时在《领航者》栏目接受于盈采访，谈中国教育。以下是删减后的采访片段：

于盈：……您反思的话，中科大有什么很独特的一些人才培养方式呢？

朱清时：教育要搞好一定要有一群好老师，要让学生和老师能够充分交流，能够不搞形式，注重做学问。因为在90年代我到中科大以后，全国的那个并校扩招、建新园区、产业化高潮，中科大也受到一些影响，但是影响都不大。

于盈：对，您当时坚持这个不扩招、不圈地。

朱清时：扩招了我们的教育资源就稀释了，我们情愿保证质量，而不是追求数量。我想，中科大这几十年培养出很多人，其实重要原因就是中科大的校风就是实事求是，然后都是尽量做努力，保证中科大的校园能够放下平静的书桌。

于盈：朱清时做了十几年的大学校长，却一直说自己不是教育家，只是抱着谦卑之心，去尊重和敬畏简单的教育规律，他觉得这比创新还重要。朱清时对中国教育亟待解决的弊病直言不讳，一是要扭转教育观念，认识到教育是培养人才，而不是选拔人才。二是要切实培养学生的能力，多元化全方位地去考察学生。

朱清时：中国教育要真的改革的话，第一是一定要把教育培养人才和教育选拔人才两者分开来。两者会大多数重叠，没有关系让它自然重叠，但是不要让它成为必要条件。选拔人才就是意味着你的地位、你的财富由此而来。国家的资源分配、职务分配都是靠教育，所以一个人教育考上好大学，首先不是意味着他能学很多好知识，而是意味着他又升了一个新台阶，在如此功利化的教育思想之下，教育就畸形了。第二个就是读书要着重培养学生的能力，能力的考核，包括课堂教学也是这样，不要用灌输式来做，这个首先是对老师、对学校水平的考验。这两个问题不解决，中国教育要改好不容易……有个大数学家丘成桐，他的老师叫陈省身，他给我们（中科大）少年班提了个词，他题词他写得很直率，就是不要考100分。他意思就是你一个人学一门知识，你先大致学通了，能够考七八十分就不错了，你要100分，你反复几十遍，那反复几十遍不值得。

于盈：花这个时间和精力。

朱清时：就是完全是为了考高分去训练你了，你有能考七八十分，你能想出主意，让在实践中间去试错就行了，试错不用考100分，对吧？

于盈：那个爱因斯坦也说过，就是说我认为自己只能成为一个中等生。因为他说如果要成为优秀的学生的话，你要去把所有的精力，就是说放在老师想要教你的东西上面。

朱清时：现在回头看，我想绝大多数人完全没有意识这是我们教育的弊病，他们还认为这是我们翻身改变命运的唯一途径呐，不能改。大家就去比吧。我愿意付出这个像衡水中学那样的很痛苦的努力，只（要）受折磨，我就能得到好结果，他们就这样想。

于盈：而且学习本来不应该是一件痛苦的事情。

朱清时：对对！

于盈：特别你要（在）现在的时代，你要终身学习，你要去享受这个学习的乐趣。

朱清时：对对对！必须要做系统工程，改变社会的观念。法国就最显然，法国教育体系最高级的学校就高师、高工、高级政治学校这种，都没有文凭的，他不是博士的。也许中国近代时间太短了，就拼命要赶，赶的就是都是单一化方向，那样最容易使力，还没有形成多元的这种文化。

于盈：其实人才是需要多元化的，特别是我们现在面对的世界又和以前不一样，很多很复杂的问题其实需要不一样的类型的人才，才能去解决这些问题的。不能是说全部都齐头草，大家一样。

朱清时：对！多元化这个就是如你所说很重要。一个社会不能是你能做的，别人也能做，你不能做的，别人也都不能做，那这个社会就不行了。这就像产品都是工业化，生产标准产品，那就不行了，一定要是天然的，各种东西能够互补的才行。这个教育如果按照一个考试的体系来做的话，是会扼杀人才和摧残人才的。这段话是爱因斯坦说的，他的意思就是为了保证公平，每个人（动物）都必须接受统一的考试，这样才好打分，怎么统一，就是爬上这棵树。这些动物（有大象、蛇、狗、猴子、鱼等）一看就傻眼了，只有猴子最行，对不对？

于盈：是。

朱清时：但是大象那肯定其他地方比猴子强得多的很，但是我们现在高考跟这个有什么差别呢？高考弊病就是这样，它就像爬树一样有简单的标准……（在南方科技大学）我就是要很明确考学生的专注力、想象力、清晰度、记忆力，就这几个。考专注，第二届的时候就是我亲自出的题，我们就7分钟，给学生发一张白纸、一支笔，让你从 1 写到 300，你就写吧。

于盈：就写数字？

朱清时：不要改，你脑袋一开小差，你就会出错。因为那个写有时间限制，都来不及思考的，很少人能够写到 300。

于盈：是吗？

朱清时：当老师久了就知道，一个学生好，他学习能不能学好，首先他能不能专注，不能专注，什么事都做不好……我们的教育就是这个误区，大家都恨不得帮学生把所有风险都担了，把所有事都做了，让他们不要操心就顺利走，但是这样不受伤害的小孩成长起来也就没有能力了，就是再大也是一个小宝宝。

从这段采访中，我们知道，朱清时认为，教育要不搞形式，要注重做学问，要尊重和敬畏教育规律，反对功利化的教育思想，赞同陈省身说的不要考 100 分，鼓励教育多元化，提倡挫折教育，建议改革高考制度等。特别让笔者感叹的是，朱清时提出要考学生的专注力、想象力、清晰度、记忆力这 4 个品质，尤其是专注力，学生没有专注力，可能一事无成。这可是笔者心理学专业饭碗里的事情，朱清时作为中国科学院院士、物理化学家，对心理学、教育学看得如此精准，当了十几年的大学校长，还很谦虚地说自己不是教育家，这才是学者的风范。现在要求中小学老师都要掌握教育学、心理学，可是我们扪心自问，到底有多少老师真正明白教育学、心理学？如果老师真懂教育学和心理学，那么在家长会上，绝大多数老师就不至于都是说"正确的废话"。

4. 哈佛大学成功品质

哈佛大学已经意识到，要想成为哈佛的学生，只是学习成绩好是不行的，还要看它是不是一个在未来社会具有发展潜力和竞争力的学生。因为，他们不愿看到哈佛的学生有这样的结果：在学校时是一个成绩优秀的学生，门门功课都能得 A+；离开学校以后却成为一个低能儿，不懂得学习是要用一生来做的事，不能利用继续学习来使自己不断增值，从而使自身的价值像阳光下的雪人一样——慢慢融化，直至消融得无影无踪。哈佛前任校长鲁登斯坦说："从来没有一个时代，像今天这样需要不断地、随时随地地、深入广泛地、快速高效地学习。那种依靠在学校时学到的知识就可以应付一切的时代，已经一去不复返了。"哈佛大学最看重的 8 种品质：

品质 1　Self-confidence 自信

品质 2　Warmth of personality 为人热情

品质 3　Intellectual creativity 创造精神

品质 4　Intellectual curiosity 求知的好奇心

品质 5　Initiative 主动性

品质 6　Sense of responsibility 责任感

品质 7　Reaction to setbacks 对挫折的反应

品质 8　Energy 活力

顶尖学霸确实都很勤奋，但比勤奋更重要的是学习力。唯有学习力，才能让孩子真正提升学习效率，成为学习的主人。学习力是一种有效益的自主学习方法和能力，是提出问题、分析问题、解决问题的能力，是学会学习，善于学习，在接受知识基础上有独到见解，独立思考，充分发挥自身主观能动性的创造力。学习力分为学习动力、学习态度、学习习惯、学习效率、创新思维和创造能力 6 个方面。学习力是最强的竞争力。

走出去了解整个世界是孩子们的必修课。教育的目的不仅是学习知识，而且是学习一种思维方式和处世能力——在烦琐无聊的生活中，时刻保持清醒的自我意识，不是被杂乱、无意识的生活拖着走，而是生活由自己的灵魂掌控。过去，一个人全部知识的 80% 是在学校学习阶段获得的，其余 20% 则依靠在工作阶段的学习。而现在完全相反，在学校学习到的知识不过占 20%，而 80% 的知识需要你在漫长的一生中通过不断学习和实践获得。美国现代成人教育之父戴尔·卡耐基（Dale Carnegie）说：一个人事业的成功只有 15% 取决于他的专业技能，另外的 85% 要依靠人际关系和处世技巧。

在哈佛学习的学生有很大的自由度，自由选课，从事不同的研究，使他们采用热情的方式来学习，学校提供给学生的研究课题、方向和大量的信息资源，指导学生做出自己的决定并保持足够的目标持续学习。

很少有哈佛的学生在毕业之后知道自己要从事什么行业。但是你并不能说他们不优秀，因为他们可能已经掌握了非常好的学习方式和解决问题的方法，具有了高人一筹的学习力，这正是一所好的大学应该给予学生的东西。

不可否认，孩子的学习成绩非常重要，这决定将来读什么大学，受什么教育的问题。但是，笔者认为，真有比学习成绩更重要的要素和品质，这些要素和品质的培养却远远没有引起家长和全社会的重视。

笔者在拙著《学生心理健康与社会适应（第2版）》中，对各种要素和品质有比较详尽的著述，**应该关注孩子的心理品质，在注意能力（专注力）、观察能力、记忆能力、思维能力、想象能力和创造能力培养方面，绝对不能含糊。这些是孩子学习成功的"元器件"。这些"元器件"就相当于人的五脏六腑，五脏六腑健康，孩子就基本健康。孩子一旦具备这些健康的心理品质，家长就不用担心孩子学习成绩的好坏，是金子就会有闪光的机会。**

至于这些品质是如何培养的，笔者这里只想重点谈谈与孩子学习密切相关的专注（注意）力的问题。

普通学生和优秀学生的差距可能仅仅在于专注力，这是学习力中最具有凝聚效力、整合效力的品质。不要去幻想学习中的捷径，孩子所要做的，就是将身体与心智的能量锲而不舍地运用在同一个问题上而不厌倦，一旦入迷了，就距成功不远了。法国古生物学者乔治·居维叶（Georges Cuvier）说："注意力是知识的窗户，没有它，知识的阳光就照射不进来。"

玛利娅·蒙台梭利（Maria Montessori）认为："最好的学习方法就是让学生聚精会神学习的方法。"在她看来，在学习时是否具有专注的态度比知识本身还重要。如果把一切集中到一个目标上，将身体与心智的能量锲而不舍地运用在同一个问题上，连续多年有系统地、深思熟虑地专注于一项有意义的事情，可以取得巨大的成就。

由此可见，专注对于学习来说是多么重要。如果你想得到理想的学习效果，就必须善于培养自己的专注精神，善于集中注意力。

最大限度学到有用的知识，是每个学生都渴望的，但是学习的道路漫长而遥远。于是，学习便成为一场艰苦的赛跑。最终到达目的地的人并没有更多的有利条件，大家的先天条件都差不多，他们只是比别人多了一份专注、一份执着。

学生在学习中需要有专注精神——上课时要集中精力听讲，看书时要聚精会神，做作业时要专心致志。这是学习最根本的保证。有的学生天资聪明，智商很高，但学习效果却很差，很重要的原因就是缺乏这种专注力。三心二意地坐一天，不如一心一意干一小时。

玩游戏的时候脑子里还在琢磨着数学题，玩得自然不尽兴，反过来道理亦成立。学习不是空想，不能心猿意马，只有在一定的时间内心无旁骛，才有可能得到灵感女神的垂青。专注并不是长时间的专注，而是短时高频的专注力爆发。换句话说，学习能力强的人往往能专注当前的一件事，在做这件事时一门心思、专注高效。就像我们遇到过的专心学习的人，听不见身边人在说话一样，而多任务状态下，很容易让人们抓狂、疲惫，也很难保证专注高效。笔者的观点是，该玩的时候好好玩，该学习的时候好好学。笔者值得一提的体会是，真还得先有爱阅读、学习的兴趣，没有兴趣，专注力是不会高的，一旦读书变成人的生活方式，把读书养成人的终生习惯，每天不读书都会心慌，总觉得少点什么，这个时候就不愁专注力的问题了。

在现代信息科技社会和注意力经济时代，网络信息爆炸式增长，干扰过多而无法专注导致人拖延，明日复明日；而昨天收藏的干货还没看，今天的推送已到位，"知识焦虑"就此加倍。焦虑使我们难以气定神闲地长时间专注学习成系统体系的知识，只停留于碎片化阅读和零散知识点。随着新媒介的发展，信息爆炸极大增加了人们"分心"的机会，人们专注时长在急剧下滑。

笔者经常问那些感觉在学习上有困难的学生，他们最想提高什么，提到最多的就是如何集中注意力。因为集中注意力，就会把思想和感官完全地投入学习上而不会分神。而集中注意力的能力，其实是可以提高的，而且有各种各样的方法。

方法1 规划任务。在心理上要作好准备，科学合理地分配学习任务。在学习之前先把思想集中起来，考虑一下将要学习的内容，做到心中有数。例如，在开始听老师讲课之前花几分钟坐下好好预习这节课将要学习的内容。

细化学习任务，明确可能出现的细枝末节的情况，包括需要准备的学习材料、需要留意的概念清单和知识体系大纲、回顾复习重点内容等，把每一件事量化，明确要达到的效果。

随时记录薄弱环节，在学习的过程中，遇到难以消化的知识点，往往就是促使我们用转移注意力来逃避困难的时候。比起玩手机、吃东西的短暂放松，不如用记录的方式缓和心理状态，而且这样的过程也便于自己事后进行反思。

可以想象自己完成任务时的样子，给自己积极的心理暗示，把一天的学习过程串成一个完整的故事，想象自己最后成功完成任务的样子。

方法 2 攻坚克难。最难攻克的任务最先做，一日之计在于晨，在早上攻克困难任务是有科学依据的。对于大多数人而言，最佳效率时刻发生在起床后的 2 ~ 4 个小时。在这个时间段，大脑可以专注于需要消耗大量脑能量的脑力活动，包括阅读、写作、编程、分析、批判性思考和决策等。这个时间段，大多数人还保持着较高的意志力，更有利于计划的实施，且越早实施，看到效果就越早，能激发人们持续进行的动力。科学家绘制的人体生物钟里，正常作息下，早上 10 点是一个人最机敏的时候。

方法 3 化整为零。通常来说，持续集中几个小时是很难的，这就需要把任务切割成若干部分，分割学习任务，并科学规定好每个部分的完成时间，同时还要在中途预留几分钟的休息时间。

方法 4 见好就收。学习情绪到"高潮"时，就让自己暂停。大多数人对待学习任务都希望能一气呵成，但是心理学家认为，想要持续高效学习，这往往不是有效的方式；在已经学到一定程度并达到最兴奋点的时候突然暂停，有助于我们记得更牢，并在下次更快地进入学习状态。这就是蔡格尼克记忆效应（Zeigarnik effect），人们对于尚未处理完的事情，会比已处理完的事情印象更加深刻。与其把自己最后一点学习热情都耗尽，不如让大脑对学习的记忆留在"愉快"的感觉上，而不是"累"。

匈牙利心理学家米哈里·齐克森米哈里 (Mihaly Csikszentmihalyi) 在心流理论 (Flow Theory) 中提到，当我们高度专注于一件事时，内心会感到高度兴奋和充实。而当挑战一旦降低，我们就会陷入"无聊"的境地；而当挑战再次提高，我们又会变得"焦虑"。所以在最"嗨"的时候，保持警惕，先撤离，带着良好的感觉离开，让自己对下一次挑战也充满期待。

方法 5 劳逸结合。全神贯注与休息是密不可分的，就像觉醒与睡眠的关系。如果你想得到理想的学习效果，就必须善于培养自己的专注精神，善于集中注意力，但注意力也是需要暂停呵护的。休息时你可以放松自己，在敞开的窗前深呼吸以便为大脑输入新鲜氧气，让眼睛休息休息，到四处散散步，放松心情。

注意力要养护，不要让"干扰信息"瓜分了宝贵的注意力，也别忘了让大脑劳逸结合。

四、生存技能包括吃苦

世界上绝大多数的爱都是以占有为目的的，唯独父母对孩子的爱往往是以分离为结局。**我们不可能一辈子陪着孩子，所以在我们没跟孩子分开之前，要尽可能地多传授一些生存的技能，这就包括吃苦。**

1. 吃苦正在变成一件避而远之的事情

有的富人在吃苦，有的穷人在享乐。有些穷人早已不吃苦，每天的生活十分安逸舒适，享受短视频带来的愉悦和快感，吃着即点即到的外卖，惬意万分，无法自拔，痴迷过度，被这些垃圾快乐所吸引，不愿意吃苦，也懒得去奋斗，最终因为闲散懒惰，一事无成。有些富人每天为了创造更多的财富，巩固自己的江山和地位，必须时刻精进，做诸多痛苦的事情，不断吃苦前行。富人深知成功不是永远，需要不断努力，才能留住，所以愿意吃苦，不怕吃苦，磨砺自己，精益求精。要想一直留在舒适圈，就要主动去吃苦，摆脱"安逸陷阱"，拒绝"享受诱惑"，逼自己吃苦，才能优秀。

主动吃苦不是苦，被动受苦才是苦。主动吃苦，心甘情愿有毅力；被动吃苦，敷衍了事会放弃。如果吃不了自律的苦，最后必然要吃平庸的苦，唯有主动吃苦，坚持自律的人，才能靠毅力和勇气赢得好成绩。**吃学习的苦，获取满腹知识，让自己拥有更高的眼界。吃自律的苦，变得更好更强，让自己拥有长久的幸福。吃劳动的苦，勤劳努力奋斗，给家人衣食无忧的生活。吃思考的苦，规划以后人生，争取达到理想中的高度。吃坚持的苦，不会轻易放弃，靠坚持去赢得最终胜利。**不想在这个浮躁的世界中逐渐沉沦，就要学会主动去吃苦，当你熬过了所有的苦，所有的美好都会纷至沓来。

应该告诉孩子，竞争是大自然的生存法则，没有任何一种生物的早期阶段能在快乐中度过，都要学会生存本领。**不吃读书的苦，就要吃生活的苦。单纯追求快乐教育，是一碗彻头彻尾的毒鸡汤，普通老百姓的家庭往往承担不起。**

如果你出身寒门，那么还有一条路，通向高贵和自由，那就是读书。读书是为了让你知道，接受不公平，是一个人必然的过程，而不是一味埋怨；**读书是为了让你免于生活沦落和阶层下滑，相反，拥有向上走的能力；读书，还是为了让你拥有不一样的视野，拥有更多选择的权利。**

生活的苦难可以被疲劳麻痹，被娱乐转移，无论如何只要还生存着，行尸走肉也可以得过且过，最终习以为常。学习的痛苦在于，始终要保持敏锐的触感、清醒的认知、丰沛的感情。

单小龙，宁夏西吉县人，父母都是地地道道的农民，母亲患病多年，父亲和哥哥在外打过工。

他是全家人的希望，在 2018 年高考中以 676 分的优异成绩被清华大学电子信息专业录取，这对于一个贫困家庭来说，无疑是天大的喜讯，他也是家乡第一个考上清华大学的学生。

知道这个消息的时候，单小龙还在外面打工。他要帮助家里减轻负担，每天早上 9 点就在工地工作，单小龙每天在工地差不多要搬 12 000 公斤的钢筋，连包子都只能吃素馅的。他说："一个素馅的包子比肉馅的要便宜 3 毛钱。"

有时候也想休息一下，但是为了完成上学的梦想，他要坚持下去。他知道自己的家庭条件不好，以后要上大学肯定还需要更多的钱。

上学这么多年，同学却连他的微信都没有，原因是单小龙只有一个破旧的按键手机，而且就是这部手机，也是父亲已经用了 3 年后送给他的，这部手机也是他和在外打工父亲联系的唯一纽带。

虽然其他同学用的都是智能手机，可单小龙知道，自己不能去攀比，自己能跟同学比的只能是学习。因为能改变自己命运的只有学习，除了这条路，再无他途。因此，他必须努力学习。

（1）努力吃苦，方得始终

老话说，生活有五味，酸甜苦辣咸，苦是生命所不能避免的一味，人生本就是一场与痛苦并存的旅行，无论生长在怎样的环境中，人都会面临各种难题和困境，没有人可以不流汗、不流泪就轻松跨过，但可以把这些难题和困境转换成幸福，而努力就是转化的过程，尽管在这个过程中，可能会感到更加辛苦。但随着经历得越多，就越容易发现这个世界的真理——越怕吃苦，越有苦吃。

那些心灵真正富足的人，其实都不怕吃苦。

人生有些苦注定要吃，今天不苦学，老来是要后悔、受苦的。人生晚吃苦，不如早吃苦；你现在不累，以后就会更累。少年时贪图安逸，不想努力，少了精神的滋养，少了技能的支撑，明天就要忍受空虚与"贫穷"。**青春最厚重的底色是奋斗，最可贵的精神是拼搏，别在最好的时光里选择安逸，错过了柳暗花明又一村的美好风景。**虽然苦过之后不一定有甜，努力之后不一定成功，但不努力的人生希望更加渺茫，就像一潭死水，一眼看得到头，苍白到连新的风景都没有，那才是真正的苦。

（2）安逸容易滋生出懒惰

孔子说："人无远虑，必有近忧"（《论语·卫灵公》），做人眼光要放长远，不能只贪一时的安逸，让内心的懒惰控制你的生活。许多父母一辈子都在为子女营造舒适安逸的小窝，但要知道，没有一种能力是在纯粹的快乐中产生的，能力都是在痛苦和挫折中培养出来的。因为越来越优渥的生活，让孩子们毫无忧虑，更吃不了苦，只要碰到一点挫折，就想要放弃。当孩子不愿意受苦、不愿意努力，懒惰的种子便在心里滋生。

（3）时不可失，时不我待

余生很贵，请不要用来悔恨。少壮不努力，老大徒伤悲。有多少人因为吃不了苦而选择安逸轻松地过了一辈子，可是当他们凝眸回望，却发现，最遗憾的不是没有机会，而是没有去努力。现在抱怨学习太苦太累，以后就会抱怨生活不易。**年轻吃苦不叫苦，老年时苦才叫苦。**年轻不要怕吃苦，不然等老了，两手空空时，想努力了，再痛心疾首地说，"如果当时能吃一点苦，能再努力一点"，却发现时不我待了。不经一番寒彻骨，怎得梅花扑鼻香。**不愿吃努力奋斗之苦，最后只能吃命运带来的苦。**扛得住现在的艰难，才能配得上梦想。

这些话也许有点老套，对于过去的孩子来说，这是励志，但对于现在与世无争、启而不发的孩子来说，可能就显得有些无聊。

2. 读书正成为一种可有可无的奢侈品

离开了学校、老师之后，人们接触最多的就是各种媒体、新媒体。但是，千万不要跟着媒体去读书，去思考。现在的媒体里面，没有几个真正的读书人。

那些活跃在媒体上的专栏作家、专家，不少是不学无术的。受了他们的影响，人们很快就会变成一个傻瓜，而且是一个自以为会独立思考的傻瓜，一个自以为满脑子健全却充斥时代偏见的傻瓜。离开校园，人们会经历人生的种种，五六年之后，30岁前后，其实在智力上、阅历上，都会达到人生的一个巅峰。但是大多数人，却再也不读书，不思考，再也没有精神生活。也许他可以赚很多钱，但在精神上，却一直在走下坡路，一天比一天贫乏。一个人如果不看书，那么他的价值观就会由他身边的人决定，因为他没有别的输入途径，只能模仿身边人，周围流行什么，就跟随什么，永远找不到自己。反观现代社会，信息越来越多，思想越来越少；交际越来越多，真心越来越少；欲望越来越多，满足越来越少……太多的人推崇"读书无用论"，把赚钱和玩乐列为人生首选。更不要说读经典书了，读书都已经成了一种可有可无的奢侈品。

当然，学习的动机激发与社会息息相关。一名印度工程师所写的《令人忧虑，不阅读的中国人》红遍网络。他说，或许不应过分苛责。但我只是忧虑，如果就此疏远了灵魂，未来的中国可能会为此付出代价。我在飞往上海的飞机上，当时正是长途飞行中的睡眠时间，机舱已熄灯，我吃惊地发现，不睡觉玩iPad的，基本上都是中国人，而且他们基本上都是在打游戏或看电影，没见有人读书。这一幕情景一直停留在我的脑海里。其实在法兰克福机场候机时，我就注意到，德国乘客大部分是在安静地阅读或工作，而中国乘客大部分人要么在穿梭购物，要么在大声谈笑和比较价格。现在的中国人似乎有些不耐烦坐下来安静地读一本书。一次我和一位法国朋友一起在虹桥火车站候车，这位第一次来中国的朋友突然问我："为什么中国人都在打电话或玩手机，没有人看书？"我一看，确实如此。人们都在打电话（大声谈话）、低头发短信、刷微博或打游戏。或喧嚣地忙碌，或孤独地忙碌，唯独缺少一种满足的安宁。

据媒体报道，中国人年均读书0.7本，与韩国的人均7本、日本的40本相比，中国人的阅读量少得可怜。奥地利的维也纳是笔者最喜欢的欧洲城市之一，在维也纳的街头巷尾，也都能看到很多书店，一些街头还可以看到一些没有上锁的书柜，也无须付费，也没有还书的时间要求，大家可以随意拿取书架上的书，要是有不看的书，也可以放在这里共享，分享给有需要的人。在法国，书店就是和生活超市一样的存在，法国人常说，饭可以不吃，迪可以不蹦，但不

家长可以不焦虑

可以不看书。人手一本书，随便找个地方打开就看，似乎也成了法国人生活里的日常。巴黎街头有许多艺术气息浓郁的书店，距离巴黎圣母院很近的莎士比亚书店，创办于1919年，历经百年现在是巴黎的文化地标，也是全世界独立书店的标杆。在中国各地中小城镇最繁荣的娱乐业就算麻将馆和网吧了，一个一万多人的小镇，有几十个麻将馆五六家网吧是常事。中老年人打麻将，青年人上网，少年儿童看电视。中国人的娱乐生活几乎就浓缩为麻将、上网和看电视。不管是在网吧，还是在大学的计算机室，我们可以看到，大多数都在玩游戏，少部分在聊天。在网上和图书馆查阅数据或读书的学生少之又少。再看看各部门领导，一天忙于应付各种检查、应酬、饭局。读书已经变成了学者的专利，也许很多学者也不看书了。这确实让人担忧。

中国人不爱读书有四个方面的原因：一是国民文化素养偏低；二是从小没有养成阅读的良好习惯；三是"应试教育"，让孩子们没有时间和精力去读课外书；四是好书越来越少。日本管理学家大前研一的著作《低智商社会》意外地触动了中国人的敏感神经。他在书中说：在中国旅行时发现，城市遍街都是按摩店，而书店却寥寥无几，中国人均每天读书不足15分钟，人均阅读量只有日本的几十分之一，中国是典型的"低智商国家"，未来毫无希望成为发达国家！

（1）德国的读书情况

德国是全世界人均书店密度最高的国家。截至2022年6月，德国人口总数为8 322万，德国有将近7 700家的书店，平均每1.08万人就有一家书店，书店工作人员则约为31 000名，到处都可以见到书店，无论是市中心的大型图书商店，还是车站的小型图书店或报刊亭，如果留意观察，就会在很多社区附近找到一个像电话亭一样的小亭子，里面放满了二手图书，这就是公益免费借书亭，可以在这里免费借到自己想要阅读的图书，或是可以把家里看过的图书放进来供他人阅读，全凭自觉。

通常书店内部的环境都十分安静、幽雅，很多大型书店内，或小型书店门口都有可以喝咖啡阅读的地方，或是提供免费阅读区，即便没钱购买，但只要愿意阅读，完全可以坐在这里看上一整天，不会有人因为只看不买而被驱赶。

大型书店也经常会举办一些读书会或朗诵会，提倡人们阅读，并喜欢上阅读。这里不会因为利润原因只出售大量的畅销书，也会照顾到各个阅读人群的需要。如果对读书感兴趣，同时喜欢淘一些已经不再发行的图书，可以到当地的跳蚤市场或是二手书店淘到一些不再发行或有特别意义的图书。

数据调查显示：有91%的德国人在过去一年中至少读过一本书。其中，23%的人年阅读量在9～18本之间；25%的人年阅读量超过18本，大致相当于每3周读完一本书。书也成为朋友之间最受欢迎的礼品。70%的德国人喜爱读书，一半以上的人定期买书，三分之一的人经常读书。

德国有1.4万多个图书馆，藏书约1.29亿册。每个城市都有市立图书馆，区里也有各自的图书馆，而且一定是建设在当地最繁华的地段。许多图书馆通过组织作家演讲会、举办文化活动等，使自己更具吸引力。

几乎每一个德国家庭，都有书架，或设在书房，或摆放于客厅，似乎成了家里的一件装饰，但书架上的书，他们几乎全部阅读过。德国每个家庭平均藏书近300册，人均藏书100多册。他们认为，"一个家庭没有书籍，等于一间房子没有窗户。"

德国可以算是民富国强，背后一定是一种文化力量在推动着，那就是阅读的力量；中国人发明了造书的纸，但喜欢阅读的人越来越少。

中国人在不断感叹德国制造、感叹德国强势维持欧元区的同时，却没有注意到，德国的大学和图书馆一定是当地最经典的建筑并建在交通最方便的地段，也没有注意到德国是世界人均比例最大的普通阅读者群，更没有注意到德国人对知识的尊重和阅读的态度。

因为阅读，德国人生活习惯也跟中国不同。德国成为一个比较讲究礼节的国家，成为一个讲究秩序的民族。每人都有自己的"归属"，甚至连每一样东西也都有其"合适"的位置。外国人在德国旅游第一个感觉是那里的一切都是井井有条。维持秩序的标志牌和禁令牌随处可见。

（2）以色列读书情况

以色列人均每年读书64本，占全国人口80%以上的犹太人人均每年读书达68本之多，犹太人有个习俗，当孩子出生时，母亲就会翻开《圣经》，滴上一点蜂蜜，让孩子去舔《圣经》上的蜂蜜。通过这一点，让孩子对书产生美好的第一印象：书是甜的。当孩子悄悄懂事时，几乎每一个母亲都会问这样一个问题："假如有一天你家里突然起火，你首先会抢救什么？"当孩子回答是钱或钻石时，母亲会严肃地告诉他："这些都不重要，你首先应该抢救的是书！书里藏的是智慧，这要比钱或钻石贵重得多。而智慧是任何人都抢不走的。"因而犹太人是世界上唯一没有文盲的民族。就连犹太人的乞丐也是离不开书的，即使在乞讨，他们的身边总会带着每天必读的书，更别说衣食无忧的人了。在以色列，书刊价格非常昂贵，每本书的售价在 20 美元以上，每份报纸也在 6 美元以上，但普通以色列人对购买图书和订阅报刊都十分慷慨。这个仅有 500 万人口的国家，持有借书证的就有 100 多万人，是全世界人均拥有图书最多的国家。"安息日"是以色列犹太人一个非常重要的宗教活动日，在"安息日"所有的犹太人都要停止所有商业和娱乐活动，商店、饭店、娱乐等场所都得关门停业，公共汽车都要停运，就连航空公司的航班都要停飞，人们只能待在家中"安息"祈祷。但是有一件事是特许的，那就是全国所有的书店都可以开门营业。而这一天光顾书店的人也最多，大家都在这里静悄悄地读书。一个崇尚读书学习的国家，当然会得到丰厚的回报。以色列人口稀少，但人才济济。诺贝尔奖获得者就有 10 个，以色列环境恶劣，国土大部分是沙漠，像巴勒斯坦等阿拉伯国家的粮食不够吃，还要以石油换食品，而以色列却把自己的国土变成了绿洲，而且生产的粮食不但自己吃不完，还源源不断地出口到其他国家。他们凭借着聪明和智慧，创造出惊人的物质和精神财富。

（3）匈牙利读书情况

匈牙利的国土面积和人口都不足中国的 1%，但却拥有近两万家图书馆，平均每 500 人就有一座图书馆，而我国平均 45.9 万人才拥有一座图书馆。匈牙利平均每人每年购书 20 本，据 20 世纪 90 年代统计，中国平均每人每年购书只有 5 本，现在还在下降。在匈牙利，诺贝尔奖得主就有 14 位，若按人口比例计算，匈牙利是当之无愧的"诺奖大国"。他们的发明也非常多，既有火柴、圆珠笔这样的小物件，也有电话交换器、变压器、汽化器、电视显像管这样的尖端产品。一个小国，因爱读书而获得智慧和力量，靠着智慧和力量将自己变成了让人不得不服的"大国"。一个人的精神发育史，大抵是一个人的阅读史；而一个民族的精神境界，在很大程度上取决于全民族阅读水平；一个社会到底是向上提升还是向下沉沦，就看阅读能植根多深；一个国家谁在看书，看哪些书，就决定了这个国家的未来。可谓："读书改变人生，知识改变命运。"读书不仅影响到个人，还影响到整个民族、整个社会。有人感叹道："当今社会识字的人多了，读书的人却少了。"很多人把宝贵的时间耗在推杯换盏、打牌搓麻、欢歌劲舞等娱乐应酬中，却不愿意花时间认认真真地多读几本好书。要知道，一个不爱读书的民族，是可怕的民族；一个不爱读书的民族，是没有希望的民族。

（4）善读书可以治病

汉代刘向说："书犹药也，善读之可以医愚。"意思是：书就像药一样，阅读得法，可以医治愚蠢的毛病。一个人如果没有足够的时间和金钱走万里路，也没有合适的机会阅人无数，那么读书就是最适合你的事情。它是最朴实的高贵，也是成本最廉价的投资，读书是最廉价的事情，廉价到只需要付费最昂贵的时间。

事实上，读书确有"防病"和"治病"的奇效。

读书与健康有着密不可分的渊源。读书可以解除人的失落感、寂寞感和孤独感，可以使人心神集中、杂念尽消、心平气和、神志安稳，从而有利健康；读书可以清心明志，教人明理，遇到过急之事可以避免"怒伤肝、恐伤肺"等不利身心健康的情况发生；读书还可以引导患者专心于书中，暂时忘却病痛带来的苦恼，使患者意境开阔、心情舒畅，有利于身体康复。

一生与书为伴、以书祛病健身的中外名人不胜枚举。孔子一生坎坷，颠沛流离，最终活到73岁，爱读书，显然是孔子受益匪浅的养生之道。北宋大诗人陆游，晚年穷居乡间，常靠读书怡情；他的切身体会是"病须书卷作良医"（《枕上作》），"读书有味身忘老"（《不寐》）。

读书最能医治心理疾患，有经验的心理医生常常把读书作为心理治疗的辅助手段。因为读书可以使其增加医学知识和消除错误见解，使患者更好地理解自己对待挫折的心理和生理反应。读书还能帮助患者消除恐惧、羞愧和自责心理，提高患者的生活兴趣，能够强化其在社会活动中的正常行为，抑制其不适应的行为模式。读书更能帮助患者把压抑的心理矛盾释放出来，转移病灶，达到心身放松的目的。

读书可以延缓衰老，预防痴呆症。医学研究表明，阿尔茨海默病归根结底是大脑功能衰退，记忆能力丧失。而勤于读书能促进"脑运动"，而不断的脑运动可以直接促进脑健康，从而通过脑协调与控制全身的功能，防止阿尔茨海默病的发生。勤于读书、用脑的人，大脑血管经常处于舒张状态，以输送充足的氧气和营养物质，从而延缓中枢神经老化，带动血液循环，使全身各系统功能保持协调统一，促进人体健康。美国哈佛大学心理学家德格斯·坡厄尔对 1 600 多名 25 岁到 92 岁爱读书的人进行推理能力、记忆力、视力以及对空间判断力的测试，发现 80 多岁的人，表现得几乎和年轻人同样良好；一部分 80 多岁与 90 多岁的人的智力，接近任何年龄段的最高水平。

对女性来说，读书的意外收获是减肥。法国"食品习惯及体重观察站"对法国北部加来海峡地区的 6 666 名居民进行了一项历时 10 年的研究，结果表明：患有肥胖症的女性大多数是文化水平很低的妇女。而嗜好阅读的妇女发胖的可能性较小，因为爱阅读的妇女更清醒地意识到生活平衡的重要，因此更乐意进行体育锻炼。

今天，整个社会都表现得浮躁不安，在地铁上，大家忙着刷微博，刷消息，看八卦，浏览论坛，因为无法理性地筛选，接受了太多的垃圾新闻和消息，阅读了太多的不良和过激的图片，心灵和精神世界又多了一份敏感和惶恐。

就是因为信息爆炸，中国人养成了一种叫作"浅阅读"的快餐式阅读方式和习惯，阅读量可能是在增加，但阅读质量却不一定能得到保证。所以，我们应该真正地愿意花时间和精力放在一本能够净化心灵，提升精神生活的书，而不再以所谓的"浅阅读"为荣。

在家庭教育过程中，笔者有个忠告，那就是建议家长每个月带孩子逛一次书店，每次两小时以上，试试和孩子一起轮流朗读一本经典的图书。 笔者相信，当读书成为一种全民文化的时候，民富国强就不再遥不可及了。

3. 学习是生存需要，读书是生活方式

学习是迫不得已的、艰苦的，不一定是心甘情愿的，不一定是快乐的。要不怎么说是学海无涯苦作舟呢？但是，为了生存，为了改变命运，必须学习。学习的意义在于我们有资格选择我们所要的人生。

读书则不同，可读可不读，想读什么书就读什么书，想什么时候读就什么

时候读。没有明确的目的，就是一种生活方式，就像听音乐、看电影、下棋一样。

当你感到迷茫时，最好马上去做一件百分百投入的事情，而这件事情最好是读书。读书，就是迷茫时期的雪中送炭，它可以让我们在浮躁中静下心来，指引人们走向外面的世界。从别人的故事里获得自己的人生感悟，从别人的经验里调整自己的人生态度，书本给人的启发，不仅仅是知识的扩充，更是心胸的拓展。读书，能解决80%以上的迷茫。迷茫的时候，读书最能让人清醒。人生低谷时期，朋友的劝慰或许能暂时平复心情，但前行的思路还是得自己寻找。读书，也许不能马上帮你解决眼下的问题，但是会一点一点地滋养你，让你不断权衡与思考，最终获得冲破阻碍的能力。只有不断地保持思考并提升自我认知，才可能在面对困难的时候从容不迫，在面对掌声的时候不迷失方向。如果说迷茫让你的生活出现了黑洞和荆棘，那么读书就是你人生路上的鲜花和铠甲。总有一本书会让你明白生活的意义，找准自己在生活中的位置。任何时候，读书都能给人前行的力量。

读书，也是一个拨开云雾的过程，让你明白人生中最有价值的是什么。在读书的过程中慢慢蜕变，你一定会欣喜地发现，什么是你最想做的事，谁才是你最想爱的人。想要什么、不要什么，一切都渐渐明朗。

读书可以帮助我们思考，重塑我们的价值观，让我们更明白自己想成为一个什么样的人。

书这件东西是专门给懂得精神享受、有精神进取的人准备的。读书能医愚，读书能励志，读书能聪慧。读书不仅仅能够学到知识，更多的是还能给读者带来愉悦，那是一种独特的境界，是一种抛弃繁杂琐事后对生活的品味。读书是一件快乐的事情，是一个良好的生活习惯，更是一种良好的生活方式。

笔者也一直有枕边书，也一直信奉，读书是一种终生的生活方式。

书，净化人的心灵；书，开阔人的视野；书，培养人善良的天性；书，培养绅士的风度，博大的胸怀；书，传播文明种子，普及常识，启迪民智，改变命运。对人类来说，除了不能离开水、空气、食物外，就是不能离开书，没有书，思想就不能传播，没有书，信仰就不能长久，没有书，一切文明就无法传承。最神圣的不是军人的荣誉，也不是政治人物的光环，乃是思想的进步。在漫漫的历史长河中，社会的进步不是武力的征伐，而是文明的传播，正如法国浪漫主义文学的代表作家维克多·雨果（Victor Hugo）说："从今以后，众目仰望的将不是统治者，而是思想家。"

易中天说：读书是谋心。"读书不要想着实用，不要有功利心。读书是为了遇见一群有趣的灵魂，然后养一颗洁净的心，做最真的人。"旅行，能让我们遇见各种美丽的风景。读书，能让我们遇见各种有趣的灵魂，从而让我们变成一个有趣的人。

五、教育是不管也是管

战国是一个最坏的时代，群雄争霸，兵戈不休，国破家亡，生灵涂炭；但这又是一个最好的时代，百花齐放，百家争鸣，群星闪耀，文化繁荣。

那个时代，不管教育，任性发展，造就了老子、孔子、孙子、韩非子、荀子、庄子、墨子、孟子、鬼谷子等，光这些"子"，就足够璀璨星空。

1. 教育是守望，是唤醒

美国作家杰罗姆·大卫·塞林格（Jerome David Salinger）创作的《麦田里的守望者》为世界贡献了一个词语：守望。教育不是管，也不是不管。在管与不管之间，有一个词语叫"守望"。

德国哲学家、教育学家弗兰茨·恩斯特·爱德华·斯普朗格（Franz Ernst Eduard Spranger）说："教育的最终目的不是传授已有的东西，而是要把人的创造力量诱导出来，将生命感、价值感唤醒。唤醒，是种教育手段。父母和教师不要总是叮咛、检查、监督、审查他们。孩子们一旦得到更多的信任和期待，内在动力就会被激发，会更聪明、能干、有悟性。"教育就是一棵树摇动另一棵树，一朵云推动另一朵云，一个灵魂唤醒另一个灵魂。有一个词语叫"唤醒"。什么是唤醒呢？说白了就是人睡着了，你只需要喊醒他就行，将教育灵魂化了。

"诱导"在这里指的是引导孩子发现自我、认识自我、实现自我的过程。它不是强制性的灌输或命令，而是通过引导、启发和激励，让孩子自主地去发现、去探索、去实践。诱导要求教育者具备深厚的专业知识和丰富的教育经验，能够根据孩子的个性、兴趣和需求，制定个性化的教育方案，激发孩子的创造力和创新精神。通过诱导，孩子可以更好地认识自己的优势和不足，明确自己的目标和方向，从而更加自信、自主、自律地成长。

而生命感和价值感，这两个说得太好了，倘若人人都有生命感和价值感，也不会有那么多人天天都在浪费时间，天天都在浪费生命了。所以说我们要做到的就是去唤醒，唤醒对于孩子们而言，就是一种价值感、生命感。而唤醒，只是一种教育的手段。我们要做到的只是需要唤醒孩子而已，其他的不要过多地操心。只要说出来哪些是对的，哪些是错的，往好的方向指引，"诱导"就够了。

父母和教师不要总是叮咛、检查、监督、审查他们。这就是大多数父母和老师们最爱犯的通病，他们都恨不得 24 小时监督孩子们。现在科技发达了，真能做到 24 小时监督，孩子们都像犯人一样成长，这样真的好吗？教育真的不是每天重复去叮咛，去唠叨，去检查，去监督，去审查他们。这样只会适得其反，让孩子跟我们保持着一种距离感，一种不信任感。在一种处处不信任的环境下，孩子的智商会严重降低，创造力也会降低，更多的是生命感也降低了，价值感更是降低了，从小就感觉这样活着有什么意义？心灵也受到了严重的创伤。换位思考下，你工作中喜欢被领导监督吗？

孩子们一旦得到更多的信任和期待，内在动力就会被激发，会更聪明、能干、有悟性。作为老师也好，父母也好，真的应该给孩子们一个自我成长的空间。只要我们给予孩子们更多的信任和期待，孩子们的内在动力就会被激发出来，会越来越聪明和能干。

这一点很多老师和父母都做不到。孩子们只要一犯错，他们就严厉批评，这是不对的。犯错不可怕，可怕的是家长没有抓住机会，让孩子从错误中学习、反思和成长。我们去批评，孩子们往往从犯错误中得到的是家长和老师强加给他们的领悟。他们反而忘记了做这件事的后果，记住的是父母和老师们严厉地批评说做这个不好。因而，做老师和父母的真应该多去换位思考，用一个孩子的心去思考孩子们的事。尽量多给他们一些信任和空间，让他们学会自己成长。

2. 教育是玩，也是领悟

一位著名台湾作家说：上一百堂美学的课，不如让孩子自己在大自然里行走一天；教一百个钟点的建筑设计，不如让学生去触摸几个古老的城市；讲一百次文学写作的技巧，不如让写作者在市场里头弄脏自己的裤脚。玩，可以说是天地之间学问的根本。比如旅游，带孩子去旅行，给了一次全家人亲密相处的机会，给了我们了解孩子、了解自我的机会，让我们勇敢地面对一切困难，一起想办法克服这些困难。在大自然面前，爸爸妈妈也显示出活泼的天性，孩子会发现爸爸妈妈不再像平时那样严肃，也有一颗天真、活泼、童稚般的心。而父母也能很快了解孩子的性格和脾性，掌握孩子的生活规律，知道孩子的喜好，发现孩子身上的闪光点。让孩子用双脚丈量这个世界的山河，用五官六觉感受这个世界上形形色色的事物，让他有能力打开心的窗户，接纳全世界的各种语言、各种风俗以及各种未知事物，从而懂得谦卑。

以色列的孩子在上完高中以后，他们是不参加高考的，为什么呢？要去服兵役，3年兵役，而且男女都得去。因为以色列能够当兵的人太少，他们周围都是强敌环伺，所以他们要保护自己的国家，也确实需要全民服兵役。

3年兵役服完了，你说该上大学了吧？还不，为什么呢？政府会给这些孩子发大量的补贴。因为他们的军队很有钱，孩子们3年兵役服完手里边都有一大笔钱，然后请他们去环游世界。这些孩子拿着这个钱开始环游世界，中国跑一跑，上海、北京看一看。然后日本、韩国，整个一圈跑完。环游世界这一年以后，再决定你要上哪所大学。

请读者想想看，这时候这个孩子上大学的目的和我们这些懵懵懂懂的被家长推到了大学里的人是完全不一样的。为什么他们在常春藤名校能够占有那么高的比例？因为他们想清楚了，他们"领悟"了，他们知道自己上学的目的到底是什么。他是怀抱着对整个世界的探索精神、好奇心和自己的理想来选择自己的专业和大学的。这就是为什么人家爱学习并且容易成为科学家，容易获得诺贝尔奖的原因。

真应该给中国的家长提个醒。我们觉得我们的孩子千万不要输在起跑线上，什么叫不要输在起跑线上？就恨不得别人6岁上学，我们5岁半我就上。我们很多家长为了让孩子能够早一点上学，到八月二十几号剖宫产，目的就是不要拖到九月一日以后，那时候孩子就晚了半年上学，我们太着急了。事实上人生是一场长跑，人家给你留了四年的时间让你好好地思考人生，领悟人生，没有观过世界你哪来的世界观呢？以色列人还给你环游世界的机会，然后再来决定要上什么样的大学。

笔者认为，有没有可能给我们一些借鉴，让孩子休息一年，带着孩子去了解一下这个世界。等孩子真的对这个世界燃起了热情的时候，他就能够领悟世界，把自己经营得更好。

如果我们也能够从从容容的，拿出一两年的时间，让孩子去干他自己想干的事情，让他自由快乐地学习他想要学习的东西，是不是会更好一点？中国人总觉得休学是件很丢人的事情，但是笔者觉得，能够在紧张的学业中获得喘息，给自己时间去搞清楚自己的真实想法，花点时间领悟，是很有必要的。总比分秒必争地跑到终点，却发现不是自己想要的目的地的好。

当然，孩子成长只有一次，错过就无法挽回。

千万不要看不起孩子的游戏和玩，因为最初的学习都是在游戏和玩中出现的，目的性太强的教育只有压迫的感觉，逃都来不及。可是你带孩子去玩的时候，学的东西都是最好的，缘于那时的人在完全放松、完全自由的状况。

在知识领域里，玩带领出的创造力，比最后的结论要重要得多。过程有时比目的重要，玩的教育意蕴就在于，它是一种开释天性、极具安全感的心智释放与迸发，它毫无压抑和强制，只是顺着心灵的走向，自然绽放。

3. 别该管不管，还瞎管

李玫瑾说：教育孩子最大的问题，是该管的不管，不该管的瞎管。

每个人都能成为父母，但却不是每个人都能胜任这一职位。我们总是能发现孩子的诸多问题，却很少认识到这些问题大部分都源自父母。

（1）吃穿上富养孩子，精神上穷养孩子

俄国作家阿列克谢·尼古拉耶维奇·托尔斯泰（Alexei Nikolayevich Tolstoy）说过：“爱孩子是老母鸡都会做的事，关键是如何教育。”父母总想给孩子最好的，宁愿自己苦一点，也要给孩子最好的生活，从来不愿意在吃穿上亏待孩子。

物质富养易使孩子骄奢淫逸，精神穷养则可能导致孩子的心灵匮乏。父母自以为自己给了自己能给孩子的一切，但是孩子却没有感受到父母对自己爱。根源就在于，父母给孩子的关心和爱护，大多是在吃穿上，鲜少关注孩子的精神需求。

（2）学习上严管孩子，心理上忽视孩子

有调查数据显示，中国父母与孩子平时交流的话题排前5位的是：学习的事（71.8%）、学校的事（69.6%）、自己的兴趣爱好（35.4%）、朋友的事（31.7%）和自己的将来（31.6%）。

很多父母和孩子之间的话题，永远离不开学习，仿佛除了学习，便和孩子无话可说。这就导致父母对孩子的学习了如指掌，清楚地知道孩子哪门功课比较薄弱，哪个知识点没有掌握，却不知道孩子内心真正的想法。

于是父母发现，孩子年龄越大，越不愿和父母聊天，甚至连和父母处在同一空间内都不愿意。因为孩子不想听到父母张口学习，闭口成绩，连关心孩子的身体也只会说"好身体才是学习的本钱"。

父母为了孩子的成绩，可以牺牲一切，却不能花费几个小时去了解孩子的内心世界，倾听孩子的心声。因为认为孩子那么小，能有什么想法，即使有，都没有用，都是乱七八糟的，有这个心思为什么不放在学习上。

孩子不是一个学习机器，而父母对孩子的意义也不仅仅是督促孩子学习，当你只会和孩子聊学习时，孩子便把内心那扇沟通的门对你关闭了。

忽视精神世界，忽视内心的成长，忽视心理的健康，对于孩子来说，就是一场灾难。

（3）生活中包办一切，成长中养废孩子

在许多家庭里，做家务都是大人的事情，小孩只管好好学习就行了。可是，万事包办代替的结果是切断了孩子发展的道路。

很多信奉"万般皆下品，唯有读书高"（没有平等意识）的家长，为了孩子能专注学习，包揽下了生活中的一切琐事，包括洗衣做饭、挤牙膏、整理文具、背书包等。进入大学后，孩子突然脱离父母的照顾，生活失控了：没有时间观念，上课常常迟到，做事总是慢吞吞的，甚至天热不知道脱衣，天冷不知道加衣，更别说打扫房间了，孩子完全被家长养成了一个只会学习的"废物"。

读书重要，但自小培养孩子的自理能力更重要。世界很大，孩子需要的不仅是我们爱的演示与叮咛，更需要他们尽早开启独立生存的炉灶。

（4）孩子小时放养放任，长大没法控制

李玫瑾说："教育孩子要趁早，孩子6岁以下，父母的话是黄金，孩子

12 岁以后，父母的话就是垃圾。"

李玫瑾还举出了这样的一个例子：

"有一个老教授找我，说我这儿子天天跟我要东西，17 岁了，只要不满足就扒着窗户说我不活了，我要死。

这父亲说你快下来，我明天给你买，今天手机、明天电脑、后天游戏，什么 MP4、耐克鞋、自行车，总而言之他父亲拿他没脾气，最后问我怎么办。

我说晚了。

晚了什么意思呢？你现在不给也不行了，你就给吧，他说给不起怎么办呢？我说那你也熬吧。"

孩子 3 ~ 6 岁你不管，长大以后想管也管不了。孩子 6 岁前，是心理发育最迅速的时期，也是孩子性格和习惯养成的关键期，这个时期，父母传递给孩子的价值观，产生的影响是最深刻，也是最直接的。在这个阶段，父母要给孩子心里埋下规则的种子，小到做错了事需要去道歉，制定的规则需要去执行；大到遵守社会规则，坚守道德和道义的约定。只有在孩子叛逆期来临之前给孩子立下规则，让孩子对父母有敬畏之心，孩子才会从感情上乐于接受父母的教育。然后随着孩子年龄的增长，逐渐学会放手，让孩子自己去做、去决定，相信孩子有能力进行选择和决策。

4. 多点自由就多点独立

要大胆地放手，让孩子学会独立。父母给孩子多少自由，孩子就给父母多少未来。

智慧的父母，是在该管的时候毫不手软，不该管的时候洒脱放手。人生是一所学校，父母才是最好的老师。虽然说，教育是一门遗憾的艺术，但育人却容不得任何差错。有些事情做错了可以重来，孩子的教育却不能。孩子成长只有一次，错过就无法挽回。教育孩子，不是撒手不管，只待花开，更不是把孩子当成傀儡，处处控制孩子，而是在管教和放手之间保持一个微妙的平衡，让孩子在爱的教育中走向自己的人生。

一位台湾女作家说："我慢慢地、慢慢地了解到，所谓父女母子一场，只不过意味着，你和他的缘分就是今生今世不断地在目送他的背影渐行渐远。你站在小路的这一端，看着他逐渐消失在小路转弯的地方，而且，他用背影默默地告诉你，不用追。"

父母对子女的爱永远是那么深沉。他们并不要求孩子，把他们的爱记在心里。就算有一天孩子忘了父母是怎么爱自己的，父母也不会停止爱自己的孩子。

孩子总会长大，迟早要离开父母去过自己的生活。作为父母，在孩子需要陪伴的时候给予陪伴，当他们能独当一面时，就大胆放手。不要再去干涉他们的生活。

教育家、思想家陶行知说：好父母守望孩子，让孩子主动成长；坏父母替孩子做事，让孩子被动成长。

父母与孩子再亲密，也不能代替孩子去过他的人生。有远见的父母，都懂得在关键节点上，及时退出孩子的生活。家长们既希望孩子慢慢长大，也希望孩子快点长大。聪明的父母，就算舍不得让孩子离开，也不会表现出来，只会把爱深藏心底，给予孩子最大的支持。告诉他们，你可以放心地出去闯荡，这个家的门也永远会为你敞开。

六、感恩独立责任自强

易中天主张望子成人，有 4 个标准：真实、善良、健康、快乐，再加"一技之长"。

笔者认为培养孩子的"感恩、独立、责任、自强"这 4 种品质，远比学习成绩的好坏重要，再加 4 个字，那就是"合格家长"。

1. 学会感恩

感恩，因意识到被给予而自发认为是被恩赐或被爱，从而由感谢对方的意愿产生的心理活动或现实行动。感恩是对一个人是否具备善良品质的基本参考特征之一。在理性思维中被认为是一种处世哲学，也是生活中的大智慧。一个智慧的人，不应该为自己没有的东西斤斤计较，也不应该一味索取和使自己的私欲膨胀。学会感恩，为自己已有的而感恩，感谢生活给予你的一切，这样你才会有一个积极的人生观，才会有一种健康的心态。

感恩不需要教育，那原本是人自然的情感流露。感恩是一种情感，一种责任，一种生活态度，一种生活方式，学会感恩是基于情感的熏陶培养，是记着别人的好。感恩是一个人从小养成的习惯，是熏陶出来的，如果孩子从小到大，从来没看到过自己的父母给自己的爷爷奶奶和外公外婆做过饭、端过茶、病的时候不能去带他们到医院去看医生，逢年过节也不带孩子一起去看望孩子的爷爷奶奶和外公外婆，就是去了，也像客人一样，等孩子的爷爷奶奶和外公外婆忙里忙外做好饭端上来了，就开始吃饭，吃完饭碗也不洗桌子也不收拾，卫生也不搞，这样的孩子长大后不懂得感恩。

对于成长中的孩子，感恩不需要教化，只需要父母脚踏实地做给孩子看就可以，而不是作秀，也不是三天打鱼两天晒网，而是发自肺腑地、坚持长年累月地去用心用情做。所谓的感恩教育，比如众目睽睽让孩子给父母洗脚、逼孩子向父母下跪磕头等洗脑式的感恩教育，大多是变相地让孩子听话。听话的孩子最容易活得憋屈、最容易变成妈宝、最容易成父母的傀儡、最容易人格变扭曲。在孩子一生当中，父母首先做到的，应该就是尊重孩子的存在，让他去成为自己，让他能有悲有喜，而不是在父母恩情面前，扭曲内心，一直深陷矛盾之中。

要想让孩子感恩，父母就得先会感恩。真正的感恩，是基于父母之爱，并非父母的养育。父母的伟大之处，不是体现在给了他生命，也不是养育了他，而是在付出之后，能够把孩子当成独立的个体来看，哪怕，自己过得再潦倒，也不会从孩子身上寻找一丝丝能够掌控的快感。那些不懂感恩的人，是在他小的时候，没有得到父母高品质的爱，那他长大也没有爱的能力，对父母当然也没有爱了。

如何让孩子懂得感恩？首先，家中温情的爱是土壤；其次，父母对感恩的态度是种子，不要一味地要求孩子感恩，自己也该学会感恩拥有的一切。相信在这样家庭中长大的孩子，不需要煽情，不需要痛哭，更不需要下跪，自然知道要对自己拥有的一切心怀感激。高级的父母，从不会用报恩来绑架孩子，让孩子来听自己的话，走自己指的路。应该看到他是一个全新的、有个性的生命，他需要在自己的江湖中闯荡、受伤、成长。

人生在世，不可能一帆风顺，种种失败、无奈都需要我们勇敢地面对、豁达地处理。这时，是一味地埋怨生活，从此变得消沉、萎靡不振？还是对生活满怀感恩，跌倒了再爬起来？英国作家威廉·梅克比斯·萨克雷（William Makepeace Thackeray）说："生活就是一面镜子，你笑，它也笑；你哭，它也哭。"感恩不纯粹是一种心理安慰，也不是对现实的逃避，更不是阿Q的精神胜利法。感恩，是一种歌唱生活的方式，它来自对生活的爱与希望。

人生道路，曲折坎坷，不知有多少艰难险阻，甚至遭遇挫折和失败。在危困时刻，有人向你伸出温暖的双手，解除生活的困顿；有人为你指点迷津，让你明确前进的方向；甚至有人用肩膀、身躯把你擎起来，甘为人梯，让你攀上人生的高峰……你最终战胜了苦难，扬帆远航，驶向光明幸福的彼岸。那么，你能不心存感激吗？你能不思回报吗？感恩的关键在于回报意识。回报，就是对哺育、培养、教导、指引、帮助、支持乃至救护自己的人心存感激，并通过自己十倍、百倍的付出，用实际行动予以报答。

一切情绪之中最有威力的便是爱心，可它以不同的面貌呈现出来。感恩也是一种爱，如果我们常心存感恩，人生就会过得再快乐不过了，因此请好好经营你那值得经营的人生，让它充满芬芳。

感恩是积极向上的思考和谦卑的态度，它是自发性的行为。当一个人懂得感恩时，便会将感恩化作一种充满爱意的行动，实践于生活中。一颗感恩的心就是一颗和平的种子，感恩不是简单的报恩，它是一种责任、自立、自尊和追求一种阳光人生的精神境界。感恩是一种处世哲学，感恩是一种生活智慧，感恩更是学会做人，成就阳光人生的支点。从成长的角度来看，心理学家普遍认同这样一个规律：心的改变，态度就跟着改变；态度的改变，习惯就跟着改变；习惯的改变，性格就跟着改变；性格的改变，人生就跟着改变。

感恩是一个人与生俱来的本性，是一个人不可磨灭的良知，也是现代社会成功人士健康性格的表现，一个连感恩都不知晓的人，必定是拥有一颗冷酷绝情的心，也绝对不会成为一个对社会作出贡献的人。感恩，是对恩惠心存感激的表示，是每一位不忘他人恩情的人萦绕心间的情感。学会感恩，是为了擦亮蒙尘的心灵而不致麻木；学会感恩，是为了将无以为报的点滴付出永铭于心。

感恩不仅仅是为了报恩，因为有些恩泽是我们无法回报的，有些恩情更不是等量回报就能一笔还清的，唯有用纯真的心灵去感动去铭记，才能真正对得起给你恩惠的人。

（1）感恩父母

孩子最先要学会对父母感恩，感谢父母为自己的成长付出毕生心血。当自己吃着可口的饭菜，是否感恩父母付出的辛勤劳动？当自己穿着漂亮暖和的衣服，是否感恩父母对你的关心？也许有的孩子会漠视这些来之不易的东西，父母每天在工作岗位上那么辛苦，他们付出了多少汗水？可面对父母语重心长的教诲，有些孩子会无动于衷，会感到厌烦，甚至会无礼地和父母顶撞。笔者以为，作为孩子，对他们感恩的唯一方式，就是做一个尊重父母的孩子。要感谢他们的爱和付出，而不是把自己带到这个世界。

在水中放进一块小小的明矾，就能沉淀所有的杂质；如果在我们的心中培植一种感恩的思想，则可以沉淀许多的浮躁、不安，消融许多的不满与不幸。感恩是情感熏陶。笔者经常讲，情感熏陶是要遵循规律的，小孩子最应该爱的就是自己的爸爸和妈妈，然后才是爷爷奶奶、兄弟姐妹、叔叔阿姨等，只有把这份情感从小熏陶培养好了，长大后孩子才能去把这份亲情的爱转换成其他方面的爱，等孩子对别的值得他爱的东西有了认知，才能唤起成熟的情感。那种不切实际的、本末倒置的从小对孩子爱这个、爱那个的教育是不懂教育的，也是极其荒谬的。请尊重小孩子情感熏陶培养的起码的教育规律。

（2）感恩老师

感谢老师辛勤教育自己。在学校里，面对老师的辛勤劳动，学生是否学会了感恩？老师无私的奉献、辛勤的工作，他们不管有多累，只要看到学生哪怕只有一点进步，他们都会忘记自己的劳累，为学生感到高兴、为学生成功庆贺。当他们看到学生学习上出现了滑坡，学习习惯散漫的时候，对其提出了警醒或批评，学生能否体察老师的关怀之情，对他们感恩呢？也许有的学生会反感老师的批评，但是忠言逆耳利于行，应当感谢老师的批评，因为正是这些批评，学生的人生才会减少遗憾和后悔，才会进步。笔者经常讲，那种不能接受别人不同意见和建议的人，那可能就是不可救药、无法长进的人。对于有些学习有困难的或不想学习的学生，老师无私的帮助，利用点滴时间对其辅导，学生应当用什么样的行动来对老师感恩呢？有些学生的言行真让老师心寒：他们不仅不配合老师，甚至会有抵触情绪并顶撞老师，好像学习是为老师学的。老师从早到晚，把所有的精力都花在了学生身上，无非是让学生能够成人、成才，能够自立于社会，能够拥有一个美好的前程。试想一下，当学生长大成人过着舒适安逸的生活的时候，能给老师什么回报？老师从不奢求这些。只要有良知的学生，都应当以实际的学习行动来回报老师对学生的教育。

（3）常怀感恩

还要感谢那些照顾自己、帮助自己的所有人……

人生在世，感恩，是一种修养，是一种品行。只有懂得感恩的人，才可以受到众人信任，遇见更多贵人。做人，可以一无所有，但是不能没有感恩之心。做一个懂得感恩的人，才会记人好，忘人过，才会受人助，得人心，为自己积攒人脉，为成功创造机遇。

人活着，必须得感恩，成功时，不要忘记帮过你的人；富裕了，不要忘记陪着你的人；风光了，不要忘记扶持你的人；得势了，不要忘记提拔你的人。心怀感恩，才能得到他人赞美，坚持感恩，才能收获丰厚回馈。

可以写感恩日记。心理学研究证明了写感恩日记的好处。每天写或者每周写感恩日记，都可以让人变得更快乐、更乐观、更容易实现目标。这不仅能让人对他人更友善、更慷慨，也能让自己的身体更加健康。从本质上来讲，好事和坏事在每个人的身上都会发生。在某种程度上，选择关注什么将决定是否快乐。持续写感恩日记不仅仅会在思索、回味并记录下生活里遇到的各种好事所发挥作用的人，还能产生更深远的影响。加州大学戴维斯分校的心理学教授、感恩领域专家罗伯特·艾蒙斯（Robert A. Emmons）将其描述为积极情绪的上升螺旋：我表达出我的感激之情，这会让我感觉更好，所以我对其他人会更友善，别人也会对我更友善，这样我的感觉又进一步变得更好了。然后我会把我的工作做得更好一点儿，对我的孩子更温和一些，我会感觉更充实等。一个小小的积极体验可以改变我们一整天的情绪轨迹，阻挡它的下降趋势，并让自己的情绪状态螺旋式上升。

写感恩日记时，要避免千篇一律。要有感情地写，避免写流水账。写日记并不需要花很长时间，每晚抽出两三分钟的时间就足够了。就算开始的时候每周只能写一两次，效果也会不错。如果将这个简单的练习变成习惯，那么不管是对自己还是对其他人都有益处。无论是在家里还是在工作中，无论是在过得还不错的时候，还是在经历困难的时期，它都会让人获益匪浅。

也可以写封感恩信。感恩信会对写信的人、收到信的人以及双方的关系产生真实而持久的影响。感恩信对象可以是父母、朋友、导师或任何他们想感谢的人。这个简单的练习所产生的影响是相当显著的。一封感恩信对写信人和收信人的影响都是极强的。它不仅影响孩子的情绪幸福，还会让孩子获得意义感（精神幸福），让人与人的关系更亲密（关系幸福），甚至可以增强孩子的免疫力（身体幸福）。如果能定期这样做的话，哪怕是每几个月一次，它都可以提升全然为人的幸福。

常怀感恩之心，在人生路上不会孤单；常怀感恩之心，会让人生旅途一帆风顺。常怀一颗感恩的心，知福、惜福，就能常存幸福。感谢父母，养育之恩；感谢兄妹，常挂于心；感谢家人，冷暖随身；感谢挚友，心灵诚真；感谢师长，育化之恩；天地众生，回报爱心。人恩于我，我报于人；宽容相待，温暖众人。当对一件好事心存感激时，这件事就会变得更好。当对生活的美好心存感激，而不是把所有的事情都视为理所当然时，生活就会变得更加美好。当不感激美好时，美好也会缩水，于是会觉得美好的事情更少了。即使在困难时期，也要找到值得感谢的事物、值得感激的美好。

2. 学会独立

独立是指单独地站立或者指关系上不依附、不隶属。依靠自己的力量去做某事。父母是孩子撒娇时的依靠，物质上的来源，精神上的支柱。但是，总有一天，父母会离孩子远去，或许是孩子离开父母远行，孩子总有一天要学会独立。

上海社会科学院特聘研究员、犹太后裔沙拉·伊马斯在《特别狠心特别爱》（接力出版社 2010 年 10 月版）中指出：父母真正成功的爱，就是让孩子尽早作为一个独立的生命个体，以独立的人格面对世界。放手越早，孩子就会越早走上独立之路。溺爱是害，狠心是爱，家长学会爱，孩子赢未来。

日本明治时期的思想家、教育家福泽谕吉说："一个国家的强盛之道，首先在于强民，而强民的标志，是国民具有独立之心。"

湖南经视有一期节目报道：有一年的清华大学新生报到和以往不同，首次在报到区外，设立了一个"警戒线"，家长一律只能在线外等候，新生必须自己带着材料独自登记入学。此前，在致新生的信中，清华大学校长陈吉宁提议，新生应当独自报到，迈出独立生活的第一步。这个规定很好，至少这就迈出了第一步，但是大学生、家长还是得在学校的强制之下，才迈开独立生活的第一步，这是什么概念？一个成年人、一个心智和身体发育成熟的成年人，居然还没有迈开生活的第一步。可是，这就是现实，让人哭笑不得的现实。

就拿设家长警戒线的清华大学来说，曾经发生过 3 000 多学生报到，结果来了 8 000 多亲友团，以至于学校周边的旅馆全部爆满，有数百名家长不得不露宿操场的事件。我们看见的开学场景往往是父亲母亲、七大姑八大姨大包小包肩扛手拎，有的还把脖子都用上了，为的就是送孩子上学，但孩子呢，却是两手空空，不时地手里玩着手机，嘴里面还嫌"跟班"们动作太慢。

笔者记得女儿上小学的时候，课本上就有课文批评现在的孩子，是家里的小皇帝，是温室里的小花朵，这么多年过去了，情况不但没有改变，反而是变本加厉。

记得有一年武汉大学新生开学时，有一家长曾向校长哭诉说："我的孩子身体的每一个细胞都需要空调。"北京某大学学生每个月准时把脏衣服打包，直接邮寄给远在兰州的妈妈来清洗。因为担心女儿不会吃感冒药，东北有一家长坐飞机，给远在青岛读书的女儿送感冒药。福州李女士在电话中听说读大一的儿子，想吃妈妈包的馄饨，赶头班飞机给儿子送上热腾腾的馄饨。这还是大学生的待遇，高中初中小学生上学报到的阵势更是吓人，那人流经常造成交通堵塞。

现在很多学校实行无缝对接管理，从学生进校门到出校门，每一分每一秒都有老师看着，下一个老师不到，上一个老师不能离开，就像看管羊圈一样。放学时，离学校不足 50 米的地方是密密麻麻的家长及形形色色的车辆，孩子到家后又是圈养在房间里做作业、吃饭、睡觉，这个循环过程一般持续 15 年之久，以前，小学二三年级以下的孩子有家长接送，现在就连中学生也要接送。孩子终究要离开学校离开家庭，终究要独立生活，到那时怎么办？笔者做家庭教育讲座时，经常说："名牌中学门口早晚高峰都是交通堵点，每每上下班经过这里我就心想：都读中学了，上学放学还需要父母接送，即便孩子将来读了北大清华，也不见得有出息。"

究竟是什么造成了大学生自理能力如此之差？家长太多溺爱？也许是，毕竟很多家庭只有一根独苗苗，孩子就是父母的一切，自然得把孩子当作保护动物来看待，还等着靠孩子来养老呢？孩子自己从小到大习惯了父母的所作所为，久在其中习惯了，不觉得有什么不妥，或者有独立想法，要不就是反抗无效，要不就是胳膊拧不过大腿，结果就是自理能力还停留在幼儿时期，学校呢，学习至上，分数为王，其他靠边，谁说高考才是独木桥，现在幼儿园入学考试、小升初中考，每一次考试都是一道坎，一次战斗，一座独木桥，在成绩就是硬道理的学校，什么都变得无足轻重，填鸭教育，那就是全部。求生技能、生活常识全部都靠边吧。社会看学历不看经历，看出身甚于努力，向上的途径太少，贫寒者只能靠上学来寄托命运的转向，所以说这条警戒线很好，虽然很有讽刺意义，但是还不够远，要把孩子和家长隔得更远，要把成绩和学校隔得更远。老鹰让雏鹰学习飞翔的方法很简单，就是把他们往窝外边扔出去，然后，小雏鹰只有拼命扑腾，才有可能保住自己的小命。这个"人"字，不就是一个自我支撑的结果吗？如果"人"自己都站不稳，反过来，那成什么了？

记得女儿读大学的第一天，问笔者："爹，你都'骂'了我这么多年了，还有什么要说的吗？"笔者回答道："海阔凭鱼跃，天高任鸟飞。从今往后，爹不再絮絮叨叨任何事情了，爹相信你自己都能行！"

建议1　从包办到放手

以前父母总是对孩子事无巨细，样样包办，由于父母总是代劳，孩子学习本领的权利被剥夺，很多技能得不到锻炼。把成长机会还给孩子，孩子才能更优秀。比如孩子一回到家就开始玩，不写作业，父母不要直接骂孩子，可以告诉孩子以后不会再催他写作业，因为父母和孩子都有各自不同的角色，每个人都要做好自己的事情。在公司，父母是下属，领导交办的工作必须按时完成，否则受到相应惩罚。在学校，孩子是学生，老师留给孩子的作业，就是孩子的事情，按时完成作业是老师的要求，这不是父母的事情，所以父母不应该过多参与。父母这样做，就是让孩子明白谁的事情谁操心，谁的事情谁负责。

没有谁喜欢被催着做事情，只有孩子意识到这件事情是自己的事情，他才会在意什么时候完成、怎样完成。父母的放手，正是给孩子打开的另一扇门，只有通过这扇门，孩子才能得到全方位成长。因而别再催孩子了，家长先改变自己，不焦虑、不包办、勇敢放手，孩子才能独立。

建议2　从被动到主动

父母习惯于催促孩子，孩子就会习惯于被催促，父母不再催，孩子才能从被动变主动。孩子的生活习惯、学习习惯需要从小培养，一旦习惯养成，父母可以彻底告别催催催。

6岁以前，父母要着重通过让孩子自己穿衣、洗漱、整理玩具等，锻炼孩子的自理能力，引导孩子形成习惯。想要孩子自己完成自己的事情，父母千万别命令孩子，不要说"你应该……"，而是改为"我希望……"，比如"我希望你能自己整理玩具""我希望你主动把拼图收起来"。

同时，父母要帮助孩子拆解任务，分解目标，引导孩子一步一步完成。对于学习中的孩子来说，及时给予肯定和鼓励更是必不可少，这会增强孩子的信心，只要持续练习，孩子就会慢慢养成习惯。

记得2018年的《开学第一课》的主题是"创造向未来"，分为"梦想、奋斗、探索、未来"4个篇章，以此引导孩子对科学产生兴趣、向往和追求。科学启蒙，本无可厚非。但是，中国孩子最应该学习的可能不是"梦想、奋斗、探索、未来"，而是"独立、责任、自强、感恩"。对孩子来说，上学是人生中很重要的开始。这意味着，他们将脱离父母的羽翼与庇护，独自面对社会。首先需要学习的，便是独立。

（1）学会接受自己

如果不能忍受自己，那肯定不能把自己变得强大、独立。接受自己的身形、自己的个性、自己的观点、自己的选择、自己的偏好和自己的人生故事。千万别说事与愿违，每个人都可以变得非常强大。把自己犯的错误放下，从错误中得到教训。努力让自己变成一个更好的自己，最重要的是，一定要爱自己，不要仰慕任何人，要成为自己的偶像。要做的就是做自己，成为那个最好的自己。如果不仰慕自己，就不会变得独立。

如果自己都不相信自己，谁还会相信？我们每个人都是不同的，想说的话也是和别人不一样的。没有人会跟自己说的观点一模一样，而且也不是所有人都会同意自己所说的，相信自己才是最重要的事情。

（2）学会接受世界

孩子独立之路，始于接纳世界之广博。要以文雅之心，品味世界多元之美；

以聪慧之眼，洞察万物的独特之魅。在接纳中成长，在独立中前行，成就非凡人生。不仅要做本国人，还要做地球人。这就需要孩子学会喜欢大自然，喜欢这个世界的美好，欣赏一山一水、一草一木，欣赏大千世界、芸芸众生。真正独立的人会用辩证的态度去看待世界，他们会为了自己和别人而变得强大。培养孩子接受世界，需以宽容之心，如海纳百川，兼容并蓄。引导他们领略自然之美，感受人文之韵，理解差异之趣。在知识的海洋中遨游，于生活的实践中感悟，逐步形成开阔的视野和包容的心态，学会与世界和谐共处，共绘美好未来。

（3）情感上要独立

情感独立不是和他人保持距离，不是对人际关系产生畏惧，而是在人际关系中，知道陪伴并不是收获幸福的唯一来源，幸福的来源是要从自己开始的，只想从对方身上得到情感，亲密关系就很难长久维护。有的孩子可能太过依赖别人在情感上对自己的支持，那也许是自己的父母、异性朋友或者挚友。虽然在自己以后的生活里继续依赖他们是可以的，但是最好能够意识到自己依赖的人无法始终陪在自己身边。一些人搬走了，一些人不再与自己联系，还有一些人去世了，那个一直陪伴在自己身边的人只有自己。如果变得独立，那么自己永远都不会失望。敢爱敢恨，拿得起放得下，方不失为快意人生。

（4）经济上要独立

这对孩子来说可能有困难，父母有给孩子提供帮助的本能，依赖别人的经济帮助很有诱惑力，但孩子总是要独立的。要慢慢教会孩子理财，确保孩子财务状况独立，因为真正独立的生活需要经济上的独立。孩子可以好好存钱，这样做不仅能够获得经济上的自由，而且还能有一种难以置信的独立的感觉。

（5）自己事自己做

不要麻烦自己的亲朋好友。这是在独立生活道路上非常艰难的一步，但是必须开始学会自己做事情。**要告诉孩子，自己的事情自己做，要从自己的书包自己背做起。**

【镜头21】日本王室，当时的皇太子夫妇一起送女儿去学校，孩子自己手里拎包，感觉还是蛮重的包，另外肩膀上斜挂着包，看起来对上学充满了希望，爸爸妈妈反而都空着手。

日本皇室孩子自己拎包是惯例。在日本，学校一般都不准家长把车开到学校门口，家里再有钱，也只能隔着老远把孩子放下。在日本，独自上学被认为是学会独立的第一步。小学生独自去学校，是学校和父母们约定俗成的惯例。如果幼儿园离家很近，上幼儿园的孩子也会自己走路上学。即便是接送孩子，书包也都由孩子自己拿。日本的课程设置，也有意培养孩子的独立性：

1 ~ 2 年级，开设生活课，教授基础的日常生活知识；

3 ~ 6 年级，开设社会课，教授日本社会的风土人情；

5 ~ 6 年级，开设家庭课，教授缝衣服、做饭等技巧。

日本的家庭和社会一致认为：孩子不能娇生惯养，不能没有生存能力。日本有一档名为《第一次跑腿（Hajimete no Otsukai）》真人秀节目，播出了数十年，备受欢迎，长盛不衰。《第一次跑腿》节目讲的就是日本的家长让两三岁的孩子独自上街，完成购物任务。就拿在学校吃午饭这件小事，日本孩子也要自己搬运食物、分配食物、分类垃圾、收拾餐具、擦拭餐桌。甚至做饭用的一些蔬菜，也是日本孩子自己种的。

对比一下，现在中国很多家长，特别是爷爷奶奶辈，更不放心孩子独立，总是希望牵着孩子走路，帮着孩子拎包，路上孩子不高兴了，就哄着买东西，求他上学，对孩子百依百顺，这相当不好。

【镜头 22】笔者在长沙 69 路公交车上，拍摄到独自背书包上学的小学生。

那是 2021 年 9 月 17 日早上 07：14，这个小男孩在长沙八角亭公交站上车，07：30 在伍家岭南公交站下车。之前，笔者在这路公交车上，经常碰到这位长得很帅气的小男孩，注意他很久了，于是就有了这个镜头。

后来，笔者在车上与他交谈了解到，他叫汤□□，是长沙市开福区□□小学 4 年级学生，江西人，父母在长沙打工，哥哥在江西工作，姐姐在江西读大学，父母太忙，没有时间接送他上学，他每天都是这样自己搭公交车，为这个独立小男孩点赞。

笔者在做家庭教育讲座的时候说：他的父母为什么敢让他独自上学，为什么很多孩子上学一定要父母接送，父母没有时间就让爷爷奶奶接送？家长可能会说，担心孩子走失或者被拐卖。这个时候，笔者会斩钉截铁地说：如果你的孩子没有练就防"被拐卖"的本事，即便将来读了研究生也会被卖掉。这样的新闻还少吗？

3. 培养责任

责任是一个人不得不做的事或一个人必须承当的事情。责任就是担当，就是付出。人总会随着时间的推移而慢慢长大，在长大的过程中我们已经慢慢开始承担起了自己的责任。当自己会为自己所做的事负责任时就证明自己已经长大了。

责任心不仅是一种极其重要的非智力因素，也是一个人日后能够立足于社会、获得事业成功、家庭幸福的至关重要的人格品质。

有的家长给予孩子过度的保护，致使孩子没有机会独立做本该由他们负责的事，久而久之，孩子的依赖性越来越大。如果孩子想帮家长干点什么，家长便会说把你的学习抓好就行了。父母对回报有错误的想法，认为孩子成绩好就是对自己最大的回报。渐渐地孩子认为什么事都与他们无关，唯有学习、读书才是正经事，只要书读得好、成绩好，什么事都好说。这样，孩子变得"一心一意，专心致志""两耳不闻窗外事，一心只读圣贤书"。不再关心别人，不懂得爱别人，不再"多管闲事"，以至于长大后，孩子们变得无情无能、无责任感、自私自利、唯我独尊，周边的人为他们付出再多，在他们的眼里也是理所当然的。说实在话，家长替孩子做得越多，照顾得越周到，孩子就越不会料理自己的事情。笔者经常说：有一对"殷勤"的父母，往往就有懒惰的孩子。

父母是孩子终身教育的第一任老师，孩子缺乏责任心，父母负有不可推卸的责任，与其抱怨，不如采取措施，教会孩子对自己、对别人负责。孩子的责任心是在日常生活中逐渐培养出来的，它需要我们细心呵护、耐心引导。

责任心是孩子健全人格的基础，是能力发展的催化剂。成就伟大事业的人大都有强烈的责任心，责任心是事业的基础，也是许多高尚精神和良好品德的基础。**一个对家庭、对社会负责的人，才会让人感到可信任；一个对生活、对事业负责的人，才会不断地进取；一个对民族、对国家负责的人，才会去献身、去贡献。**良好的责任心不是一时一刻的事，不是成人后一蹴而就的，而是从小一点一滴养成的。责任心的养成既是外部教育塑造、环境熏陶和制度规范约束的结果，又是个体不断进行自我教育，提高改善自己的结果。一个孩子首先要对自己负责，然后才会对家庭、对他人、对社会负责。

（1）对自己负责

在认识自己独一无二的价值的基础上能满意地接受自己；能利用一切条件和各种机会发挥自己的潜能；关心自己的健康，谋求必要的生活条件。

①对自己的生活负责

孩子应该学会自理、自立，懂得劳动光荣、懒惰可耻，自己的事情自己做，琐事无须他人督促，积极参加适当的劳动。培养孩子的责任心首先就要求家长放弃对孩子的溺爱，从小就要严格要求孩子不能依赖父母，让孩子去做一些力所能及的事情，让孩子学会自我服务，让孩子去为自己多承担一些责任，比如玩完的玩具要自己收拾好，自己的房间要自己打扫，穿脏了袜子自己去洗干净，起床后自己整理床铺，早晚洗漱自己照顾自己，家庭作业自己独立完成。

②对自己的时间负责

时间对每一个人都是公平的，过去的时间就不再属于自己。时间之河，滔滔不息，作为学生应该合理安排学习与娱乐时间，把时间尽可能用在对知识的求索上，珍惜时间，不要虚度光阴。

③对自己的健康负责

健康是学习、成长、生活的基础，要认识身心健康的重要性，健康的学生应具有良好的身体、心理品质和社会适应。作为学生，积极参加体育活动是非常必要的，包括上好每一节体育课，认真做好早操和眼保健操，加强课外体育锻炼，不做危险的事。

④对自己的学习负责

明确学习是学生的主要任务，端正学习态度，努力学习，自觉认真完成作业，并主动复习功课和预习新课，养成专心学习的良好习惯，培养浓厚的学习兴趣。

⑤对自己的品格负责

要想培养孩子的责任感，家长应当要求孩子勇于对自己的言行负责，不论孩子有什么样的过失，只要他具备承担责任的能力，就要让他去勇敢面对，不能让他逃避和推卸。做一个诚实、活泼、合群、谦虚、正直、宽厚、勇敢、自强、自信、自律、不任性、有同情心的人；不怕困难，主动参与有一定难度的磨砺；能恰当地面对各个方面的压力，遇事不过分紧张，能自我调适情绪；具有竞争意识，胜不骄、败不馁。

（2）对家庭负责

尊重、体贴、帮助父母；关心、照顾长辈和兄弟姐妹；热爱家庭，长大后做到夫妻平等互助，努力创造和谐的家庭气氛，履行和担负起家庭的各种责任。

①关爱家庭成员

要知道父母的生日，孝敬长辈，关心父母，热爱家庭每一个成员，主动和父母沟通，多听父母对自己在各个方面的指导和建议，不辜负家长对自己的期望，在家做最好的自己。

②分担家庭义务

作为家庭的成员会体验家庭的各种苦与甜，要勤俭节约、不乱花钱，了解长辈的辛苦、劳累，有一颗感恩的心，主动帮忙承担一定数量的家务劳动，减轻父母的负担，懂得以实际行动回报家人的培养。

（3）对他人负责

接受和信任他人，富有深厚的怜悯心、同情心；尊重他人的人格、宗教信仰和风俗习惯，尊重并愿意考虑他人的不同意见和看法；平等待人，有事大家商量；同学、朋友团结友爱、和睦相处；谦恭礼让，敬老爱幼，尊重妇女，关怀残疾人。

①要真诚

关心他人，真诚待人，宽容大度，知恩图报，说话文明，不做伤害别人的事，不打扰别人的工作、学习和休息。同学之间互相帮助、互相关心、共同进步。

②要律己

注意约束自己的言行，诚实不说谎话，做事有始有终，不斤斤计较，答应别人的事要努力做到。

③要善良

懂得为他人着想，有同情心，乐善好施，不歧视弱势群体，能伸出热忱的手帮助他人，树立"人人为我，我为人人"的思想。

（4）对社会负责

对人类社会有深刻的理解，要有博爱的胸怀；利用一切机会参与国际的合作和交流，尊重和欣赏别国文化，努力为世界和平和人类幸福作出贡献。对科学技术征服自然所造成的生态环境的严重破坏进行深刻反省，确立人和大自然互相依存的观念；爱护动植物，关心其他生命物种；搞好环境卫生与绿化，减少环境污染，明智地利用能源。

①遵守社会公德

爱护公共设施，有环保意识。积极参加社会的公益活动，尽自己的力量帮助有困难的人，有一颗热爱、关心社会的心。

②担当社会责任

担当社会责任是人类改造世界、改造社会的实践过程的行为展现。学生从入学开始，就承担起了一种社会责任，学生的主要任务就是学习。树立正确的学习态度，学习与掌握好所学知识，取得良好的学习成绩，就是学生最基本的社会责任；学习是社会、国家与民族赋予他的一种历史责任，而承担起这一责任，就要从良好习惯的养成做起。从小培养自己的事自己做，不但要有始有终，而且要有恒心、有自信；今天的事今天做，事事都要对人对己负责任。随着年龄的增长，责任心的范围日益扩大，社会责任的含义也就更加深刻。

责任无处不在，无时不有。有责任，就有责任实践，实践机会是丰富的。要树立"从自身做起，从现在做起"的观点，对自己应该有高标准，严要求，不怨天尤人，不盲目攀比，做到"欲正人，先正己"，像古人那样，先"修身"，再"齐家"，最后才是"治国平天下"，实现自己的人生理想和价值理想。要从小事做起。古人云："勿以恶小而为之，勿以善小而不为。"因为不论大小事情，都要有责任心。而且，对小事的责任心往往是对大事的责任心的基础。一个对小事不负责的人，就难以养成对大事的责任心。要慎独。一个人独处时不忘记自己的责任，不论做什么事情，都要守住自己内心的清明、行为的准则、人生的底线。

4. 鼓励自强

自强是指自己努力向上，自我勉励，奋发图强，也指修身自立，不断提升和完善自我。自强是一种精神，是一种美好的品德，是一个人活出尊严、活出人生价值的必备品质；是一个人健康成长、努力学习、成就事业的强大动力。自强是在自爱、自信的基础上充分认识自己的有利因素，积极进取，努力向上，不甘落后，勇于克服困难，做生活的强者。树立自强的目标有助于克服意志消沉、性格软弱，从而振奋精神，担负起时代赋予的重任。

（1）理想信念是自强的航标

要自强首先要树立坚定的理想，并为之执着追求，矢志不移地奋斗，直到成功。

（2）战胜自我是自强的关键

要了解自我，金无足赤，人无完人，要勇于并善于战胜自己的弱点。

（3）扬长避短是自强的捷径

要善于发现自己的兴趣、爱好和长处，据此确定自己前进的方向。要发扬自己的长处，避开自己的短处。

（4）早点起步是自强的基础

自古英雄出少年，越早图强，越早成功。只要我们选准航向、提前规划、积极准备、积累经验、抓住机遇、持续努力，就能在自强的人生征途中劈波斩浪，抵达成功的彼岸。

这一部分之所以讲得这样简洁，是因为本书前面大篇幅介绍的那些输在所谓起跑线上的，无一不是自强不息的。

七、做一个好家长不难

做一个好家长并不难，很多时候，对孩子的最好教育，这3条就够了。一是以身作则，示范；二是不厌其烦，耐心；三是静待灿烂，守望。"至乐无如读书，至要莫若教子。"意思是说，最快乐的事莫过于读书，最重要的事莫过于教育孩子。晚清政治军事人物、湘军首领曾国藩说："居官不过偶然之事，居家乃是长久之计。"家长给孩子们留下的最大遗产应该是：仁爱、宽厚、正直、善良、勤奋的道德品质和行为规范，让孩子们在今后的人生道路上遇到了问题或困难，就会想到他或她的爸爸或妈妈是怎么做的，而不是那些剪不断、理还乱的存折和财产。

1.以身作则，示范

家长是孩子最好的老师，也是第一任模仿对象，更多的时候家长的自觉自律就是孩子最好的教导，好的父母往往从孩子小时候开始，下班之后就关掉手机陪孩子一起读书。教育就是父母用自己的言传身教、以身作则去唤醒一颗幼小的种子，用自己的真实行动来慢慢影响它，让它生根发芽、枝繁叶茂。

（1）以身作则，身体力行

父母的高度，决定了孩子的起点。和孩子说一万遍好好看书，不如以身作则，营造一个良好的读书环境。好的教育都是家长往自己身上使劲。杨澜说："身教比言传更有说服力，别把劲儿都使在孩子身上，如果自己充实、快乐，有责任感，有情绪管理能力，孩子会模仿你的。"教育的关键在于教育父母，父母做好了，孩子自然也不会差。管好自己的言行，培养孩子的修养；管好自己的情绪，培养孩子的好性格；管好自己的欲望，培养孩子的自律；管好自己的习惯，培养孩子的坚持。

福泽谕吉说："家庭是习惯的学校，父母是习惯的老师。"每一个孩子都是天生的模仿者，培养孩子坚持力很难，但父母自身不放弃，孩子便会在跟随父母的脚步中成长。教诲是条漫长的路，唯有示范是条捷径。

爹妈如果不看书，他们为什么要逼着孩子天天看书？每天都逼着孩子背50个单词，家长能不能背？每天都逼着孩子去背古诗，家长能不能背？每天逼着孩子去运动，家长能不能运动？父母好好学习，孩子天天向上。家长希望孩子变成什么样，家长就要做到什么样。实践中带领孩子们学习、体验，让孩子们有想要和大家一起变得更好的意识。

（2）言传身教，潜移默化

最好的教育是没有教育。父母对孩子言传身教，潜移默化是最好的教育。父母的思想高度、提供的资源、眼界格局、培养方式都在影响着孩子的成长，在优秀的环境下成长起来的孩子，自然不会差到哪里去。父母的格局，就是儿女的方向。想让孩子变优秀，首先让自己成为优秀的父母，成为孩子的榜样，营造幸福有爱的家庭环境，这才是给孩子优质教育的第一步。

盲目的放养教育，对于不愿意保持自己的学习力，不愿意精进自己的教育方式的父母来说，最轻松。想要养出优秀的孩子，是需要父母对孩子投入大量的时间、精力和高质量的陪伴的。

童年的教育对一个孩子的影响是重要的，启蒙教育是不可替代的，它往往奠定一生事业的基础。有的家长虽然受教育程度不高，但是在孩子很小的时候能够培养好孩子的学习习惯和学习乐趣。对孩子来说，学到多少知识并不是最重要的，习惯的养成和兴趣的培养，才是决定其终身事业的关键。这里，重点介绍一个普通家庭走出"别人家的孩子"鲜活案例。

戴□□，高中肄业，2002年起给笔者开公务车，公车改革后不想再开车了，在一家物业做保安；他的妻子唐□，旅游中专，长沙□□□租柜台卖服装。父辈没有任何背景，家境非常贫寒。

坐他车的时候，刚好他儿子戴□□刚刚出生不久，笔者就给初为人父的他"洗脑"，在孩子面前，父亲最应该有的行为就是每天拿着一本书在他面前看，就是装模作样也要这样，母亲也是如此。不喜欢看书就看自己感兴趣的小说都行，总之就是一副一直在读书的样子。这孩子在父母这样的环境影响下，从小就喜欢阅读，从小就有好奇心、求知欲，上学一直不需要父母操心。父母轻轻松松当家长，孩子快快乐乐把书读。这个孩子2018年的高考理科总分是696分，如果这个分数，其他省（区、市）不好比较的话，那么讲名次就好比较了，他是湖南省高考裸分第28名。

高考成绩公布的那天，这位老同事打电话问笔者："孩子填高考志愿，究竟是填北大，还是填清华呢？"笔者知道他在纠结，哪所大学都想读。各位家长，如果你的孩子考了全省的第28名，你也会纠结这个问题的。笔者回答道："最好这两所学校合并，你就不用选了。"其实，北大和清华的历史，就是你中有我，我中有你的。

这个典型案例告诉读者，孩子的培养关键在家长，家长的言传身教、身体力行。按照尹烨说的，一个行为只需要坚持180天，就能习惯成自然了。阅读习惯首先应该从娃娃抓起，不是每个孩子生来就爱读书的，是需要培养的。0到6岁是孩子阅读习惯培养的最佳时期，这个阶段，家长是第一任老师，不能缺席的。许多家长重视亲子阅读，也认识到读书的重要性，但就是做不到或者做不好，要求孩子读，自己玩手机，必须知道，整天刷手机的家长培养不出爱读书的娃。如果在孩子还不懂事的时候，家长用"读书的样子"把孩子"骗"

上读书的道路，这样做半年，哪怕是装都行，就可以轻轻松松地当好家长了。

笔者在做家庭教育讲座，举这个"以身作则，示范"的真实案例时，很多家长说："唉！要是早听到陈老师的报告就好了，真后悔！"笔者鼓励这些家长生二孩、生三孩。

2. 不厌其烦，耐心

中国诗人、作家冯唐曾说："成功没有捷径，但需要一些好习惯。"在孩子年龄小时，父母更需要注重孩子的品德和习惯的教育，有一个好习惯，会让孩子终身受益。在孩子的成长过程中，要养成一个好习惯非常难，但要养成一个坏习惯却在一念之间。每一个孩子都是天使，但也隐藏着恶魔的一面，父母们应该做"行动上的巨人"，帮助天使战胜恶魔，才能让孩子拓展思维，养成良好的习惯。

当孩子形成了规律的作息，养成了珍惜时间的习惯，无论在学习上，还是成就感上，都会收获不少。这个过程可能有些漫长，也需要耗费不少精力，但为了孩子，一切都是值得的，毕竟孩子成长需要时间，这时间至少是 18 年，人生又有几个 18 年呢，所以父母更需要耐心。

（1）诲人不倦

有一个成语叫"诲人不倦"，意思是说教导别人而不知疲倦。从古至今，"诲人不倦"这一凝聚着中国教育工作者宏远理想、博大胸怀、无私奉献、高尚师德的优良传统代代相承，历久常新，并不断随时代衍生新的内涵和使命，成为广大教师教书育人所必备的优秀品质和矢志不移的追求。在当今新的历史条件下，继承和发扬"诲人不倦"这一优良传统，对于加强师德、师风建设，提高教师自身修养、育人素养具有更深更远的意义。

笔者认为，"诲人不倦"既是教师自身修养中的必备素养，也应该是家长学习借鉴的家庭教育秘诀。

诲人不倦，贵在耐心。"诲人不倦"是教育者必有的思想。可为人父母，要有"诲人不倦"的家庭教育态度，说起来容易，做起来可是很不容易的。我们常听见家长对学习困难的孩子嚷道："都说过几遍了，还不会么！？"不辅导作业，母慈子孝，一辅导作业，鸡飞狗跳，这是很多家庭经常出现的一幅场景。冷静下来，其实很容易理解：如果说一遍就管用，恐怕就不会出现学习不理想的孩子了。所以这时候，耐心就显得尤为重要了。

"耐心教育"是"诲人不倦"教育思想的精髓。一个孩子的学习跟不上了，那是因为所学的知识体系出现了脱节，不懂的问题不仅多而且零散，这些问题犹如滚雪球那样，越滚越大，那么，想融化这个大雪球并不是一朝一夕就能完成的，需要日积月累、耐心指导，慢慢给孩子搭建知识桥梁，才可能使其学习成绩有进步。对于这些孩子，家长要转化他，需要解决两个实际的问题：拾起从前丢下的芝麻，拣起现在的西瓜。西瓜和芝麻要兼得，必须在芝麻和西瓜之间搭桥建梯。当家长一味指责孩子什么也不会时，是不是应该想想我们应该做而没做的。说第一遍，他不会，家长就应该说第二遍，第三遍……一直到会为止。可是家长平时总是抱怨孩子没有听进去，好像他们一个个都是过目不忘、过耳不失的天才、神童。俗话说得好，"只要功夫深，铁杵也能磨成针"，这正是耐心的一种深刻体现。家长担当的是孩子第一任老师的重任，既然是重任，当然不可能轻松完成。所以，当自己就要火从口出、恨从手泄时，一定要提醒自己，再给他讲一遍。

（2）不厌其烦

有一个成语叫"不厌其烦"，意思是说不嫌烦琐与麻烦，形容耐心。教育中的很多事情告诉我们：耐心就像雨后的阳光，它能温暖孩子。耐心、再耐心点，应该成为家长每天对自己要说的话。这份耐心、这份执着的温暖、关注和鼓励，可以赢得孩子对家长的信任、信心，让家长与孩子心灵碰撞，从而达成教育的目的，教育也才会有希望。因为耐心的家长能从孩子的眼神里看到渴求、看到自信、看到满足、看到希望。

家长的耐心能给予孩子自由发挥的空间，有助于孩子形成做事专心的良好习惯。比如，当孩子专注玩一个游戏时，家长不要因为自己的想法而去影响、终止孩子的游戏，而要尝试站在孩子的角度，静下心来，看他们在玩什么、怎么玩。这样，才能更好地保护孩子游戏的专注度。比如，如果家长为了让孩子每种玩具都玩到，就急着阻止孩子继续游戏的愿望。殊不知，孩子在游戏中享受的是过程，而非结果。

在和游戏道具的互动过程中，孩子能够获得多种智能。如，当孩子用汤匙喂豆时，孩子左右手的控制力能得到增强，手眼协调力能得到提高，这些都有助于促进脑的发育；豆豆被洒落在旁时，让孩子捡起来的行为不仅能练习手部小肌肉，促进手指配合的协调性，更能帮助他养成良好的行为习惯；当孩子不厌其烦地一次又一次重复游戏时，他正在摸索方法，做事的专注力也大大提高。

因此，孩子游戏时，家长一定要学做一个耐心的等待者、支持者。学着去关注每一个游戏的价值，让孩子在游戏中获得宝贵的，让其终身受益的习惯、能力及性格，并在孩子游戏的过程中适时地做出最适宜的指导。

当孩子在学习上遇到困难，不厌其烦地耐心指导，当孩子做错了事，指导分析让孩子知道做错事的原因。用温馨的语言教育孩子，用父母的爱感化孩子，让孩子能在快乐中学习，在快乐中成长。

教育需要用"心"付出，用"爱"浇灌，家长也在从事太阳底下最光辉的教育事业。丰子恺认为，对他人生影响最大的两位老师，一个是美术老师，还有一个是舍监。究其原因是丰子恺与这两位老师接触的时间最久、交流的机会最多。诲人不倦，一分付出一分收获，耐心地、不厌倦地教导别人是需要时间和精力的。要教育好孩子，首先要赢得孩子的信任，信任靠的是"心"的付出、"爱"的浇灌。

3. 静待灿烂，守望

瓜熟蒂落，这个道理家长都懂。孩子是生命，生命属于自然，成长需要时间，如果不给时间，一切都是催熟的，这个生命会怎么样呢？

一朵花，顺应季节，自然开放，才是最好看的。一颗果实，只有它自然掉落的时候，味道才是最甜的。一只知了，刚蜕壳时翅膀是弯的、嫩的、脆弱的，一定要给它一段时间把翅膀晾干、展平，如果着急把它从壳里拽出来，翅膀没有完全打开或者产生裂痕，它如何能飞呢？

人也是这样，不到那个时候，你不能用一种图快的方式去推他。

每个孩子都是一颗等待破土而出的种子。作为父母，只有给孩子提供肥沃的土地，每天悉心浇灌，并根据孩子的特点选择适合的培养方式后，才有资格守望，静待花开。每一个孩子都是一朵花，只是花期不同。有的花，一开始就灿烂绽放，有的花，需要漫长的等待。不要看着别人的花怒放了，自己的那朵还没有动静就着急。相信是花都有自己的花期，细心地呵护自己的花，让他慢慢地长大，陪着他沐浴阳光雨露，这何尝不是一种幸福。也许你的种子永远不会开花，因为他是一棵参天大树。

人类有一个很聪明的本事，正常的婴儿大约花 9 个月的时间，最长不超过 24 个月的时间，可以学会人类任何一种复杂的语言，没有人教，家长只是在帮他适当地纠正纠正，引导引导，他一直在听，听完了他就会说了。早会说话、晚会说话无所谓，爱因斯坦不就是语迟者吗？

卢梭说过："大自然希望儿童在成人以前，就要像儿童的样子。"美国心理学家格塞尔做过著名的双胞胎爬楼梯实验：其中一个从出生的第 48 周开始，连续 4 周每天练习，到第 52 周时，能够熟练爬上 5 级楼梯。而另一个则从第 53 周开始训练，不用两周，也不用人帮助，就可以自己爬到楼梯的顶端。这就印证了，孩子到了特定年龄，自然能做特定的事情。对于绝大多数正常孩子来说，年龄未到，超前学习很吃力，年龄一到，一教自然就懂。

唐代文学家柳宗元的《种树郭橐驼传》告诉我们一个道理：顺应树木自然生长的本性，"勿动勿虑""顺木之天"，是种树的秘诀。而"旦视而暮抚，已去而复顾"，是不可能种树成功的。虽然教育比种树复杂得多，但培养成材的规律是一样的。如果你强迫孩子，太早去学他没有兴趣或无法掌握的知识，可能给孩子身心带来损伤。孩子从小参加太多的兴趣班，长大却一点兴趣都没有。过早透支了学习兴趣，往后学什么都提不起神来，甚至影响孩子对生活和未来的态度，这才是最可怕的。

有个成语叫"揠苗助长"，意思是把苗拔起来，帮助其成长。比喻违反事物的发展规律，急于求成，最后事与愿违。"揠苗助长"的寓言故事告诉人们，客观事物的发展有它自身的生长规律，仅靠良好的愿望和热情是不够的，搞不好适得其反。这则成语还告知人们一个道理："欲速则不达"，凡事要按照客观规律循序渐进，稳扎稳打，不可主观冒进，不能好高骛远，靠幻想过日子。

该成语嘲笑了那些不按客观规律办事，一味求快，反而把事情弄糟的人。比如很多家长因为望子成龙、望女成凤心切，不考虑自己孩子的具体条件，一味地施以不合实际的教育，致使孩子受苦的同时自己也多遭苦恼。家长们的良苦用心实为可贵，但一定要讲方法和因材施教。

笔者前面已经说过：要给孩子有机教育，让孩子缓慢成长，别"催熟"孩子。教育是守望，是唤醒。也说了要注重一些教育要素和品质的培养，笔者已经用自己女儿的亲身实践做了佐证。如果孩子具备这些品质，有感恩、能独立、有责任、能自强，家长真就大可不焦虑，大可不必把孩子送进各种课外补习班内卷，应该满怀信心守望，静待灿烂。

八、智能手机毁掉孩子

很多家长苦恼于孩子成天抱着手机，沉浸在虚拟世界中。

人工智能时代，面对未来，家长和孩子一样站在原点，家长要善于解放孩子，让孩子带着生命的本真去做自己。

我们面临着一个前所未有的全新的教育时代。社会发展太快了，淘汰率和更新率不断飙升，父母身处其中压力很大，会不自觉地把焦虑和期望转嫁到孩子身上。而互联网时代，孩子面对的是爆炸式信息，分辨能力尚且不足，认知和调节能力也还不健全，在不能正常释放的情况下，就容易情绪化冲动化。家庭结构和过去截然不同。过去每个家庭有多个孩子，父母精力有限，孩子没有受到过多的关注和干扰，内心驱动力甚少受到阻断，身心发展规律相对稳定。而独生子女时代，很多都是 6 个家长共同关注一个孩子，虽然爱是饱和了，但6 种不同的想法同时投射给孩子，自由和天性的空间却大大缩减，人格发展的机会也被剥夺了。孩子的需求和过去发生了根本的变化。过去的孩子因为物质匮乏，处于生理需求阶段，也就是吃饱穿暖就行了。而现在的孩子，早已经超越了生理需求阶段，追求的是安全需求、社交需求、尊重和自我实现的需求。

随着经济的发展以及生活水平的提高，智能手机走进千家万户，上到 75 岁的老爷爷，下到 5 岁的小娃娃，都能拥有智能手机。

虽然手机普及率越来越高，但是未成年人到底能不能使用智能手机，智能手机对于青少年的成长影响有多大？

不久之前，美国一位心理学家公布了自己长达 10 年的研究结果，令人震惊。

这位科学家在 10 年前从全国各地的中下阶层的家庭中选取了 100 名孩子，将他们分成两组：50 名是接触不到手机的孩子，50 名是对手机痴迷的孩子。

然后对他们进行跟踪调查。10年后，调查结果如下：

50位痴迷手机的孩子只有2位考上大学。另外50名孩子绝大多数考入大学，只有3名孩子高中毕业后选择在家帮工。这些考入大学的孩子们，有16位获得了学校的全额奖学金。

毁掉一个孩子的最好办法就是给他一部手机，让他对"低级快乐"成瘾。

当刷手机，被外界信息刺激产生愉悦时，人体的多巴胺会释放出来，从而让人产生"快感"。人性有一种基本特征，就是会对感到"爽"的东西产生依赖。

法国克莱蒙·费朗大学一项测试表明，儿童使用手机时，大脑对手机电磁波的吸收量要比成人多60%。近期，英国《每日邮报》更撰文指出，儿童用手机会造成记忆力衰退、睡眠紊乱等健康问题。英国华威大学的杰勒德·凯都博士警告说，手机辐射会破坏孩子神经系统的正常功能，从而引起记忆力衰退、头痛、睡眠不好等一系列问题。

1. 智能手机对孩子的危害

2018年6月18日，世界卫生组织发布了最新一版《国际疾病分类》，其中明确将"游戏障碍"（gaming disorder）列入了精神疾病的范畴中。在2019年5月的世界卫生大会上获得通过，新版从2022年1月1日起施行。同时，世界卫生组织也给出了两条"游戏障碍"的判断标准：第一，给自己和他人带来痛苦，第二，社会功能受损。"游戏紊乱"是指持续或过于频繁地玩游戏，包括网络游戏和电子游戏，具体表现为以下3种特征。一是玩游戏时，无法控制起止时间、频率、强度、时长和情境等；二是将玩游戏的优先性置于其他重要事项和日常活动之上；三是当由于过度玩游戏的负面后果显现之后，仍然保持这种行为模式甚至进一步升级。显然，有以上3种特征的人并不鲜见。

随着社会发展，游戏相关资本不断增大，仅中国的游戏玩家就已经超过了6亿，从2016年开始，中国的游戏产业收入已经达到了246亿美元，这背后有相当一部分是网络成瘾者，手游玩家规模达5.3亿人，有不少的声音已经在诉说中国现在是"电子鸦片"的最大受害国。当前，我国62.5%的未成年网民经常在网上玩游戏；13.2%未成年手机游戏用户在工作日玩手机游戏日均超过2小时。网络游戏的过度投入对我国未成年人生理和心理带来双重负面影响。2020 年，我国超一半儿童青少年近视，因沉迷网络游戏而影响学业、引发性格异化的现象呈增长趋势。游戏危害越来越得到社会的共识，常常用"精神鸦片""电子毒品"指代。这一新型"毒品"却突飞猛进、发展壮大成一个巨大的产业。2020 年，中国游戏市场实际销售收入 2 786.87 亿元，同比增长 20.71%。占据行业半壁江山的腾讯游戏 2020 年实现营业收入 1 561 亿元。

刀可以用来杀人，也可以用来救人；科技可以用来行善，也可以用来作恶。任何一个产业、一项竞技都不能以毁掉一代人的方式来发展！

界定网瘾是一种精神疾病，这是社会的进步。但是精神疾病也是有社会原因的，精神病的治疗不是打针吃药那么简单。一个人患有精神疾病，比如网瘾，他没有任何资源可以依靠自己摆脱网瘾，因为网瘾是因也是果，是一个死循环。那么我们的解决之道，除了界定这种疾病之外，还是要发挥社会资源、社会制度和管理来改变我们的精神健康。

虽然"游戏障碍"跟智能手机成瘾不是一个概念，但是高度相关。

【镜头 23】有一张网上流传的图片，描述的是 1916 年躺着吸食鸦片和 2016 年躺着玩智能手机。

笔者给这张图配了一句画外音：100 年前吸鸦片，100 年后玩手机，一样的姿势，不一样的工具，同一个成瘾。

媒体不断曝出：玩着玩着手机带孩子，孩子给弄丢了；玩着玩着手机开车，把路人给撞着了；玩着玩着手机走路，扑通掉进水塘里淹死了；玩着玩着手机坐过公交车站、地铁车站的每天不计其数……如果这还不能警醒国人，那么从医学的角度说，经常玩手机的人容易得颈椎病，颈椎病无药可医；经常玩手机的人是白内障的高发人群，这个世界很美好，如果啥也看不见了，请想一想海伦·凯勒的《假如给我三天光明》；经常玩手机的人也比不玩手机的人容易产生老年斑。

不知不觉中我们形成了一种可怕的习惯，早晨睁开眼第一件事是摸摸手机在哪里，晚上睡之前最后一件事还是玩手机，似乎离了手机就与世隔绝一般的孤独。其实今日的智能手机与当初的鸦片一样，蚕食着我们的热情与灵魂。世界上最遥远的距离就是：我在你身边，而你在玩手机。

手机作为一种现代化的通信工具，由于它的方便快捷，越来越受到人们的青睐。随着"低头族"队伍的不断壮大，一种由于对手机过分依赖而形成的现代心理疾病——手机依赖症也悄然出现。

大街上、公交车上、会所餐厅等各种公共场所，都可看见"低头族"。尤其青年白领女性、业务担子重的中年男人和学生三类人居多。

据媒体报道，手机越来越深入人们的生活，变为不可或缺的一部分，手机已经融为大众生活的一部分。但是，近期一项心理调查表明：59%的人对智能手机有"依赖症"，每位智能手机用户平均每天必须查看手机34次，有时频率更高，达每10分钟1次，一刻没有手机，就会浑身不自在。

手机这种精神"鸦片"，在无形中摧残人的意志，消磨人的斗志，分散人的注意力，使得使用者每时每刻离不开它。一旦成为习惯后，就难以离开。这些都与吸食鸦片后的人，对鸦片的依赖程度的情形相同。也可以说，手机成了新时代中国人的精神"鸦片"。

使用手机上瘾所带来的影响，无论是对青少年，还是对成年人，都是巨大的。很多青少年以及部分成年人，因为长时间手握手机，眼睛紧锁小小的屏幕，因而导致视力不断下降。即使是夜晚睡觉、白天吃饭都不忘将手机牢牢紧握，一些眼科疾病随之而来。

弯腰驼背，手指因为长时间紧握手机而僵直的人也不在少数。长时间"低头"玩手机的不良姿势使得人们出现了颈部和背部问题，而且各种姿势层出不穷。殊不知，人在低头时，脖子承受的压力是平时的数倍，长时间处于朝下的状态，导致理应支撑头部的颈椎肌肉疲劳，变得僵硬，逐渐就成了"手机颈"。

此外，过度依赖手机，可能会影响正常的学习、工作，甚至是人际关系。当你沉溺于手机网络社交的时候，多少会忽略现实中身边的亲朋好友，让对方感到没被尊重、被敷衍冷落，从而影响人际关系。时间都花在玩手机上，必然影响正常的工作学习。

年轻人千万不要碰的东西之一，便是能获得短期快感的软件。它们会在不知不觉中偷走年轻人的时间，消磨年轻人的意志力，摧毁年轻人向上的勇气。

每一次点击、每一次滑动，都会有实时的反馈。这些及时的反馈刺激大脑多次产生多巴胺，并形成依赖，渴望下一个刺激到来，陷入死循环。这些能提供短期快感的软件，就像不折不扣的精神鸦片。年轻人麻木地盯着手机屏幕，玩到忘乎所以、看到眼睛发酸，却不知自己的深度思考能力正在逐渐被腐蚀。别人获得的是流量和金钱，年轻人获得的，只是日复一日地虚拟满足和无尽的空虚。

一天的时间，很容易在这种几分钟的碎片式信息里面消磨掉。可是这种舒适又容易让人沉沦，不仅会消磨掉一个人的斗志，更在透支未来。

想想看：有多久没有好好看一本纸质书了？有多久没有系统性地学习一项技能了？有多久没有好好看一部经典电影了？当一个人一旦习惯了这种碎片化的舒适，就很难再沉下去认真看一本书，甚至很难再静下心来看一部经典的老电影。有些人明明知道那是有益处的，但就是难以选择他们。因为暂时的快乐要好过那些远期才可以兑换的好处。

这个时代，毁掉一个中国年轻人，只需要一些零零散散的信息就够了。其实毁掉年轻人的，不是游戏软件，而是不够自律的自己。当年轻人从脱轨的价值观、虚拟的快感中抽离，重新审视自己，审视周围，就会发现，真正能让年轻人获得充实感和满足感的，是那些需要长期投入的事物。

自古以来，我们就有"手不释卷"这一词，到了现今反而成了"手不释手机"。说到手不释卷这一点，犹太人就很值得我们学习。根据联合国教科文组织的一项调查结果，全世界每年阅读书籍数量排名第一的是犹太人，平均每人一年读书 64本。而中国人读书量不及犹太人 1/10。大多数人没时间亲子、没时间尽孝、没时间和配偶畅谈，却花大把时间在紧握手机沉思、对着屏幕傻笑。难道这些问题就不值得我们去反思吗？以前还进图书馆、书店的人，自从迷恋微信后，再也不去或者没有时间去图书馆和书店了。为什么小小的以色列居然能打败阿拉伯那么多的国家，并且犹太民族能稳稳地立足于世界民族之林？可能从读书这一小小细节就看出原因。

2019 年 7 月 1 日，有一位泰国网友在 Facebook 上发表了这么一组照片：在泰国清迈机场，一群日本孩子在机场候机的时候，没有玩手机，没有上蹿下跳，而是一人一本书捧在手里。50 多名日本学生整齐地席地而坐，都在安静地看书，似乎不会受到外界的打扰。这样的场景也让泰国网友震惊了，在Facebook 里号召泰国的学生可以向他们学习。

这一博文和照片迅速在网上宣传开来，中国的网友也感慨万千：这些孩子是那个国家的希望！少年强，则国强。从下一代人的身上能够看到一个国家的未来，这句话并不是没有道理的。当然，也会有网友开玩笑：手机都被老师没收了。不过，这要是换作别的小孩，即使手机被没收了也未必会有这样的读书场面吧？日本人有多重视教育，从这些孩子们身上就可以看出来。日本孩子走出国门，是怎样的形象，从这组照片也可以显而易见。我们一直在说，不能让孩子输在起跑线上。来看看日本小学生的读书率吧：在日本小学生一个月读书量的调查里，基本上都做到了 1 ～ 4 本的读书本数。在电子设备日益发达的今天，很多孩子的童年被手机、Ipad、电脑填充。就连我们成年人，扪心自问，又有多久没能静心读一本书了呢？

在日本，逛过几次书店，印象最深的就是付款的时候，店员会小心翼翼地为你包上书皮。就这一个细节，可以看出日本人的惜书之情，那是对文化和作者的一种尊重。

日本的二手店卖得最多的也是书，而且里面的书籍虽然是被人读过的，但是很多书被保护得和全新的没有差别。二手书店的生意也总是很火，那是读书文化的一种传承。

日本有一种书叫"文库本"，手掌大小，适合随身携带。很多日本人出门时习惯带上一两本，在等车、坐地铁等碎片化时间里拿出来读。

读书这种习惯，也是从小就培养起来的。每年的 4 月 23 日也是日本的"儿童读书日"。政府颁布了推进儿童读书活动基本计划，每 5 年修订一次，真正以国家战略的高度去抓孩子们的阅读。

日本的绘本在全世界都很有名，绘本的画工精美，内容丰富，而且很注重培养孩子的非智力因素，用绘画故事的方式向他们讲述做人的道理。

日本国立国会图书馆专设"国际儿童图书分馆"。它是在"帝国图书馆"旧址上建起来的，将原来最豪华的"帝国贵宾室"设成少儿阅读区，把最好的留给了孩子。

这就是为什么日本的孩子们在泰国机场能够如此表现，不是作秀，也不是强制。

醒醒吧，那些手机族们、"低头族"们！切莫再让手机奴役了你们的心灵，磨灭了你们的意志，赶紧丢掉手里的"烟枪"。远离手机，珍惜生命！

健康生活，合理调整。这些才是我们新时代的人所应该做到的。

（1）手机影响儿童健康

智能手机导致孩子视力下降或者伤害孩子颈椎，导致孩子颈椎变形的新闻屡见不鲜，这些伤害都是有形的，可以眼见为实的。

除此之外，还有一些无形的伤害。孩子临睡前玩手机，手机画面过于明亮，会影响人体褪黑素的分泌，导致睡眠障碍。

另外，沉迷智能手机的孩子常常会对运动锻炼表现出消极态度，导致运动能力低下，进而影响孩子的生长发育。

（2）孩子易患上抑郁症

有专家表示，花费在手机上的时间越多，越喜欢宅在家里的人，患上抑郁症的概率就越高，经常玩手机的孩子患抑郁症的比例远高于别的孩子。

这是因为智能手机能够快速便捷地让孩子得到满足感，缩短注意力持续时间，让人越来越感到厌倦，所以过度使用手机会让人容易抑郁。

（3）损伤孩子的脑神经

孩子的生理构造和生理形态与成人不同，手机、平板电脑等无线电设备产生的电磁波辐射，对儿童神经系统的伤害远大于成人，过度接触电磁波辐射对儿童健康状况和认知力会产生一定影响。

（4）一旦成瘾耽误学习

喜欢玩手机的孩子，习惯了手机带来的轻松愉悦的信息，对知识学习感到枯燥乏味，学习成绩下降，受到指责后，更需要在手机网络里找到慰藉，形成恶性循环之后，孩子逐渐丧失求知欲，产生厌学情绪。

手机可以方便快捷地寻找习题答案，很多学生面对难题不再查找书本，深入思考，完全依靠手机搜索答案，导致孩子产生思维惰性。考试没有答案可查，一个不喜欢思考的学生是不会有好成绩的。

每个孩子的时间都是一样多的，精力也是如此，整天沉迷于手机世界里，花费在学习上的时间、精力自然就少了，久而久之，学习成绩必然下滑。

孩子玩手机危害多多，但是这种习惯却是屡禁不止，归根到底是家长和孩子共同养成的。

2. 国外对学生手机的限制

（1）法国：立法全面禁止

2018年7月30日，法国国民议会表决通过了一项新法案，全面禁止幼儿园、小学和初中学生在校园内使用智能手机、平板电脑、智能手表等各种具有联网功能的通信设备。按照新规，在校小学生和初中生无论是在课堂上，还是在课外活动时均不得使用手机，除非出于教学目的，或是残疾儿童的特别需要。高中学校可自愿全部或部分执行此手机禁令。

包括乔布斯在内的许多科技公司老板的家教方式：严格限制自己孩子玩电子设备的时间。

（2）英国：禁止中小学生携带手机进课堂

多数英国学校都不同意让学生在校园内使用手机，尤其是智能手机应用。英国教育标准局于2012年宣布，禁止中小学生携带手机进课堂。如果学校未能遏制课堂上学生使用手机发短信、接听电话或上网，学校将被教育督查部门记载并问责。

（3）德国：提倡使用"学生专用手机"

在德国，手机厂商开发"学校手机"，外观充满童趣且带有"酷味"，还分女孩手机和男孩手机。此类手机既寓教于乐，又具备安全性。

（4）韩国：学校配备手机存放柜

大部分韩国学校实施早会收走手机、放学前归还的方法，由老师或专门的学生负责收发。为防止孩子沉迷于手机娱乐，不少韩国家长会选择给子女买只能拨打电话的"学生手机"，或者办理低流量、慢网速等手机套餐。

（5）美国：跟考试成绩挂钩

在美国，课堂上禁止使用手机是绝大部分老师的共识。有些老师发现有人违规，会要求该学生把手机装入纸袋，放在课桌明显位置；有些老师会没收手机，让家长来认领；有些老师比较严格，第一次违规考试成绩降半个字母（比如考A的降为A-），第二次发现则会降一个字母同时要求学生离开教室，如果学生不配合，则会请校警配合强制离开；也有少数老师比较宽松，完全依靠学生的自觉。

3. 远离手机方可安心学习

孩子的模仿能力极强。父母经常玩手机的行为会给孩子树立很坏的榜样。有的家长为了让孩子安静，还特意给孩子手机玩，殊不知，这是给孩子"电子鸦片"。

笔者在做心理咨询的时候，很多家长告诉笔者，他们的孩子不读书，整天玩手机。笔者每次都反问家长，家长在家里读书吗？家长如果在家里当着孩子的面整天玩手机，孩子不跟着学那才是怪事。在小孩子还小的时候，家长最应该做的事情是，当着孩子的面尽可能多地捧着书。孩子问：爸、妈，你们在干嘛呢？家长回答：在看书呢。就算是装模作样也得这样，这就是潜移默化。

希望家长能够以身作则，给孩子树立一个好榜样，少玩手机，多读书。同时多多陪伴孩子做些体育活动，免得孩子去手机里寻找自己的乐趣。

在微博、微信、公众号、抖音等新媒体上，充斥着海量的内容，然而它们中有多少属于思想，有多少属于信息，有多少仅仅是吐槽或情绪的宣泄。在这样一个信息爆炸的年代，我们每天都有刷不完的热点。手机将我们的注意力牢牢锁定在屏幕上，我们足不出户，却心系天下。在这样一个如永动机一般生产热点事件、热点评论的世界里，你以为你在刷热点，却往往是在不知不觉中被热点刷掉了时间，刷掉了独立思考能力。

以前不离不弃的叫夫妻，现在不离不弃的是手机，一机在手，天长地久！机不在手，魂都没有。其实古人早已了然，并专门设置了一个成语：机不可失！要笔者说：玩物丧志。智能手机可以让人们彻底地不读书了，再也不进书店和图书馆了，也因为没有时间。打开微信，全都是红点点，久在其中，不觉得有什么不妥。今天的年轻人离开了手机就没有办法活下去的，大有人在。笔者的微信好友最高纪录的人数是 109 人，现在已经被笔者删成 35 人了，所有群笔者都不加。迄今为止，笔者仍然使用 2010 年 1 月 8 日购买的诺基亚 E63 手机。这部手机平均每 5 天才需要进行充电。笔者还有一部手机是 2020 年 5 月 16 日在海口电信局花 999 元购买的华为畅享 10 手机，那是新冠病毒肆虐的时候，笔者应海南省三沙市人大常委会邀请，赴永兴岛授课，途经海口，在海口，笔者随身带的另一部能上网的三星智能手机突然出了问题，为了能使用智能手机在机场打开健康码登机，急急忙忙临时买了华为手机。可就是这部手机，笔者平均每7天才需要充电。诺基亚和华为这两部手机，笔者都可以使用20年以上。如果都像笔者这样，手机厂家会"气急败坏"。所以说这些，就是想证明一件事，笔者是远离手机的。读者可能更难以想象的是，笔者这部非常好用的64GB的华为手机，仅使用19.84GB的空间，占手机容量的30%，其中图片5.76MB，音频13.76MB，微信记录4.88MB，应用9.56GB。这说明笔者几乎不玩微信等其他功能。周遭的人不理解，笔者解释说：**"不被手机绑架，才能心无旁骛，专心致志才能做好学问。"**

对今天家长提一句忠告：多读书，少上网。笔者承认互联网是一个好工具，然而，要把它当工具使用，前提是你精神上足够强健。否则，结果只能是它把你当工具使用，诱使你消费，它赚了钱，你却被毁了。阅读是个人的精神生活，一个真正有阅读爱好和习惯的人，必定是自己选择适合于他的精神食粮，不会跟着媒体跑。这些仅仅跟着媒体跑的人是不折不扣的"大众"，而不再是"个人"。

越刷屏，就越有信息饥饿感。一旦手机离手，就会失魂落魄。信息的海量堆积不仅没有带来内心的充实，反而总觉得内心空荡荡的。**越是在众声喧哗中，越需要一颗真正安静下来的心。**中华优秀传统文化笔者最欣赏这八个字：宁静致远，淡泊明志。越是快速变化的时代，越需要一颗真正慢下来的心。世界上所有的成功，都需要一种高度的专注和漫长时间的淬火。读书、求知，当然更不例外。

4. 分段干预智能手机问题

笔者想，最好不给未成年人使用智能手机。笔者女儿在读大学的时候才拥有人生第一部手机。如果非得使用手机，最好使用非智能手机，同时针对不同年龄段的孩子应该采取不同的干预措施。

（1）1～3岁：尽量不让孩子接触手机

主要原因有二：

原因1 幼儿的视网膜要到12岁才能发育完善，在此之前都应该尽量少接触手机类电子产品。

原因2 两三岁接触电子产品（手机游戏/电视）越多的小朋友，在七八岁发生注意力障碍（比如多动症）的可能性也越大。

正确做法：

做法 1　父母尽量不在孩子面前玩手机，多与孩子互动、主动更新孩子的玩具等。

做法 2　父母手机中拒绝下载任何游戏，以防孩子因游戏上瘾而索要手机玩。

做法 3　如果孩子对手机好奇，可向孩子示范打电话、发语音、拍照片等，建立孩子对手机用途的正确认知。

（2）3～6岁：尽量不让孩子接触手机游戏

不少父母为了图一时清净，偶尔会把孩子丢给手机游戏"照看"。但3～6岁的孩子还小，自控力不足，一旦接触游戏，极易上瘾。因此，这个年龄段的孩子，可以适当接触手机，如让孩子明白手机可拨打电话，可与人聊天、视频等基本用途，但一定要远离手机游戏。

正确做法：

做法 1　父母家人手机去娱乐化，即删除游戏、音乐、视频等各类会吸引孩子的 App。即便孩子想要玩手机，除了翻翻相册、拍拍照，也不会觉得有趣，自然不会一直缠着父母要手机玩。

做法 2　积极培养孩子的阅读习惯，多与孩子共读儿童绘本。绘本的颜色和故事性，对孩子吸引力也比较大，只要孩子爱上阅读，基本不会想着要玩手机了。

做法 3　丰富孩子的生活经历，多带孩子外出体验大自然，鼓励孩子多结交朋友。

（3）7～12岁：针对手机问题不宜强势打压

这个年龄段的孩子，进入了心理叛逆期的第二阶段，即儿童叛逆期。处在叛逆期的孩子，具有较强的自我意识和独立意识，会变得固执又脾气暴躁，有时讲起来道理来，怼得爸妈都无语。面对孩子沉迷手机，很多父母常用的方式是：一用父母身份强压（我说了不许玩就是不许玩／再玩就没饭吃了／再玩就揍你）；二是用亲子关系威胁（再玩就不要你了／再玩就不喜欢你了）。这两种方法，弊大于利。长此以往，不仅会严重破坏亲子关系，还会加重孩子对手机的依赖和沉迷。

正确做法：

做法1　与孩子协商规定玩手机的时长、次数，作为必须遵守的规则，如若违反，可以承担家务为责罚手段。

做法2　家长要意识到自己的情绪和动机，目标是"孩子停止玩手机游戏"，而不是"孩子乖乖地停止手机游戏"。允许孩子出现顶嘴、哭闹等不满情绪。

做法3　家长要试着理解孩子的感受和立场，如家长希望孩子能够先完成作业再玩手机，不要说"现在立刻去做作业"，而是说"我知道这个游戏很好玩，但你必须先完成作业。我看着你玩完这一局，然后你就去做作业，可以吗？"

（4）12～18岁：适当干预，引导孩子合理利用手机

这个年龄段的孩子，处于青春期的前奏，思想认知水平较高，也已经具备一定的自我控制和自我管理能力。父母应坚持适当干预、合理利用。直接没收或生气吼骂甚至是暴打一顿，都是治标不治根的做法。手机就像一把双刃剑，能伤害孩子，但也能帮助孩子，关键在于如何使用。

正确做法：

做法1　多关注孩子的心理和行为变化，给予孩子一定的个人空间。很多青少年沉迷手机，是因为对性的好奇，父母可试探询问并委婉教育。如通过微信、QQ或邮件的方式，教给孩子一些基本的性知识等。

做法2　有了沟通和信任后，与孩子一起协商制定玩手机的规则，如是否可以带去学校玩、什么时候可以玩手机、一次可以玩多久、如果超时会有怎样的惩罚等。

做法3　正确看待孩子使用手机，引导孩子合理利用手机的正面效应，如手机上阅读电子书籍更方便、手机搜索学习信息等。

九、做家务对孩子有益

"双减"政策实施之后，许多家长提出了困惑：作业减少了，周末校外学科类的培训也没有了，孩子们一下子空了下来，孩子都玩疯了，精力太充沛了，让人头疼。其实，做家务刚好可以补缺。

近些年来，社会上不少人不想劳动、不会劳动、不珍惜劳动成果，劳动的

独特育人价值在一定程度上被忽视，劳动教育正在被淡化、弱化，特别是在"鸡娃"、补课、生怕输在起跑线上的内卷下。

有的年轻人连简单的饭菜都不会做，没有与老人一起生活的基本上靠吃快餐、叫外卖打发，生活自理能力堪忧；有的崇尚享乐安逸，渴望一夜暴富，追求"找个富二代，少奋斗十年"；有的怕苦怕累，找工作只图轻松，缺乏奋斗精神；有的鄙视体力劳动者，好逸恶劳等。究其原因，是这些人劳动观念出现偏差、劳动精神缺失、劳动习惯未养成、劳动能力不足等。

北京教育科学研究院基础教育科学研究所的报告显示：美国小学生平均每天的劳动时间为 1.2 小时，韩国 0.7 小时，法国 0.6 小时，英国 0.5 小时，而中国小学生平均每天的劳动时间只有 12 分钟。甚至有的家长表示，孩子平时学习任务重，根本就没有做过家务。

1. 孩子不爱劳动的原因

劳动教育被忽视、被淡化和弱化，其根源是复杂的，既有历史的原因，也有现实的原因；既有家庭的问题，也有社会的问题。

（1）文化糟粕

专制集权社会遗留的"万般皆下品，唯有读书高""劳心者治人，劳力者治于人""两耳不闻窗外事，一心只读圣贤书"等糟粕文化，仍在较大程度和较深层面影响着人们的思维方式。轻视劳动、轻视劳动者成为一种历史顽瘴痼疾。

（2）扭曲的爱

现在的孩子，大多数都是掌上明珠，不少孩子甚至是几代人在呵护，长期受到宠爱。除了读书学习家人无法替代以外，其他一应事务，诸如洗衣做饭、收拾房间、打扫卫生，乃至整理文具都由家人代劳。家庭的娇生惯养与过度溺爱，是孩子缺乏劳动情怀的最主要原因。

（3）内卷使然

不可否认的是学校劳动教育也差强人意，主要是一直受到片面追求升学率的影响，重视智育而相对忽视劳动教育。一些学校开展劳动教育的资源匮乏，老师、场地、经费不足；学生课表排得太满，劳动教育只能通过综合实践课的渠道开展；部分学校考虑到可能产生的安全隐患，劳动教育课开展不是很积极。

2. 孩子不爱劳动的危害

忽视劳动教育，对个人、对家庭、对国家都危害甚大。

（1）不利于全面发展

对比中美基础教育，得出的结论是：中国学生基础扎实、阅读理解能力强，但动手能力和创新精神不足，而美国学生正好相反。从中不难看出：中国教育偏重书本，偏重理论，对于包括劳动教育在内的实践环节有所忽视，从而影响了人的全面发展。

（2）不利于家庭幸福

由于自幼未受到良好的劳动教育，导致不少人好逸恶劳，长期过着"衣来伸手，饭来张口"的寄生生活。时至今日，"啃老族"大行其道，"巨婴"遍布城市乡村，成为困扰家庭的重大现实问题，严重损害了家庭幸福。如今因为不会做家务导致离婚越来越多，如果夫妻两人都不会做饭，不会洗衣服，不会搞卫生，家庭生活一团糟，夫妻双方再互相推诿、互相埋怨，矛盾就会越来越多，就可能经常各自回各自的父母家吃饭，衣服也送回各自的父母家去洗。这样，不离婚才怪。《人民日报》数据，从 1987 年到 2017 年，31 年间离婚数量上涨 6.53 倍，2017 年结婚 1 063.1 万对，离婚 437.4 万对，即 1 000 对结婚，411 对离婚。2020 年结婚 813 万对，离婚 433 万对，即 1 000 对结婚，533 对离婚。

（3）不利于培养感恩

讲一个真实案例，一对父母对孩子溺爱，那是捧在手里怕摔了，含在嘴里怕化了。孩子都上初中了，还什么活儿都不会干，有什么需求就喊爸妈，她爸妈也是乐颠颠地伺候她。

直到有一次，父亲出差了，母亲感冒生病去医院打点滴，等晚上 9 点多回到家，女儿看到她的第一句话竟然是："妈，你怎么才回来，我都饿死了，你快去做饭！"妈妈顿时心酸了，做好饭，女儿如往常一般，吃完饭放下碗筷就走，妈妈收拾好一切后，和丈夫打电话，两人说了半宿，探讨自己的教育方式是不是有问题，这样娇养女儿真的对吗？

心理上有个词叫"受之无愧感"，说的是一个人习惯了接受，就觉得理所应当。如果父母为孩子做了太多，孩子觉得一切来得都轻而易举，自然也就"受之无愧"。

沙拉在《特别狠心特别爱》一书中，这样写道："中国父母给予孩子的爱，不是太少而是太多了。不忍心让他们从小体验生活的艰辛，也不懂在适当时机向他们索要，因此最终导致子女们一辈子艰难，一辈子朝他们索要！"沙拉借鉴了中国教育和犹太教育的理念与经验的精华，让原本衣来伸手饭来张口的儿女，不到 30 岁就实现了世界亿万富豪梦。沙拉的有偿教育机制不仅挖掘了孩子的造富潜质，造就了孩子善于编织人脉的本领，也培养了孩子心理调适与自我约束的良好素养。沙拉还意外获得了 3 个孩子送给她的 3 把钥匙：别墅、豪车与珠宝箱的钥匙，得到孩子们的感恩。

太"疼"孩子的家长，最后只会养出"只疼自己"的孩子。不懂得感恩。

家长把洗衣服、整理房间、收拾书包、家务都揽下来，过度负责的父母，剥夺了孩子为自己负责的机会。自以为是在对孩子好，实际上只会导致孩子独立性、自觉性和自制力发展缓慢，事事都要依赖父母。不让孩子做家务，一味娇惯、包办代替，不但降低幸福指数，还让"巨婴"和"妈宝"等不健康人格出现，影响孩子的人生。

（4）不利于国家强盛

一个国家的富强，一个民族的兴盛，是靠全体国民辛勤劳动来实现，很难想象一个懒惰成风的国家和民族能够持续强盛。

3. 做家务对孩子很有益

事实上，劳动才是孩子教育中最必不可少的一部分。教育就是要在孩子生命初期，培养孩子的责任感，舍得用孩子，并敢于放手。简单基础的家务劳动，能够让孩子产生自己能把事情做好的自信。复杂一些的生产劳动，能够让孩子在离开父母之后仍能好好生存。培养孩子做家务劳动的习惯与能力，关乎孩子未来的生存与发展。从小做家务的孩子未来更可期。

苏联教育家苏霍姆林斯基说过："离开劳动，就不可能有真正的教育。"劳动本身就是一种教育，一种能赋予孩子幸福生活能力的教育。作为家长，要舍得用孩子，这才是真的爱孩子。做家务和不做家务的孩子，差别很大。

（1）柴米油盐里有成长和修行

时代变了，生活好了，父母的教育方式也不同了。有的父母把溺爱当成关心，把纵容当成爱护，无条件满足孩子所有要求。这样只会养出一无是处、自私任性的"白眼狼"。有的父母包揽孩子的生活，让孩子只要好好读书，其他什么事情都不用理。这样只会养出高分低能、不适应社会的"学习机器"。

（2）家务琐事藏着智慧和财富

父母给孩子最全面的教育，应该是：自己的事情自己做。比如做家务，在这个过程中，孩子各方面的能力都得到锻炼和提升。

①在认知方面

美国明尼苏达大学家庭研究副教授马蒂·罗斯曼（Marty Rossmann）发现：年轻人在20多岁时成功的最佳预测指标是他们在3岁或4岁时参与家务。然而，如果他们直到15岁或16岁才开始参与，参与会适得其反，这些科目就不那么"成功"了。如果孩子们从小就开始做家务，他们似乎最有可能从做家务中学习责任感。

在收拾玩具、整理房间的过程中，孩子会认识到，原来这些事情自己同样能够做到。从由父母"领着走"到靠"自己走"，孩子会减少对父母的依赖，可以独立完成任务或解决问题。

②在成绩方面

据《中国教育报》报道：中国教育科学研究院调查了全国2万名家长和2万名小学生家庭教育状态。调查结果显示：认为孩子"应该做些家务"的家庭中，有86.92%的孩子成绩优秀；而认为"只要学习好，做不做家务都行"的家庭中，只有3.17%的孩子成绩优秀。可见，家务劳动对孩子的智力开发、感觉统合发育有非常大的帮助，某种程度上推动孩子学习进步。

③在能力方面

哈佛大学学者对456位少年进行长达75年的追踪调查发现："乐意参与家务活与不喜欢参与的孩子相比，前者的就业率是后者的15倍，收入比为1.2：1，犯罪率为1：10。前者的家庭和生活也更加幸福。"家务活能够锻炼孩子双手，进而锻炼孩子的大脑，让孩子更有规划性和条理性，在同龄人中也有更强的领导力。

④在品格方面

爱做家务的孩子早"当家"，能够为父母分担压力与烦恼，小小年纪就独当一面。而且，做家务更能让孩子感受劳动的不易，从而学会珍惜，学会感恩。

笔者的女儿从 8 岁起，家里所有的碗筷、盘勺就归她一个人洗，一直洗到高三前。请读者想一想，8 岁孩子的小手是多大？也是从 8 岁起，当爸爸加班不能回家做晚餐（中午孩子是在学校食堂用餐），就得学会自己在家下面条吃，不允许在外面用餐（那时候也没有外卖）。苛刻吧？但是，女儿成功了。

（3）孩子的学习成绩会更优秀

家长总是觉得孩子还小，家务离他们很远，总是觉得做家务耽误孩子学习，但其实做家务和学习从来不是相悖的两件事。恰恰相反，会做家务的孩子成绩更优秀。

中国教育科学研究院曾对全国 2 万个小学生家庭进行调查，结果表明：爱做家务的孩子比不爱做家务的孩子，成绩优秀的比例高 27 倍。哈佛大学上述研究也得出结论：做家务的孩子，将来更有出息。爱做家务的孩子，离婚率低，心理疾病患病率也低。

（4）孩子动手能力能得到提高

动手能力是人一生最为重要的一种能力，它是靠实践来培养的。让孩子做一些力所能及的家务，通过劳动来锻炼孩子的动手能力。

（5）有利于培养孩子的责任感

从小培养孩子的责任感，这可能比学习知识更重要。通过做家务，让孩子更加明确自己的定位和使命感，从而增强孩子的责任感。

（6）所形成劳动品质终身受益

古人说："一屋不扫，何以扫天下。"做家务，是孩子成为精英的第一步，想要孩子成为精英，让他做家务是必不可少的。

凡是从小就好吃懒做、不爱劳动的人，长大了多不能吃苦，独立谋生能力差，工作业绩平平。因此，望子成人的父母应该为孩子创造从小参加劳动锻炼的环境和条件，让孩子做力所能及的事情，这样，孩子长大成人后才会吃苦耐劳、勤奋敬业，使其终身受益。

（7）做家务可以做到劳逸结合

孩子在紧张的学习过程中会出现疲倦和注意力不集中的现象，做家务有利于调节大脑的疲劳。经常动手还能促进大脑中枢神经发育，动作更协调，从而变得更聪明。

4. 把做家务当家教大事

【镜头24】辽宁省盘锦市前教育局局长魏书生在一次演讲中，不说成绩，也不谈升学率，提到了第一件事，就是家务。

本人当局长，从明天开始，大家回去落实：

一、盘锦市的孩子，回家都要做家务劳动。有时间多做，没时间少做，但不能停下来，一分钟也要做，做半个小时那就更好了。哎，很多人不理解，说魏老师当教育局局长，研究的首先不是分数、不是考试、不是升学率，怎么（是）家务劳动呢？

我认为，头等大事是承担家庭责任，一个人爱祖国、爱人民，看不见摸不着，他如果不爱自己父母的话，你说他爱祖国、爱人民，放心吧，百分之百是骗人的，用不着论证。爱父母挂在嘴边，说空话，那不骗人吗？

一定要学会，什么？用行动去心疼父母，能承担的家庭责任从小承担。一个孩子从小知道心疼你了，长大了他自然会心疼老百姓，心疼集体和国家。所以这是很简单的常识。

……

我说，大家千万别小看做家务劳动这个事，全中国的学生，如果都天天做家务，都知道心疼父母，你试试看，社会风气不一样。老师们，特别是从小知道心疼父母，承担这个事是我的，那个事是我的，承担家庭责任的孩子，你想让他学习不努力，他都不可能的事。不信研究，这是规律，这是根，问题的根。

（有删减）

魏书生是有远见的教育家，劳动教育最重要的是从家庭开始，从做家务劳动开始。

有的家长把孩子当小皇帝一般供起来，不舍得让孩子做一点家务，一心让孩子忙学习。千万不要宠孩子，一定要学会使唤孩子。宠大的孩子就是一个宠物，用大的孩子才会是一个人物。从孩子学会走路开始，就让孩子学会丢个垃圾、递个拖鞋、帮助拿个东西，孩子越用越有担当，越用越有能力。

凡是孩子自己能干的事，父母千万别插手。家里无论大小事情，要让孩子多参与，因为家长做得越多，孩子就成长得越慢；孩子干得越多，将来学会独立思考，才能成长得越快。

有些父母觉得孩子做什么事情都不靠谱，总是越俎代庖，什么事都自己代劳，这样就会造成孩子的依赖心理，结果是：你越勤快，他越懒。

对家务劳动要有明确分工。父母要在孩子心中建立起对家务劳动的正确认识，这是日常生活的一部分，是每个家庭成员需要承担的责任和义务。

要制作家务劳动分工表，每人都有分工负责项目。家长要在示范的基础上，指导、监督孩子独立完成任务，整个过程要多鼓励，直到孩子养成习惯为止。而习惯的力量是无穷的。一个好的习惯可以成就一个人，一个坏的习惯则会毁掉一个人。

陶行知说过："劳动教育的目的，在谋手脑相长，以增进自立之能力，获得事物之真知及了解劳动者之甘苦""在劳力上劳心，是一切发明之母"。因此，劳动教育意义重大，一定要从小抓起。

5. 如何让孩子做好家务

中国家长苦恼的根源是分不清哪些是自己的事，哪些是孩子的事。家长要对孩子放手，就一定要分清哪些是孩子的事，哪些是家长的事，不能对孩子的事情大包大揽。让孩子洗自己的衣服，做一些相应的家务，洗干净、洗不干净，做家务做得好与不好另说，但为家庭承担，对自己负责必须有。

放手不但需要勇气，更需要智慧。但孩子并非天生会做家务，如何让孩子会做家务，愿意做好家务，这是需要一些技巧的。

（1）鼓励孩子

在做家务前，要征求孩子的意见，这样孩子会感受到尊重信任与鼓励，可以调动孩子的积极性。在请孩子做之前，要列举需要做的家务，家务必须简单明确、适合孩子的能力。让孩子选择自己要做的事，但必须承担一定的家务，一旦选择就必须负责。进行必要的训练，父母不要高估孩子的能力，应该教孩子怎么做，进步时要及时鼓励，遇到困难时，要鼓励孩子坚持下去。

（2）邀请孩子

做家务不能给孩子下命令，千万别在引导阶段就把家务变成孩子的一个任务，虽说孩子会在家长的权威下完成任务，但是孩子的内心是排斥的。孩子都喜欢模仿，家长可以在做家务的时候邀请孩子加入，孩子自然愿意参与。

（3）学会示弱

如果父母强调自己不行或者做不来，孩子可能更愿意承担。比如男孩子的妈妈一定要懂得弱化妈妈的角色，在儿子面前示弱，让他有机会成长为一个真正的男子汉。比如感到疲惫时，就如实地跟孩子说自己的感受："今天我特别特别的累，有一些家务需要你来帮妈妈（爸爸）一起完成，可以吗？"这种示弱，可以让孩子成长为"纯爷们"，既懂得照顾弟弟妹妹也十分体贴妈妈（爸爸），变成一个责任感爆棚的小男子汉。把孩子当作一个"小大人"来看待，你会看到他的能力在快速增长，变得更独立，更有责任感。

（4）力所能及

孩子需要成就感，如果家长给孩子安排的家务超出了孩子的能力范围，只会让孩子感觉受挫，影响孩子做家务的积极性。所以，给孩子安排符合他们年龄特征的家务很重要。

总之，孩子就像一把刀，只有不断地打磨他，才会绽放出原本的锋芒，一直闲置，只会让他生锈。做家务是一种能力，是伴随孩子一生的隐形财富，孩子必须掌握，一个会做家务的孩子，才是幸福生活的缔造者。

孩子不能"圈养"，要"放养"，要舍得放手。家务是每个家庭成员的义务，也是孩子的必修课。作为家长，要有意识地将家务分一点留给孩子，舍得放手让孩子做家务。和孩子有商有量，合理安排时间，进行有效指导，逐步培养孩子的劳动习惯。

孩子自己能做的事情，千万别替他去做。家长退一步，孩子进一步，这才叫成长。凡是孩子能做到的事情，家长尽量不要替他做，别剥夺孩子成长的机会。从小放手让孩子去尝试，去体验，去锻炼，孩子会变得更独立、更优秀。

对孩子的肯定，最能激发孩子的潜力。少一些唠叨，少一些说教，少一些挑剔，勤劳的孩子是夸出来的。家长要有足够的耐心，不断引导和鼓励，让孩子在试错中成长起来。要让孩子不断体会"我能行，我能做好"的自豪感，这是让孩子对家务保持持久兴趣的"灵丹妙药"。

"父母之爱子，则为之计深远。"（《战国策·赵四·赵太后新用事》）做父母的疼爱孩子，就要为他们长远打算，不能只顾眼前得失。最好的教育，就是从生活中来，再到生活中去。有远见的父母，都舍得让孩子"动"起来，在劳动中体验生活，获得成长。

十、父母对孩子的影响

父母的境界影响孩子的格局，父母的眼界影响孩子的结局。陈美龄老师在《50个教育法：我把3个儿子送入斯坦福》书中讲道：我始终确信"教育的全部责任在于家长"。学校和老师只是重要的伙伴，孩子的教育，基本上所有的责任都应该由家长承担。

如果把教育比作一条河流的话，社会教育是上游，家庭教育是中游，学校教育是下游。上游和中游的水质如果已经被污染，流到下游的河水很难清澈。

父母对孩子的影响概括地说：父母过分照顾子女，不放手让子女独立活动，子女会消极、依赖、缺乏责任感、缺乏忍耐力，适应集体生活困难，遇事优柔寡断无主见；父母溺爱子女，子女多表现为撒娇、放肆、神经质、自我中心、缺乏责任感和耐心；父母对子女冷漠，子女则多愿意从他人处寻求爱护，力图招惹别人，吸引别人的注意，有的喜欢惹是生非，有的喜欢攻击别人，也有的表现为情绪冷漠，与世无争；父母对子女过分严厉，子女或逃避，或反抗，或胆怯，或凶暴，为了自我保护而说谎，甚至养成当面一套、背后一套的坏习气；父母对子女忽冷忽热、反复无常，子女多表现为情绪不稳定，多疑多虑，缺乏判断力。

父母对子女理想的态度应该是，爱而不娇，严格而民主，这样子女表现为热情、直率、活泼、端庄、独立、协作，有活动能力，善于和别人相处共事，社会适应良好。

敌意中长大的孩子，学会了争斗；

虐待中长大的孩子，学会伤害别人；

支配中长大的孩子，学会了依赖；

干涉中长大的孩子，被动和胆怯；

娇宠中长大的孩子，学会了任性；

否决中长大的孩子，他反对社会；

忽视中长大的孩子，他情绪孤僻；

专制中长大的孩子，他喜欢反抗；

民主中长大的孩子，领导能力强；

鼓励中长大的孩子，学会了自信；

公平中长大的孩子，抱有正义感；

宽容中长大的孩子，学会了耐心；

赞赏中长大的孩子，学会喜欢自己；

爱之中长大的孩子，会爱人如己。

简单地说：**父母关爱太多，孩子不知珍惜；父母唠叨太多，孩子逆反对抗；父母干预太多，孩子缺乏自主；父母期望太多，孩子压力增大；父母责备太多，孩子容易自卑；父母迁就太多，孩子不知敬畏；父母满足太多，孩子欲望难填；父母溺爱太多，孩子不能成长……**

教育好自己的孩子是父母这辈子最重要的事业。无论父母赚多少钱，取得多大的荣誉，都比不上教育好自己孩子的荣光。父母是孩子的终身教师，怀有对孩子一生的责任。作为孩子最主要的模仿对象，要给予孩子优秀的习惯、品质、人格和处世态度，为孩子的成长打好根基。家庭是孩子的第一课堂，也是孩子一辈子的课堂。作为影响孩子时间最长、作用最深远的地方，家长一定要重视家庭教育，为孩子的成才做好准备。**教育是一场漫长的修行，不只孩子要学习，家长也要不断学习，不断成长，时时、处处、事事严格要求自己，成为孩子的好榜样。**

1. 教育其实就是拼家长观念方法

教育语境下的"拼爹"，不是官二代、富二代的寄生和遗传，而是比拼父母的观念，以及生活方式、思维方式、处世方式。笔者给大家一个公式：

一个优秀的孩子 =60% 家庭教育 +30% 学校教育 +10% 社会教育

注意这里是"优秀"的孩子，不是指一般家庭。一般家庭中，家庭教育在权重是不会有 60% 的，大多数家长往往看重孩子的学习成绩或学业，这与学校更相关，他们更多地寄托于学校教育。可是培养孩子的感恩、独立、责任、自强等比学习成绩更为重要，而这些品质的培养家庭的权重却更大。

改变孩子，要从改变父母开始。父母改变了，孩子才能改变。你想要孩子成为什么样的人，你首先要成为什么样的人。老师不是保姆，老师也有自己的工作和家庭，不可能对每一位孩子都做到面面俱到。

（1）陪伴观念

陪伴不是陪着更不是监督，而是做到有效陪伴或者高质量陪伴，从孩子降生开始，逗宝宝开心、讲故事、一起学爬、一起学走、一起看书、一起玩玩具、一起郊游、一起旅行，在孩子的成长过程里，父亲和母亲一直在陪伴，那么，孩子感受到的是爱，得到的是安全感和健康的心理素养。

家长总在说忙忙忙，要工作，要应酬，不知不觉中忽略了孩子的成长，而孩子的教育根本不可能等着家长来弥补，只要稍微有点忽略，孩子的成长就会走歧路。对于年幼的孩子，有些毛病一旦养成，需要家长花费很多精力来改正，甚至根本无法纠正。熊孩子是"惯"出来的，好孩子是"管"出来的，优秀孩子是"陪"出来的！

人在年轻的时候，千万不要借口工作忙而忽略对孩子的陪伴和教育。在年老的时候，一切荣华富贵都是过眼烟云，而一个不成器的孩子，足以让你晚景惨淡；但是一个成功孝顺的孩子，足可以让你生活无忧。

无论你挣了多少钱，事业发展多顺利，如果孩子的教育不得当，将来老了肯定会后悔。教育孩子不需要家长一门心思扑在孩子身上，但是也绝对不能拿事业繁忙来牺牲孩子。生下他／她就得负责任，负责任就得从陪伴做起。

（2）放手方法

合格的家长懂得放手是孩子成长的动力。大包大揽，事事操心，养不出独立的孩子，更多的是白眼儿狼、任性和遇到困难就怂的人。有些家长会狡辩说，我是在保护孩子，笔者想说的是除非你有条件保护孩子一辈子，否则，这种做法就是孩子成长道路上的阻碍。

笔者前面大谈放养就是这个道理，当然，放养不是放任自流，得讲原则。

（3）原则观念

家长应该跟孩子讲原则。父母有原则，孩子有纪律。父母的爱可以无条件，但一定要有原则。父母如果事事没原则，那孩子一定是任性的，对任何规则都不放在眼里，可想而知这样的孩子会是什么样。

南北朝时期颜之推创作的《颜氏家训》中说："父子之严，不可以狎；骨肉之爱，不可以简。简则慈孝不接，狎则怠慢生焉。"意思是说：父子之间要讲严肃，而不可以轻忽；骨肉之间要有爱，但不可以简慢。简慢了就慈孝都做不好，轻忽了怠慢就会产生。

教育孩子有原则地约束比无条件地纵容更重要。父母在教育孩子上没有原则或者虽有原则却屡屡破坏原则，那孩子的将来可能会出现许多麻烦。

有原则，就是遵守规则。原则就是当孩子做错事时，我们不能因为爱去纵容，去破坏现有的规则，而是要让孩子意识到他们的错误，耐心地引导孩子改正错误。

父母有原则，才能教育出有纪律、道德感强的孩子。如果做父母的不能坚持做父母的原则，放纵孩子，不让孩子明白道德规则，教育出的孩子也不会有原则，不会有纪律观念。

孩子越小，父母越需要理性，越需要坚守原则。面对孩子的不良行为和不合理要求，父母必须用坚决的态度使孩子明确行为的界限。许多家庭都有这么一个通病，就是家里虽有规矩，但当孩子一哭一闹父母就失去了原则或者在爷爷奶奶、外公外婆对孩子的袒护下失去原则。许多被惯坏的孩子都有一个共通点，就是他们的要求总是能被满足，只要一哭一闹抑或不哭不闹，父母就会一而再，再而三地降低自己对孩子的要求，降低底线，失去了做父母的原则。

想让孩子守规矩、讲规则，家长首先要坚持自己的原则。当家长针对自己孩子制定了一些规则后，就要严格遵守执行，不能轻易破坏规矩。

（4）榜样示范

父母是孩子效法和学习的最重要力量。所有家长都听过这样一句话，最好的教育就是家长的言传身教，孩子的生活习惯、行为习惯，待人接物的方式，看待金钱的观念，以及道德品质，都是从家长的身上模仿形成的。这话说一千道一万，总是有家长只听不做。

养育孩子靠的是生活中的每一个细节，每个细节都可以影响到孩子的人生，这就是教育孩子的真相，既简单也复杂，能不能做到，要看家长能否真正付出。

①父母修养好，孩子有教养

教育来自生活的点滴，家庭是教育的主战场。我们常说：家庭是孩子的第一所学校，父母是孩子的第一任老师。正如卢梭所说：人的教育在他出生的时候就开始了，在他不会说话和听别人说话以前，他就已经受到教育了。父母的言传身教在孩子教育中意义重大。

中国传统文化中有"养不教父之过"之语，列夫·托尔斯泰也曾说"全部教育，或者说千分之九百九十九的教育都归结到榜样上，归结到父母自己生活的端正和完善上"。

教育是一个润物细无声的过程，要想孩子成为一个有教养的人，首先父母也应做到有修养。无数事例告诉我们：有教养的孩子背后站着有修养的父母，熊孩子的背后往往站着不合格的家长。

年幼的孩子会通过模仿父母的行为来慢慢成长。随着时间变化，久而久之，这种模仿逐渐内化成孩子的性格。如果父母表现出的都是缺乏修养的行为，那么孩子通过模仿这种行为，也会变得缺乏教养。

父母以身作则的品德教育，是孩子健全人格塑造的重要环节。它决定着孩子长大成人后，品德是否高尚、处事是否得当，这一切的意义对孩子人生而言，要远大于遗传智力的影响。

你的修养，就是你孩子的教养。以修养育修养，以品德养品德，要求孩子做到的，家长要首先做到。

②父母有格局，孩子才优秀

"格局，是一个人精神上的基本架构，它昭示着一个人的胸襟气度，也是一个人内在精神的直接反映"，父母的眼界与格局，决定孩子世界的宽度。

曾国藩说："谋大事者首重格局。"父母有大格局，孩子才能走得长远。

作为父母，不能只关心孩子吃得饱不饱，穿得暖不暖，对孩子的关心不能仅仅停留在物质层面，更要在精神层面关心自己的孩子。养育孩子，不是只有"养"，还要有"育"。除了物质上的满足，父母更应考虑的是把孩子培养成什么样的人。

拥有大格局的父母能创造各种可能，让孩子看到自己的能力，发现自己的价值，从而内心变得强大起来。父母的格局决定了孩子看世界的视野和态度。有大格局的父母不会把所有的劲都使在孩子身上，而是给孩子独立生活和思考的空间。

养育子女，让子女接受教育的目的不能被简单地理解为光宗耀祖、挣大钱、买大房子，如果父母的格局眼界局限于此，孩子的格局也会受到限制。

父母要有大格局，就像黎巴嫩裔美国诗人纪伯伦·哈利勒·纪伯伦（Gibran Kahlil Gibran）在诗中所写的那样："你的儿女，其实不是你的儿女。他们借助你来到这世界，却非因你而来，他们虽然与你同在，却不属于你们。你可以给予他们你的爱，却不是你的思想。"父母有格局，才能打开孩子的未来。

③父母有远见，孩子未来宽

父母的远见里，藏着孩子的未来。身为父母，没有人不为自己孩子的将来打算。父母虽不能将自己的理想强加在孩子身上，但却可以为孩子的理想或未来添砖加瓦。孩子成长的旅途总要面对许多岔路，在人生重要的十字路口，父母需要给孩子提供指导，这时父母的远见就体现出了价值。

有一位小女孩特别喜欢画画，而且十分具有绘画天赋。小女孩父母的朋友建议小女孩父母给小女孩找个老师，将孩子好好培养一下。女孩的父母虽然口头上答应了，但却一直没有在意。后来，随着时间发展，小女孩身上的天赋被消磨殆尽。王安石笔下的方仲永也是身怀天赋，却因父母没有远见，而最终泯然众人。有远见的父母会根据孩子的实际情况，为孩子的未来打算。

让孩子活得开心快乐，绝不是让孩子处于散养状态。让孩子做个孩子，有个孩子的样子也不等于孩子的生活中只有玩。学习与快乐并不是冲突对立的，一个有远见的父母不会唯成绩论，以"成王败寇"简单粗暴地评价孩子，反而会培养孩子的学习兴趣，发现孩子的长处，会引导孩子不断地完善自己。父母有远见，孩子未来的路就更宽广。

在教育孩子过程中，父母一定要把握好尺度，既不过度溺爱，也要坚持自己的原则。做一位好父母应该明白，教育孩子的过程也是个提升自己的过程，完善自我为孩子做出榜样比一味要求孩子"成为谁"更重要。

教育孩子，拼的是爹妈，这就是不争的事实，无论贫穷还是富有，都能培养出优秀的孩子。

2. 孩子往往是父母的影子或翻版

孩子，是父母的一面镜子。孩子的教育不仅是教育孩子，更是家长的自我教育。孩子在日常生活中不仅复制父母的行为，更会复制这些行为背后的品格、修养、原则、格局。

如果母亲爱打扮，其女儿也必然是爱打扮的。若母亲是多舌的，女儿也不例外。同样父亲好喝酒，儿子也会喝酒；父亲说脏话、粗话，则孩子也是如此。这已成为家庭教育的定律。

在英国有一个爱德华家庭，是真正的书香门第。老爱德华是个博学多才的哲学家，为人严谨勤勉。他的子孙有 13 位当大学校长，100 位教授，80 多位文学家，60 多位医生，1 人当过大使，20 多人当过议员。

同样在英国，另一个珠克家族，与之相比则大相径庭。老珠克是远近闻名的酒鬼和赌徒，浑浑噩噩，无所事事。这个家族至今已传下 8 代，其子孙后代中有 300 多人当过乞丐和流浪汉，400 多人酗酒致残或死亡，60 多人犯过诈骗或盗窃罪，7 个杀人犯，整个家族没有一个人有出息。

为了培养孩子的品德，做父母亲的行为要自慎，应该处处做孩子的表率。孩子好的行为、坏的行为都是父母教育影响的结果。作为家长，不要和孩子讲太多的道理，而应用实际行动去影响他们，给他们做好榜样，让他们在实践中感知那些道理，这样他们才能真正地理解，并运用到自己的一言一行中。

希望孩子体格健壮，自己就不该好吃懒动；希望孩子知书达理，自己就不该野蛮粗鄙；希望孩子优秀成功，自己就应该努力发展。

父母是孩子的镜子，什么样的父母，照出来的就是什么样的孩子。

教育孩子，说难也难，说简单也简单。作为父母，只需做好榜样，当一面无比光亮美好的镜子，孩子自然能从中找到自己该有的样子。

任何事业的成功都无法弥补孩子教育的失败。言教不如身教，身教不如境教。给孩子最好的礼物是榜样。给孩子食物只会让孩子成为大人，给孩子观念会让孩子成为伟人。

每一个人都不是他自己要出生的，父母使他们偶然来到这个世界，来到一个他们自己无法选择的家庭，有了一对永远不能变换的父母。三等父母在忙着给孩子当保姆，二等父母在忙着给孩子当陪练，而一等父母他们致力于做孩子的人生榜样，孩子随父母，教育子女看的是父母的人生格局。父母亲的智慧格局和人生功底影响着自己的孩子。

3. 融入家庭的爹和温柔可亲的娘

最好的家庭教育是爸爸不缺席、妈妈不越位。有人用"父爱如山，一动不动"来形容爸爸在家庭教育中的缺席。中华妇女联合会和国家统计局调查显示，在40岁以下被访爸爸中，最近一年从不或很少照料孩子生活的占到70%，从不或很少辅导孩子功课的占到47%，而妈妈在这两项的表现分别为7%和20%。大部分孩子都是在妈妈的照顾和教育下长大的。在中国式的家庭教育中，妈妈充当的角色往往是那个再苦再累，也全心为孩子付出，陪伴多、教育多，却也是得到"埋怨"最多的那个人。

孩子，不是妈妈一个人的孩子。当孩子拥有一个缺席的父亲的同时，一定会有一个焦虑的妈妈。很多女性说，当妈后，整个人的情绪状态都紊乱了。既要承担家务，还要顾虑工作；既要照顾孩子穿衣吃饭，还要教他写作业。生活、工作、孩子、各方面压力，情绪一上来，迁怒就变成了家常便饭。母亲的不良情绪，会在孩子心里种下一颗种子。直到长大成人之后会发现，这颗种子长成了一丛高高的杂草，不断干扰着孩子的抉择、情绪、思想。母亲以为那些都是小事，但在孩子的记忆中，它们是恐惧、害怕、担忧、胆怯的代名词，很长一段时间里都无法磨灭。一个在家庭中缺席的爸爸和一个情绪不稳定的妈妈，随着孩子年龄成长，孩子的问题必然越来越多，如：叛逆、压抑、自残、暴虐、心理脆弱、敏感、自卑等。

有父亲陪伴的孩子，会成长得更优秀。他们更勇敢更自信，待人处事大方得体，不会因为说错一句话就唯唯诺诺地不敢吭声。他们更有自控能力，懂得该如何抵制诱惑，学会自律，保护自己。他们内心更具有安全感，不会因为一点挫折而自卑自责，也不会陷入没有人喜欢自己的思想漩涡里。《富爸爸 穷爸爸》（南海出版公司2009年版）中写道：所谓成功，就是有时间照顾自己的小孩。任何职业角色都可被替代，唯独父母角色无可替代。世间回报率最高的投资，就是亲子关系。

父亲再忙于事业，也要顾及家庭。该出手时就出手。下面这个案例是针对"熊孩子"的，浪子回头金不换。

18岁的男孩，正值青春叛逆期，竟然动手打了自己体弱多病的亲生母亲，当父亲知道以后，连夜从外地赶了回来，回来之后并没有对儿子立刻动手，也没有骂他，而是很平静地走到男孩面前，跟男孩儿要 500 块钱。男孩说我没有那么多。父亲直接抓起男孩就是一顿暴打，打得男孩不断求饶。

父亲说，我让你给我钱，你为什么不给？男孩说，我真的没有，紧接着父亲又是一巴掌，并且对男孩说，你不给我钱我就打你。你觉得这样行吗？男孩儿接着说，不行不行。他的话还没有说完，又被一脚踹在了地上。父亲继续问道，你妈不给你钱，你就打她，那你不给我钱我也可以打你。

说完之后，父亲上去一把揪住男孩的衣领，把他摁在地上说，你妈不给你钱你就打她，就连我都没有打过她，你妈 10 月怀胎丢了半条命才把你生下来，含辛茹苦地养了你十几年，就算是一条狗都知道感恩，还会冲着主人摇尾巴，你可倒好，你妈每天洗衣做饭伺候你十几年，你不知道感恩，竟然还打她，你可真厉害，你连一条狗都不如。

儿子听完以后泪流满面，父亲也松开了手，平静地对他说，你不就是想要钱嘛，可以，就当我跟你妈欠你的，你不就是想要 300 块钱，我给你 5000，你拿着这些钱给我滚蛋，以后再也不要回来了。

第二天早上，当这两口子醒来之后，发现儿子还在门外跪着，从那以后，这孩子就跟变了一个人一样，不仅帮母亲做家务，而且在学校还特别地努力，就仿佛一夜之间长大了很多很多。

你每天把孩子当祖宗一样地供着，那别人可不会这样惯着他，你舍不得教训他，有人会替你教训，你舍不得动手，有人会替你下死手，只有知道吃亏，知道疼了，他才会长记性。

有很多的家庭都是围着孩子一个人转，可是当他们步入社会以后，可没有人再围着他们转。爱孩子，我们要给孩子正确的方法，我们可以不让他挨饿，也不让他受冻，但是该吃的苦，一定让他在家里吃完，这样的话，当他步入社会以后，才能够更好地适应这个社会。

母亲的情绪决定着一个家的温度，也在潜移默化中决定着一个孩子的性格方向。情绪越不稳定的母亲，养出来的孩子越会焦虑、敏感、自卑，习惯看人脸色行事；无论获得多大成就，内心始终深藏着不自信。而情绪越稳定的母亲，家庭环境始终都会是轻松快乐的；养出来的孩子自信又乐观，内心充满被宠爱的安全感，不必害怕哪一句话说错了就遭到母亲的责骂。

父亲的大格局，母亲的好情绪，是一个家庭最好的风水。如果说父亲是山，那父亲的格局往往决定着孩子未来能抵达的高度；如果说母亲是水，那母亲的情绪往往决定着一个家庭的幸福和睦的程度。在孩子 12 岁之前，往往会把父亲当成自己的偶像。孩子对父亲往往有一种强烈的崇拜之情，会把父亲当成智慧和力量的象征。一个人的格局，决定一个人能站多高，看多远。而一个父亲的格局，便是孩子成长的天花板，决定这个家能兴几代、旺几年。母亲的情绪，决定了子女内心的温度。当你教育一个男童时，你教育的只是一个男童；但当你教育一个女童时，你教育的就是一个家庭和她的下一代。

在父亲的陪伴与教育下成长的孩子，会更加乐观、开朗、自信、上进，比起从小缺少父亲陪伴的孩子，各方面的优势都很明显。父亲意志坚定，孩子就学会了百折不挠；父亲勇敢独立，孩子就学会了坚强无畏；父亲胸怀宽广，孩子就学会了大度包容；父亲是非分明，孩子就学会了坚持原则……

母亲的情绪决定孩子的命运。如果说父亲是家庭中的掌舵者、领导人，那么母亲则是一个家庭的调节阀、供氧机。对于孩子来说，父亲是最信任的人，母亲就是最依赖的人。孩子最大的安全感，来自母亲。在孩子很小的时候，母亲就要给予充分的爱，让孩子体会到安全感，从而产生对于他人、对于这个世界的信任。母亲喜怒无常，孩子就恐惧担忧；母亲怨天尤人，孩子就郁郁寡欢；母亲温和慈祥，孩子就乐观温暖；母亲宽容大度，孩子就有同理心。

融入家庭的爸爸，温柔可亲的妈妈，才是给孩子最好的成长礼物。

4. 孩子不能完全交给爷爷奶奶带

笔者强烈建议，不要把孩子完全交给爷爷奶奶外公外婆带。他们对孩子几乎都是"含在嘴里怕化了，捏在手里怕碎了"的一代，上学放学，大包小包帮孩子拎着、背着，生怕孩子累着，孩子大吵大闹也百依百顺。

【镜头 25】家人围着 6 岁的儿子，问他的理想是什么。

儿子说："我想当医生。"

外婆说："医生好，社会地位高。"

奶奶说："待遇也不错。"

爷爷说："除了工资还有其他的收入呢。"

外公说："找对象也方便。"

儿子疑惑地看着他们，说："不是说，医生可以治病救人吗？"

爷爷奶奶外公外婆上面所说的话都有一定的道理，可是孩子的社会责任感就这样不知不觉丢失了。

还有就是父母在管教孩子，爷爷奶奶替孩子帮腔，孩子有了"靠山"，这样的孩子就更难教了。家庭教育一定要统一归口，即只能一个人说了算，有分歧也不能当着孩子的面表现出来，可以悄悄说出分歧或者事情过去以后再单独沟通商量。

笔者做家庭教育讲座，一般都告知主办方，谢绝爷爷奶奶这一辈的人参加，因为笔者在讲座中，把这样带孩子的爷爷奶奶称为"猪一样的队友"，有句话是这样说的：不怕神一样的对手，就怕猪一样的队友。

父母才是孩子的第一任老师，孩子的性格塑造、习惯培养和人格发展与家庭教育密不可分。教养出优秀的孩子，离不开父母，也必须是父母。

5. 男孩和女孩家教不同注意事项

①培养男孩的6个关键点

第一，多跟男人在一起，爸爸从小带儿子带得少，这样男孩子很难有阳刚之气，这也是妈妈很难去替代的，可以说妈妈给的爱是土壤，爸爸给的才是方向和阳光。

第二，要让男孩子干活，宠大的男孩是宠物，用大的男孩是人物。让孩子参与家务，培养孩子的责任和担当，在家里边，尤其是脏累活，干得越多越有责任，干得越多，越有担当，慢慢地就成男子汉了。

第三，要培养男孩子的竞争意识，多参加户外运动，比如足球、篮球等这种团体对抗性的运动，在对抗的过程当中他就会明白，想赢就得团结努力，想赢就得拼命，就得动脑筋，最重要的是在这种对抗中他就会明白，不动手，不努力，不想办法，最终你啥也得不到，啥也不是。而且最重要的是在这种对抗当中，他还会明白一个道理，既要懂进攻，也得懂防守，既要懂得遵守规则，还得懂得善用规则，这个智慧和胆识，慢慢地就培养出来了。

第四，要培养孩子学会独立。在生活方面，除了必需品，多一分钱也没有，男孩自己想要的东西，只能通过自己的辛勤劳动，创造财富来满足欲望。家里的钱是家里的，跟你没有任何关系，男人要有斗志，有些男孩长大后没有斗志，也就是无欲无求，这并不会激励孩子的发展。

第五，要让男孩多去尝试。允许他犯错，犯错了就去承担，千万不要怕事。男孩子想要成事的话，该走的弯路一米都不能少。

第六，家长要收起泛滥的溺爱。没有底线的溺爱，只会培养出一个好吃懒做的男人，最终事业上一事无成，还会给家里增加很多负担。男人可以笨，但绝对不能懒。男孩子经历的挫折和痛苦越多，他成长得越快。

②培养女孩的 6 个关键点

第一，爸爸要疼爱妈妈，爸爸对妈妈不好的，女儿长大之后大概率会找一个对自己不太好的男人，这个会让她的一生都过得比较辛苦。

第二，一定要让女儿喜欢上阅读，没有思想的女孩很容易走错路，腹有诗书气自华，但凡爱阅读、读书多的女孩子，无论是学业、事业，还是人生大事，基本上都不会出大问题，因为她自己有思想。

第三，要让女孩子接受艺术熏陶，有品位的女孩子，基本上都是"渣男"绝缘体，无论是画画、乐器、舞蹈都可以，审美水平高的女孩儿，她的气质和眼光都不会太差。

第四，多运动，练出女孩子的一身飒气，千万不要把女孩子养得矫揉造作，这样很容易滋生出一种依赖意识来，你看那些非常爱运动的女孩子，她有很强的独立意识，而且自信心也很强。多运动，一定会收获一个能量满满的女儿。

第五，女孩子一定要好看，但是这个好看绝不仅指她这张脸，五官是天生的，但是如果她生活自律，她的身材就会保持得很好，如果她懂得品位，她的衣着也会穿着得体，如果她过得很精致，那么她的妆容也会让人很舒服，所有的这些反映的都是修养。所以好看的女孩儿一定散发着修养的光芒。

第六，爸爸一定要对女儿足够温柔，从小缺乏父爱，长大后的她在情感生活中也容易受伤害，稍微遇到一个懂甜言蜜语的，对她好一点儿的男生，她就以为遇到真爱了，这样很容易出问题。

6. 合格父母的家庭教育具体做法

严格说来，不同的孩子要采用不同的教育方法，具体情况具体分析，每个家庭都会有自己的成功经验和做法。不能说笔者的做法就一定是对的，是最科学的。故而，笔者只能针对共性，提出一些具有普遍意义的意见和建议，特殊家庭的特殊情况，还有待进一步的探索。比如，一些家庭就有这样一些典型特殊情况：

过分宠爱，忽视非智力因素培养；

心灵施暴，扼杀独立人格的树立；

物质刺激，变相拜金主义的诱导；

动辄体罚，应试教育的最好帮凶；

朝令夕改，缺乏教育阶段性目标。

要做合格的父母，可以在以下 8 个方面进行尝试：

（1）表扬孩子

对孩子好的言行给予正面鼓励，可以有效地帮助孩子发现他们自己都没有意识到的优点并维持这一优点，有助于培养孩子的自尊和自信，有助于促进家长与孩子之间的亲密关系，有助于家庭氛围温馨、和睦，充满信任。

表扬孩子时应该看着孩子的眼睛。直接的注视表示你在郑重其事地夸奖孩子，使孩子感到自己和自己的行为意义很重大。表扬孩子时应该面带微笑。有时候微笑本身就是奖励，当你用语言表扬孩子时面带微笑，可以让他感受到你内心的喜悦。

表扬孩子时应该表扬孩子的具体行为，而不是孩子本人。有研究者将表扬分为三种：一是过程指向的表扬，即肯定孩子完成任务过程中的努力，如，"你遇见困难还在努力，好棒啊""你很用功"。二是结果指向的表扬，即夸奖孩子的成果，如，"你做得很好！"三是个人指向的表扬，即对孩子品质的评价，如，"你很聪明。""你很努力！"研究发现过程指向的表扬最有助于孩子恰当评价自己，正确分析成功与失败的原因，从而增强能力和信心。赞美，不只在孩子出色完成某些任务时才能使用，只要孩子开始一项任务，我们就要保持观察，在适当的时候给予赞美。

（2）常逛书店

女儿在很小时，笔者就带着她逛书店，让她挑自己喜欢的书买。这对于扩大她的知识面，激发学习兴趣有很大好处，也为她今后的成长打下了良好的基础。尽管女儿也算是输在所谓起跑线上的，但是阅读量方面真不输给同龄人。

经常带孩子去书店买书或图书馆看书，是家长对孩子心灵上的支持、行为上的引导，其好处是有利于孩子感受良好的读书氛围，孩子会被那里浓厚的读书氛围所感染，会被各种有趣的书籍、图片所吸引。有利于孩子自主选择书籍，有利于孩子读书兴趣的培养，有利于激发孩子的求知欲。

（3）营造书香

书香，意思是指读书风气。优秀孩子与后进孩子的家庭学习环境的差异，主要体现在学习的家庭氛围上。有些家长要求孩子认真做作业，自己却坐在一旁如痴如醉地玩手机；有些家长要求孩子在书房里学习，自己却在客厅里开大音量看电视；有些家长打麻将消磨时光，不仅会影响孩子学习的专注度，还会给孩子做负面表率；有些家长甚至玩手机打游戏夜战不停，严重影响孩子睡眠；有些家长彻夜不归，引起夫妻二人闹意见，给孩子带来惊恐和不安。

人们常说"近朱者赤，近墨者黑"。而学习的温馨家庭环境是以父母为核心的家庭成员共同营造的，尽管氛围看不见也摸不着，但它时时刻刻从正反两方面影响着孩子。在宽松、快乐的家庭气氛中长大的孩子，性格往往活泼开朗、充满阳光；在紧张的家庭气氛中长大的孩子，性格往往会内向极端、冷漠。父母一定要意识到家庭气氛对孩子成长的重要性。

因此，最起码的要求就是，当孩子在家时，家长最好不要拿着手机不放；孩子在家里学习时，家长看电视时最好压低音量，最好不要搓麻将、打牌；避免在孩子面前发生口角和肢体冲突等。

（4）张弛有度

陪伴、辅导孩子写作业，重点在帮孩子掌握方法，逐步强化自我管理。孩子尝到掌握方法管好自己事情的甜头后，慢慢就会主动和家长交流今天作业的难点，以及他自己是怎么思考这个难点的，哪些地方需要家长协助，哪些地方他自己能搞定。

要允许孩子做一会儿作业，玩一会儿。当孩子用心做作业时，孩子的大脑神经系统高速地运转，10多分钟后，大脑的葡萄糖就供应不足了。如果孩子不主动停止工作，大脑就会形成压力。大脑为了自我保护、转移压力，就会指使孩子去玩，是他的大脑要孩子玩。有些家长不懂，往往责怪孩子不用功，贪玩，这是不懂教育的不合格家长。

每个孩子都有他最喜欢的一项业余活动。或看卡通片，或踢足球，或游泳等。比如，你的孩子喜欢看卡通片，可以看，但必须做完作业以后看。孩子做完一件疲劳的事情，然后再让他做他最喜欢的事情，就等于给他一个奖赏。孩子作业能和快乐连接起来，孩子就愿意学习了。

（5）训练专注

①专门训练

前面介绍的，让孩子学画画就是一种很好的培养训练孩子专注力的方法。还可以跟孩子一起玩"自我约束力"的游戏。很简单，让孩子坐在家长腿上，相互看对方的眼睛，看谁先笑，先笑的就输了；让孩子盯着家长的眼睛，家长的眼神如果突然变化，面部表情也会相应变化。孩子就总是喜欢捕捉家长的眼神或面部表情的瞬间变化，乐此不疲。再比如，家长与孩子坐在凳子上一动不动，看谁坚持的时间长，谁先动谁就输了。

②任务定量

让孩子在规定时间内分阶段完成学习任务，改定时为定量。如果孩子能够专心完成，父母要给予一定鼓励。再以同样的方式完成下面的学习。

③静观沉浸

不干扰孩子做他喜欢做的事情。当孩子专注做自己的小手工制作或观察小动物或玩魔方或干别的什么事情而忘记吃饭时，父母切记不要干扰孩子，而是耐心地等他把事情完成。孩子沉浸于他兴趣的同时，正在无意中培养自己的专注力。

④限定时间

教孩子学会做学习计划。当他在相对短的时间内集中精力做好功课，便有更多的时间做其他事情。孩子学会自己掌控时间，有成功的感觉，做事就会更加自信。

⑤朗读投入

有表情朗读有利于训练专注力。每天安排一个时间，让孩子选择他们喜欢的小文章有表情地为家长朗读。让孩子在口、眼、脑等相互协调的过程中，自然而然培养孩子的专注力。

⑥一事一做

让孩子一次只做一件事情，人的专注资源是有限的，分配在性质不同的事情上面，会严重消耗专注力的有效性，尤其是孩子的专注力正在发展过程中，同时进行多件事情，会损害专注的有效集中。

（6）培养自信

从小教会孩子下跳棋、军棋、象棋和围棋。在孩子与你的博弈中，可以开发孩子的智力，让孩子开动脑筋整体部署棋子，学会运筹帷幄，学会面对失败，增强自信心和抵抗挫折的能力。笔者女儿的中国象棋水平在同龄人中是比较高的，这是她爹的功劳。

坚持与孩子一起做一些智力训练。如走迷宫、玩魔方、在一大堆图中找某样东西、找错误、找异同（同中找异，异中找同）、比大小、比长短等。教孩子查找地图也是培养孩子自信的方法之一。

要支持孩子积极主动地参与各种学校内外活动，如辩论、演讲、表演、社会活动、社团活动、各种竞赛、志愿者活动等，在活动中培养成就感，有成功就有自信。

（7）注意语气

有些家长非常喜欢用命令的方式或语气去指挥他们的孩子。例如，"写作业，不准看电视！""不准玩手机！""把这个字写一百遍！"等，这种不平等的命令方式，易让孩子产生强迫感，进而内心产生抵触情绪。而产生了抵触情绪，孩子就会有逆反心理。在辅导孩子学习时，家长的态度要谦虚，以共同探讨、相互学习的目的来引导孩子；平时陪伴孩子写作业时，最好用商量的语气询问孩子："你看了30多分钟电视了，该去写作业了，你觉得呢？""等吃完饭，你休息一会儿就去写作业吧。"

（8）接纳普通

绝大多数人生而平凡，绝大多数孩子也将成为普通人。对孩子的教育，要有一颗平凡的心，切勿好高骛远。在孩子身上寄予太多梦想，无异于拿孩子的童年赌未来，后果很严重。好苗子往往毁于亲人之手，孩子循序渐进地成长，一路历经磨炼，更能稳健地走向远方。家长要以"牵着蜗牛散步"的心态，不等不靠，不攀不比，慢慢地陪着孩子长大。也许有一天你会发现，功夫不负有心人，昨日幼苗成栋梁。期望值太高，会压垮孩子。要知道更多的孩子都在正态分布图的"普通"范围，正态分布犹如"上帝之手"，它既是一个数学问题，其实也是生活常态。自然界、人类社会、心理和教育中大量现象均接近正态形式分布，比如人群的身高和鞋码、成年人的血压、测量误差、孩子能力的高低、成绩的好坏其实都是正态分布的。

正态分布会随随机变量的平均数、标准差的大小与单位不同而有不同的分布形态。标准正态分布平均数和标准差都是固定的，平均数为0，标准差为1。落在±1个方差范围内的点约68.3%；落在±2个方差范围内的点约95.4%；而落在±3个方差范围内的点就将达到99.7%。简单地说，放在整个阶层或者整个市场的大环境中，学习太好的人和学习太差的人都属于少数，处于中间位置的孩子占了绝大部分。因此，一个常识是，无论父母多么努力，大部分孩子将落在中间区域。学习目标是孩子一定时期学习的努力方向，正确的目标能催人奋进。目标不能定得过高或过低，过高了，最终无法实现，容易丧失信心，使计划成为一纸空文；过低了，无须努力就能达到，不利于进步。

许多家长对孩子的期望值太高，往往导致孩子更容易失败。失败率过高可能会挫伤孩子们的热情。因此为了避免这种情况，家长只需适当降低门槛以适应孩子的能力。当然，降低期望并不等于甘愿普通，接纳普通没有什么不好，还可以不焦虑，但也还是可以"跳起来摘桃子"，只是别强求而已。

后 记
P O S T S C R I P T

一直想写一本关于自己的书，因为窃以为，自己就是一本书。能力不济，一直未果。

真实人物题材电影《你好！李焕英》的成功再次勾起笔者写作的欲望，跟贾玲一样，笔者同样面对过生离死别，感同身受。只是贾玲成功的很大因素是先有成功的她，后有故事电影。笔者没有像她那样成功，但故事一定比她的精彩。可是浮躁的社会不一定认同笔者故事里的精彩。

笔者当志愿者是很愉悦的，愉悦更多地来自成就感。笔者每年都会去做一些公益讲座，大多数是家庭教育方面的，讲座不时被掌声打断是很受用的，做义工很享受。家庭教育的这个报告在全国是很"火"的，现场人最多的时候上千，每次都讲成 3 个半小时下不了台，最长的讲成 5 个小时。于是，想写下来。这就有了切入点，笔者写自传的本事没有，写家庭教育讲座内容的实力还是有的。

笔者知道，家庭教育的图书，林林总总，有好的，但更多的是不怎么样的，不是笔者瞧不起别人的，笔者自己是非常爱读书也是很有眼光会品书的人，最近这 5 年，每年读书刊的数量，最少的一年也有 148 本，是这个世界上，极少数不被手机绑架的人，因为笔者需要时间。其实，检验家庭教育图书的好与坏，有一个更好的标准，那就是，先了解一下，作者的孩子现在在干嘛？如果作者自己都不是位成功的家长，他的书就一定是"空对空"的纸上谈兵，因为他连自己的孩子都教不好，不知道读者是否同意。当然，有舍小家、为大家的作者，但是概率不会太高。作为书虫，窃以为，有时候选作者比选图书更为重要。

小女是输在所谓起跑线上的，幼儿园没有上，小学三年级才开始接触英语，高一高二英语考试没有及格过，11 年的中小学没有上过任何课外补习班，也没有择校而是就近入学，完全符合今天的"双减"政策。小女高考成绩在全省 2 000 名以内，在国外名校拿全额奖学金读完博士，并进行博士后研究，4 年前是国内一家知名单位历史以来最年轻的博士生导师，国家高科技创新人才。

每当家长说"这是别人家的孩子"时，笔者就会告诉他：不对，笔者司机的孩子高考理科成绩是全省的第 28 名，没有你想说的什么基因问题，有的是家庭教育的理念和方法。笔者深知，更多的家长无证上岗、内卷、焦虑。理念对、方法好就可以轻轻松松当好家长。

破解家长焦虑，这就是笔者的创作动机。还有一个动机就是写成全国最有影响的给家长"洗脑"、减轻焦虑的优秀作品，写成自己平生以来 35 本书里最棒的一本。要做到这一点，就一个原则，自己都看不下去的内容不写。

思若泉涌，从 2022 年 11 月 1 日动笔，到 2023 年 2 月 11 日凌晨 2 点完成 35 万字（已删减为 20 万字）这本拙著初稿，不到 102 天，有时候一天可以写两万字。这期间新冠病毒感染全国大流行，有照顾患者从发病到康复的时间付出。笔者庆幸自己尚未被感染，自己也总结出专业防护的实践经验。

看起来什么都需要学习。家长都是"无证上岗"的，更需要学习，补上这一课。

冬季笔耕，这可能是笔者近 32 年来，过得最有意义的一个冬天。

抚今追昔，1991 年，笔者在北大过了非常有意义的秋天和冬天，完成《中国传统心理生理学思想概论》和《中医对卫生心理学的贡献》两部心理学专业书稿，字数都不算多，两部 2001 年由吉林人民出版社先后出版，都荣获了世界文化艺术中心国际优秀作品提名。想当年，笔者最喜欢吃北大食堂又长又粗的油条和好大一个的馒头，未名湖畔留下了那时候的"饭桌文化"。2001 年春夏的 60 天里，笔者完成 34 万字的代表作《学生心理健康与社会适应》，次年 7 月由教育科学出版社和国际文化出版公司联合出版，在此基础上，37 万字的拙著《学生心理健康与社会适应（第 2 版）》2015 年 10 月由教育科学出版社出版，已经第 17 次印刷，受到社会的广泛好评，给自己带来一定的社会影响力，同时笔者也有了比较可观的版税收入。

更深人静，这本书的最后几个字是凌晨在自己的办公室里"码"完的，除开机房值班物业人员和门卫保安，整栋办公楼估计就只有笔者。外面下着淅淅沥沥的小雨，办公楼晚上是不开中央空调的，长沙的初春多少还是有些寒冷，但笔者完成拙著初稿就犹如孕妇完成生产，喜悦温暖全身，这样熬夜不会感觉疲惫。

长期积累，创作绝不是朝夕之功。笔者平日阅读、整理、积累的教育方面资料高达 8 851 万字，精挑细选素材，追溯原始出处，进行比对采信。笔者拥有的古今中外人文历史人物资料的字数无法统计，核对、比较本书所需每位人物的史料，去伪求真，是一件非常具体的事情，生怕自鸣得意却挂一漏万，生怕学识浅薄有硬伤败笔，生怕流传后世而遭人耻笑，敬畏学术，如履薄冰。焦虑的作者破解家长的焦虑，心累重于身累。现在的精力没有办法和过去的精力相比，这么短的时间能完成初稿，年过半百的笔者也算是够拼的了，身体经常透支，有时候一觉睡上 12 个小时都不想起床。身边的朋友说笔者多了一些白发，如果说，拙著能让家长不再焦虑或者少点焦虑，那么这一切都值了。

教育是系统工程，绝不仅仅是"双减"这么简单的事情，"双减"不减去家长的忧思、困惑、焦虑，那就是美好的"空中楼阁"。破解家长的教育焦虑也是系统工程，不是家长在家里都做好了，就没有了焦虑，如果家长的焦虑是来自对教育的忧思和困惑，这恐怕是笔者爱莫能助、无能为力的事情。

人们对医院里的庸医深恶痛绝，但往往忽视了学校里的庸师，其实庸师的比例绝对比庸医大得多。医生救人，是死是活，立竿见影；教师育人，润物细无声，非朝夕之功。往往看得见庸医，看不见庸师。算不算庸师，这取决于我们对教师的标准。"师者，所以传道、授业、解惑也。"我们更多的老师只是做了"授业"的事情，"传道"和"解惑"做得很少甚至不做，有可能这些教师也不懂"传道"和"解惑"。

社会面的愚昧无知，是需要全社会的启蒙。人生既然是马拉松长跑，就跟世界观、人生观、价值观有关系。何况要改变家长 20 年以上形成的固有观念，谈何容易，"洗脑"干预、缓解焦虑绝非易事。中医自古就讲："上医医国，中医医人，下医医病。"又说："上医治国，中医治未病，下医治已病。"忝列师资，传道为先，启蒙为责，希冀理解。

2016 年 8 月 15 日，笔者在复旦大学主讲"国学智慧与领导素养"，笔者不敢说自己懂国学，只是将自己有所心得的一点点内容，分享给学员，仅此而已。这是笔者受邀第一次上这门课，提前 5 个月就开始做准备，课件 280 页 PPT，

28 961 字。其中一个页面是：

早在 20 世纪 70 年代，英国著名的历史哲学家汤恩比先生就指出："解决 21 世纪的社会问题，惟有靠孔孟之道与大乘佛法。"

1988 年，75 位诺贝尔奖获奖者云集巴黎，发表宣言说："如果人类要在 21 世纪生存下去，想必须回到 2 500 年前去汲取孔子的智慧。"

讲完课，学员好评如潮，但是笔者一直忐忑不安，很是心虚，因为很多东西，自己是没有深入研究的，这个页面的内容就是：诺贝尔奖获得者的宣言，被广泛转载和引用。但笔者还是很疑惑，到底有没有这句话？背景是什么？

带着对学术的敬畏，笔者在当晚返回长沙的火车上，就开始查找资料。也许是因为笔者算是计算机网络领域的准专业人士，火车上就在网络上查到了中国社会科学院副院长兼美国研究所所长李慎之在《读书》杂志 1997 年第一期文章《诺贝儿与孔夫子》，对这件事提出疑问。说实在的，尽管笔者对诺贝尔奖的获奖者们很是钦佩，但仔细一想，他们之中到底有多少真正拜读过《论语》，实在让人拿不准，因此，笔者对那个结论总是将信将疑的。原来李慎之于此说早有所闻，但又对之放心不下，他不仅拜访了哈佛大学的杜维明教授，还托人从国外图书馆找来了法文的《世界报》，查对的结果，还真的开过那么一个会，时间是 1988 年 1 月 18—21 日，而且"议题也确实是'二十一世纪的挑战和希望'，但是会议并无什么最后宣言……会上根本没有提到孔子，甚至连中国也没有人提起"。不单如此，李慎之对当时盛传的"美国的西点军校挂有雷锋画像（也有说是树雕像的），把他作为美国军人学习的模范"一事也不放心，他就此事询问了在那里教书的中国教授，答复是"没有听说过"。这样的结果实在叫国人感到脸红心儿跳。

看了李慎之的研究，笔者羞愧难当。事不过夜，马上打电话告诉复旦大学带班老师，请允许笔者纠正错误，并务必如实转告学员新的查证结果，同时表达治学不够严谨的歉意。古人说：知错能改，善莫大焉。（出自《左传·宣公二年》："人谁无过？过而能改，善莫大焉。"）

治学必须严谨。笔者一直坚决反对"情商"的说法。美国哈佛大学博士，时代杂志的专栏作家丹尼尔·戈尔曼（Daniel Goleman）写了一本书 Emotional Intelligence，在中国被翻译成《情商》。Emotional Intelligence 怎么可能是情商的意思，要笔者说，翻译成情绪的智慧或者情感的灵性都比翻译成情商更为准确。心理过程的知、情、意三个过程，情不能包括意，现在社会上所谓的情商被弄成包罗万象的东西，把"情"和"意"合并在"情"内，这种做法是连心理学的基本概念都不懂，还杜撰出一个"商"，以此跟"智商"相对应，说什么情商的高与低，有谁能告诉笔者怎么去测情商，社会上那些所谓测情商的东西，有科学性吗？如果说非得在浮躁的社会中，去表达美国新闻工作者丹尼尔·戈尔曼的想法，窃倒是有个主意，就是用传统的智力因素和非智力因素的概念即可，甚至说智商和非智商，亦无不可。一个一开始就错误的情商概念大行其道，以讹传讹，这不能不说是心理学界的悲哀。汶川地震后，大批有一定心理学知识的志愿者奔赴灾区做志愿者，说句不好听的话，很多人不但没有做好灾民的心理干预，反而加重了他们的心理负担，这结果不能不令人深思。

所以，科学是来不得半点的浮华和浮躁的，需要的是严谨、严谨，再严谨。

治学需要追根溯源，刨根问底，不能人云亦云，不能只知其一不知其二。

2021年10月4日节假日，笔者在长沙市定王台湖南省新华书店泡了一个上午，整个上午，书店里的顾客比工作人员少得多。

教育最可怕的是，一群不读书的教师在拼命教书，一群不学习的父母在拼命育儿！这话有些伤人，可大多数人又无力反驳。

钱理群说：我们现在教育的最大问题，就是大家都不读书，老师不读书，学生也不读书；或者说，老师只读教学参考书，学生只读和影视有关的书，学校里完全没有自由阅读的空间和时间。教育应该就是爱读书的校长和爱读书的老师，带领着学生一起读书。

当下教育最大的问题就是教师不读书，最应该读书的教师群体却成了远离阅读的一个群体，而其中最该读书的年轻教师，更成了一个疏于读书、荒于读书或者根本不读书的群体。教师作为"读书人"和"教书人"，始于读，发于思，成于行。一个真正的教师，一定是读书爱好者；一个优秀的教师，更是一个对书有独特情感的读书人。"惟有书最色，艳比西施，惟有书最花，秀于百卉。"书籍与阅读是文明传承的载体。读书，能使教师不断增长职业智慧，能使老师的教学闪耀着睿智的光彩，充满着创造的快乐。

当然，在应试教育和功利教育的裹挟下，很多教师变得眼中只有分数、只有成绩，而对于生命中的阅读却逐渐淡化了。大量时间在开会，在交论文，在应付各种检查评比，还有一大堆与教学甚至与学校都无关的事情，老师哪有时间精力和心思去读书，老师现在的确压力大，负担重，更多的是在管孩子而不是教孩子，在督促孩子读书而自己很少读书。有人说，减负先从老师减负做起。

教师本是一个天生的读书群体。读书是教师最好的备课，最生动的教材，最崇高的职业素养，最美丽的人生习惯，最发自内心的精神需要，更是教育最靓丽的一道风景。一个人会读书可以改变自己的命运，一群教师会读书就可以改变一所学校的命运，千千万万个会读书的老师就会改变无数个孩子的命运，进而改变国家、民族的命运。

书卷气是一个人最好的气质，书香气是一个校园最好的氛围。同样的道理，有书香父母才会有书香子女和书香家庭。不少父母自己不愿读书，却希望孩子把书读好。经常看到的现象是父母玩手机、刷微信、刷短视频、看段子、看电视、搓麻将，充其量是在电子阅读的氛围里，进行营养不高的碎片阅读。即便读书，要么心态浮躁，带着功利，为读而读，不能心存宁静，持之以恒；要么浮光掠影，浅尝辄止，蜻蜓点水，雨过地皮湿，而不求细读精读。为人父母，自己不读书，不爱学习，却总期望孩子爱读书，能通过读书成龙成凤，多少有些笑话的意味。

河北省教育科学研究院助理研究员王博阳、河北师范大学教授刘毅玮在《纾解家长焦虑 培育健康儿童》（《中国教育报》2023年1月8日第4版）中说："家长的教育焦虑难以根本缓解。"

2022年3月，北京师范大学中国教育与社会发展研究院发布的《全国"双减"成效调查报告》（以下简称《报告》）显示，"双减"后，83.5%的学生未参加校外学科培训，75.3%的学生感到作业量比上学期减少。表明"双减"政策的实施在一定程度上减轻了学生的学业负担和家长的经济负担。

但家长的教育焦虑是不是得到了根本缓解？《报告》显示，家长的教育期望值普遍较高。91.2%的家长希望孩子将来能取得本科或本科以上学历；50%以上的学生认为，家长对自己期望太高是学习压力的最大来源；高收入与低收入两端的家长参加校外培训的占比高，社会经济地位高的家庭担心孩子成绩的比例高达93.7%；32.6%的家长常常为"让孩子上好学校"的事情感到很焦虑。

"双减"后家长又出现了一些新的忧虑：作业量减了，可考试或评价学业成绩的标准不变怎么办？自己家孩子减负了，别人家孩子不减怎么办？"双减"后，学业考试更多采取等级制，不如分数那么直观，怎么客观了解孩子的学业水平？未来的不确定性、安全感的缺乏、社会比较中的心理恐慌、对改变缺乏准备、心理不适应等一系列因素引发了家长新的教育焦虑。这种焦虑主要表现为对孩子学业表现和未来发展不确定性的担忧。

家长的教育焦虑是各种复杂的社会、文化、心理因素综合的结果。这种焦虑情绪不仅仅影响家长本人，还会无形中给家庭小环境及社会宏观环境带来影响，尤其是会对孩子的情绪和心理产生较大的负面影响。厘清教育焦虑产生的原因，建构家校协同机制，共同帮助家长做好情绪管理，才能真正为孩子心理减负，为下一代创造健康的成长环境。

拙著《家长可以不焦虑》既写自己，也写别人，不但谈自己家的孩子，而且谈别人家的孩子，不仅想传理念之道，解焦虑之惑，还想授家教之业，更想启动学校干预，启迪家长智慧，启蒙社会认知。拙著可以作为教材读本，家教指导机构可以通过政府购买服务方式进行家长培训。

非常感谢女儿给予笔者很多建议，并亲自修改了有关她自己的那一部分内容。拙著不想做学术著作出版，所以没有罗列参考文献，但是相关文献出处还是在书里做了注明，但毕竟笔者才疏学浅，恐怕还是会有所遗漏，不敢掠美，恳请读者赐教，笔者会在下一次的印刷中及时补正并请谅解。感谢湖南师范大学出版社领导和老师对拙著的欣赏，以版税方式出版，相信拙著能够经得起读者的检验。出版社彭慧老师前前后后，付出了大量心血，我深表感谢。

在家庭教育的征途上，焦虑如同隐形的枷锁，束缚着家长的心灵，也影响着孩子的成长。家庭教育应是一场心灵的对话，是家长与孩子共同成长的过程。

请家长放下心中的焦虑，用爱与智慧去引领孩子。每个孩子都是独一无二的宝藏，他们需要的不是家长的担忧与压力，而是家长的理解与支持。让我们以平和的心态，去欣赏他们的每一个成长瞬间；以开放的胸怀，去接纳他们的每一个不完美。在这个过程中，我们也将收获成长与喜悦。当我们放下焦虑，用心去感受孩子的世界，我们的内心也会变得更加丰盈与宁静。而孩子，也将在我们的关爱与引导下，绽放出更加耀眼的光芒。

愿家长成为孩子成长路上的良师益友，以恬淡之心，解焦虑之缚，以爱为航灯、以智为罗盘、以拙著所说，指引子女行稳致远，以包容与理解，筑造温暖和谐之家，为孩子的健康成长书写更加美好的篇章。

陈 恋
2023 年 2 月 11 日凌晨 2 点于长沙市政府 3 号楼完成初稿
2024 年 6 月 27 日凌晨 2 点于长沙市燕子岭小区寒舍定稿